普通高等教育应用创新系列教材

商业社会环境全景仿真综合实训

主　编　姚和平　任晓阳　徐亚文　陈新武

科学出版社

北　京

内 容 简 介

　　商业社会环境全景仿真综合实训类课程通过营造一个商业实习虚拟环境，模拟现代商业社会中供应链企业、商务服务公司、政务事务机构等多种组织机构，让不同专业学生通过实训中的分工协作与合力竞争来提高专业技能水平和综合素质能力。本教材在跨专业实训业务的复杂程度、仿真机构的专业细分以及虚拟仿真技术的开发应用方面进行了大胆创新。主要特色体现在：一是将虚拟实习环境与外围代表市场实现了逻辑上的贯通与融合；二是全业务链仿真运营，将从事政务事务、生产流通、商务服务等组织机构的竞争与协作业务场景近乎全覆盖，任意两个仿真组织机构之间都可能会产生业务交集；三是全财务圈仿真核算，创造性地实现了财政总预算、行政单位、事业单位、工业、商业（含零售、批发与外贸）、银行、证券、租赁以及各种服务行业会计的大集成数字化综合实操训练。

　　本教材可以作为较大规模开设跨专业经营管理综合仿真实训类课程的教学指导书，也可以作为创新创业类课程或者对创新创业感兴趣者的参考书籍。

图书在版编目（CIP）数据

商业社会环境全景仿真综合实训 / 姚和平等主编. —北京：科学出版社，2023.8

普通高等教育应用创新系列教材

ISBN 978-7-03-075759-3

Ⅰ. ①商… Ⅱ. ①姚… Ⅲ. ①企业经营管理–应用软件–高等学校–教材 Ⅳ. ①F272.7

中国国家版本馆 CIP 数据核字（2023）第 102016 号

责任编辑：王京苏 / 责任校对：贾娜娜
责任印制：霍 兵 / 封面设计：蓝正设计

科学出版社 出版
北京东黄城根北街 16 号
邮政编码：100717
http://www.sciencep.com

石家庄继文印刷有限公司印刷
科学出版社发行 各地新华书店经销
*

2023 年 8 月第 一 版 开本：787×1092 1/16
2025 年 1 月第四次印刷 印张：17 1/4
字数：406 000

定价：52.00 元

（如有印装质量问题，我社负责调换）

前　言

党的十八大以来，我国高等教育领域发生了许多重大变革，其中多学科交叉与融合更是成为教育改革的重要方向。《国家中长期教育改革和发展规划纲要（2010—2020年）》提出"优化学科专业、类型、层次结构，促进多学科交叉和融合。重点扩大应用型、复合型、技能型人才培养规模。"党的二十大报告更是明确指出"加强基础学科、新兴学科、交叉学科建设，加快建设中国特色、世界一流的大学和优势学科"。"深化教育领域综合改革，加强教材建设和管理，完善学校管理和教育评价体系，健全学校家庭社会育人机制。加强师德师风建设，培养高素质教师队伍，弘扬尊师重教社会风尚。推进教育数字化，建设全民终身学习的学习型社会、学习型大国"。为了顺应全球化知识经济与数字经济时代的发展趋势，现有的经济管理类人才培养模式也面临转型和改革，这给高校和相关机构的教育工作带来了新的挑战。

湖北经济学院自 2017 年起，将实验教学中心转型为教学单位，依托经济管理国家级实验教学示范中心平台，构造实验教学新生态体系。实验教学中心基于产教融合、业财融合与跨专业融合三重视域进行实验课程改革，与金蝶软件（中国）有限公司进行深度产教融合，将经管类专业整体纳入业财融合教学范畴，采取跨专业融合方式四阶累进构建数字化管理课程体系，使能新商科人才培养。数字化管理课程体系包括：一阶课程"企业经营沙盘推演"，大一开设，主要训练学生的数字化应用意识，对企业的认知、企业岗位的认知以及锻炼团队协作能力；二阶课程"企业数字化（模块）管理实验"，大三开设，分为财务、供应链、生产、人力四个模块，不同专业选择不同模块进行学习，让学生掌握数字化处理的各项基本技能；三阶课程"企业数字化管理综合实训"，大三开设，学生跨专业分角色分岗位，解决模拟场景业务问题，全面提升学生数字化处理能力；四阶课程"经营管理综合仿真实习"，大四开设，模拟真实商业社会环境，学生随机分配进入不同类型政企机构，解决工作中的实际问题，有效锻炼数字化应用实践能力。目前相关课程教学顺利，反馈良好，但教材资源建设存在严重滞后问题，部分课程选用的教材不能完整地体现实验教学改革理念。我们认为，培养创新型、全面型的经济管理类人才应着力建设基于产教融合、业财融合和跨专业融合的课程体系与教材体系。本教材适用于经营管理综合仿真实习课程，教材内容依托于湖北经济学院与北京方宇博业科技有限公司合作开发的政企运作仿真综合实训平台与金蝶云星空企业数字化管理软件平台开展教学，意在培养学生参与企业数字化运营的综合素质和能力，恰逢其时。

本书共分为十六章，内容相互交织、环环相扣。第一章主要介绍课程的意义与特色、实习环境构建设计、实习机构组建设计、仿真综合实训平台设定、机构经营背景设定、机构结算背景设定、实习指导团队设计、实习框架流程设计、实习考核标准设计等内容；第二章主要介绍管理组织的主要职责和实习任务，包括现场管理部、楚财集团、市场监督管理局、税务局、认证中心等仿真机构的实习管理规则与业务流程指引；第三章至第十六章分别介绍商业银行、制造公司、贸易公司、原材料供应公司、资产供应公司、物流公司、投资银行、人力资源公司、会计师事务所、税务师事务所、律师事务所、信息资源公司、体旅资源公司、传媒资源公司的基本运作规则与基础财务数据。本书除前两章外，其余每章均包括基本运作规则和基础财务数据两个部分。基本运作规则部分主要讲述各个类型仿真机构的组织架构、经营规则与财务规则；基础财务数据部分主要讲述各个类型仿真机构的报表数据与实物信息。本书编写体例有利于学生分别从业务和财务角度了解仿真机构的经营与财务信息，便于后期的经营决策与财务处理。

本书由姚和平、任晓阳、徐亚文、陈新武担任主编，由湖北经济学院跨专业综合实验系列课程教学团队合作编写而成。第一章由任晓阳、陈新武负责编写；第二章由陈戈寒、黄约负责编写；第三章至第十六章中基本运作规则内容部分由王建华、陆榕、鲜军、邝祺纶、王琼、周振红、傅晓明、马苗苗、胡倩、陈忠伟、潘林、金丹、孔月红、程志辉、杨海丛、余四林、朱延松、黄新华、董利红、余浪、南伟、易法万、杨道州合作编写。第三章至第十六章中基础财务数据内容部分由姚和平、徐亚文、黄约、陈国英、华琦、胡慧娟合作编写。最后由姚和平修改并统稿，总纂成书。

本书是中国高等教育学会 2022 年度"校企合作 双百计划"典型案例项目"金蝶云助力四阶累进构建数字化管理课程体系，使能新商科人才培养"（编号：GJXH-SBJHDX-2022180）以及湖北高校省级教学研究项目（编号：2021553）阶段性成果。本书在编写出版过程中得到了湖北经济学院、广东财经大学、北京方宇博业科技有限公司、金蝶精一信息科技服务有限公司、科学出版社等单位及友人的大力支持和帮助，在此表示衷心感谢。本书在编写过程中，编者查阅并借鉴了大量文献资料，包括图书和各类网络资源等，在此向这些文献和网络资源的作者一并表示感谢。由于编者水平有限，如有不当和疏漏之处，恳请广大读者积极提出批评和指导意见。教材教学资源获取或意见建议，可直接发送至编者邮箱 71228221@qq.com。

编　者

2023 年 6 月

目　　录

第一章

导论 ·· 1

　第一节　课程认知 ·································· 1

　第二节　课程设计 ·································· 3

第二章

管理组织 ·· 16

　第一节　指挥中心 ·································· 16

　第二节　政务中心 ·································· 24

第三章

商业银行 ·· 54

　第一节　基本运作规则 ···························· 54

　第二节　基础财务数据 ···························· 70

第四章

制造公司 ·· 75

　第一节　基本运作规则 ···························· 76

　第二节　基础财务数据 ···························· 118

第五章

贸易公司 ·· 124

　第一节　基本运作规则 ···························· 124

　第二节　基础财务数据 ···························· 135

第六章

原材料供应公司 ·································· 142

　第一节　基本运作规则 ···························· 142

　第二节　基础财务数据 ···························· 149

第七章

资产供应公司 ·········· 152

第一节　基本运作规则 ·········· 152

第二节　基础财务数据 ·········· 164

第八章

物流公司 ·········· 168

第一节　基本运作规则 ·········· 168

第二节　基础财务数据 ·········· 179

第九章

投资银行 ·········· 182

第一节　基本运作规则 ·········· 182

第二节　基础财务数据 ·········· 193

第十章

人力资源公司 ·········· 196

第一节　基本运作规则 ·········· 196

第二节　基础财务数据 ·········· 201

第十一章

会计师事务所 ·········· 204

第一节　基本运作规则 ·········· 204

第二节　基础财务数据 ·········· 213

第十二章

税务师事务所 ·········· 216

第一节　基本运作规则 ·········· 216

第二节　基础财务数据 ·········· 220

第十三章

律师事务所 ·········· 222

第一节　基本运作规则 ·········· 222

第二节　基础财务数据 ·········· 235

第十四章

　　信息资源公司 ⋯⋯⋯⋯⋯⋯⋯⋯⋯⋯⋯⋯⋯⋯ 238

　　第一节　基本运作规则 ⋯⋯⋯⋯⋯⋯⋯⋯⋯⋯⋯ 238

　　第二节　基础财务数据 ⋯⋯⋯⋯⋯⋯⋯⋯⋯⋯⋯ 247

第十五章

　　体旅资源公司 ⋯⋯⋯⋯⋯⋯⋯⋯⋯⋯⋯⋯⋯⋯ 249

　　第一节　基本运作规则 ⋯⋯⋯⋯⋯⋯⋯⋯⋯⋯⋯ 249

　　第二节　基础财务数据 ⋯⋯⋯⋯⋯⋯⋯⋯⋯⋯⋯ 253

第十六章

　　传媒资源公司 ⋯⋯⋯⋯⋯⋯⋯⋯⋯⋯⋯⋯⋯⋯ 256

　　第一节　基本运作规则 ⋯⋯⋯⋯⋯⋯⋯⋯⋯⋯⋯ 256

　　第二节　基础财务数据 ⋯⋯⋯⋯⋯⋯⋯⋯⋯⋯⋯ 263

参考文献 ⋯⋯⋯⋯⋯⋯⋯⋯⋯⋯⋯⋯⋯⋯⋯⋯⋯⋯⋯⋯ 265

第一章 导 论

第一节 课 程 认 知

一、课程意义

商业社会环境全景仿真综合实训（以下简称仿真综合实训）课程是通过构建包含商务、政务和公共服务的虚拟商业社会环境，让多个学科、多个专业的学生在该虚拟环境中综合运用已经掌握的经济类、管理类与法学类（以下简称经管法类）等相关专业的知识，进行政府与企业（以下简称政企）仿真运营管理和财务管理演练实操的一门实验课程。

仿真综合实训所构建的虚拟环境，模拟了真实的商业社会环境，具有真实环境的基本要素和主要特征。这主要体现在以下几点。

其一，设置了一系列相关仿真机构。制造公司作为价值的生产者和实现者，较全面、典型地体现了企业运营管理的一般规律。同时，制造公司在创造和实现价值中对人、财、物、信息等基本要素的需求和安排，必然涉及社会的其他经济组织，如原材料与设备提供者（供应公司）、产品的购买者（贸易公司）、货物的运输者（物流公司）、商务服务的提供者（金融机构、信息资源公司、人力资源公司、体旅资源公司、传媒资源公司、事务所）等。为管理协调上述不同主体经济组织各种复杂的利益关系，又必然引出市场监督管理局、税务局等政府管理机构。仿真机构的建立，一方面使模拟环境秩序化、具体化，另一方面也搭建起了实习的整体组织架构。

其二，根据真实政企的职能、岗位设置要求，由实习学生扮演政府部门负责人，以及企业总经理、行政总监、市场总监、生产总监、销售总监、财务总监、业务主管等各种各样的职位角色。

其三，通过对政府管理事务活动和企业生产经营活动主要规律的把握，并将这些规律转化为对模拟政企开展具体政务事务与经营业务活动的各种约束条件——业务规则，以及操作程序——业务流程，使实习学生能够按照接近现实政企的运营规律、环境、条件、要求，去经营和管理仿真机构。

其四，设计了使模拟政企运作规则具体化的大量仿真数据，这些数据反映了模拟政企所处的经济环境、模拟企业的经营历史和未来经营决策的背景与条件。学生就是在这样的仿真市场环境中，运用专业知识，参与政企的运作过程，模拟各种经营管理决策，及时处理机构内外的各项业务。

仿真综合实训实质上是一种校内仿真实习，可以作为毕业生产实习的一部分，针对

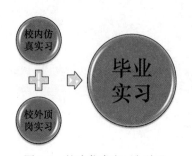

图 1-1　校内仿真实习与毕业
实习的关系

大四年级学生开设。综合目前开设类似课程的高等院校来看，多数采取在每年 8～10 月连续集中进行校内仿真实习的教学模式。校内仿真实习与毕业实习的关系如图 1-1 所示。

在校内开展仿真综合实习，除了可以解决财经类院校普遍存在的应届毕业生在实际毕业实习中无法接触核心业务，难以体现毕业实习作用及实习基地不足的问题外，对培养和提高学生的综合素质有着特殊的意义。

（一）学以致用，学用相长：检验并夯实专业知识

通过在模拟环境中对政企运作的仿真演练，可将学生掌握的理论知识与政企单位的实际业务相结合，领悟科学的经济与管理规律，全方位体验和实践政企的管理理念与运作思路，检验学生掌握知识的宽度、深度和对知识的综合运用能力。

（二）知而践行，知行合一：提升综合能力与素养

在仿真综合实训中，虽然是将不同专业的学生置身于虚拟商业社会环境，并分布于不同的仿真政企机构中，但由于高度仿真性，常迫使他们像现实中从事职业工作那样进行预见判断和行为反应，完成彼此关联的一系列经营管理决策，并为此承担责任。在此过程中，学生能够感受到市场环境的复杂性和多变性，方案决策的科学性与灵活性，经营管理的整体性、协同性和有效性；能够认识并体验政企运作活动过程和主要业务流程及其相互之间的关联关系；能够促进知识的系统整合与融会贯通；能够真切地感受到成功与失败，并深刻体验到竞争意识、团队精神、职业素养的意义。

仿真综合实训可以提高学生的综合素质，培养并提高学生的动手能力、解决实际问题的能力、沟通能力和协调能力，使学生积累间接的工作经验，实现与企业岗位无缝衔接，为毕业后的实际工作打下坚实的基础。

二、课程特色

仿真综合实训更多关注的是学生的创新能力和运用自身知识解决问题的能力、团队协作能力、经营策划能力等综合能力和素质。这与其他的专业技能的实训是不一样的。另外，采用的政企运作仿真综合实训平台具备了多个实习机构、多种实习环境、多套企业经营数据、多种训练模式、多个训练起点、多种核算模式、多层次多组织对抗、多进程并发的任务系统以及多种自定义的评价体系。平台让学生在仿真环境中运用已经掌握的专业知识，在经营模拟与现实接轨的基础上，真正实现最大真实化的实操训练。

在仿真综合实训课程周期内，学生通过博弈对抗与协作、角色扮演与置换、团队研讨与训练、管理激励与验证等形式，既能够对整个社会经济环境有一个整体的认识，又可以通过实习过程使学生的能力得到实践锻炼，综合素质得到明显提升。仿真综合实训

课程的典型教学特色有以下几点。

（一）高还原的真实性

从实习的经济环境设置，到政企运作实践流程；从实训场地环境设计，到政企业财一体化任务细节；从实习规则设计到企业经营业务规范，再到企业注册流程，最后到企业架构配置，都与现实社会一一对应，高度场景还原与业务仿真，让学生产生沉浸于社会环境的学习体验与工作感受。

（二）高包容的开放性

多个教学场地、多个教学团队在同一时间段开展教学，同时推进课程。根据教学目标不同，进行课程设计与课程训练内容的参数调整，满足不同难度的教学需求；根据需求增减相应的组织机构与知识模块，教学任务灵活配置，有侧重地针对学生个人的知识、能力、素质进行教学个性化设计。根据参与实习学生数量的不同，可以同时搭建 2 个以上虚拟环境同步进行教学，甚至可以开展跨区商业贸易或商业策划。

（三）高级别的对抗性

多角色互动式政企工作体验，加深学生对社会的理解以及创新创业和职业发展意识。让学生在组织架构管理、人力资源管理、供应链管理、生产运作管理、财务管理等自身业务以及上下游业务中，切实体验岗位级、部门级、法人级、供应链级及产业级五级深度对抗，增强学生自身探索、开拓、创新的能力。

（四）高超能的把控性

仿真综合实训建立在多个软件平台之上。实习现场指挥中心通过平台后台可随时监控实习数据，且能直接监控到参与者的操作界面，根据需要可以及时进行动态调控。企业与企业之间、企业与政府之间的数据可通过平台系统进行互通互导。

（五）高效率的协同性

仿真综合实训特别强调商业环境下的业务问题解决，综合考查学生专业技术运用、经营管理意识与沟通协作技能。在仿真实习业务开展过程中，完成诸如沟通、协作、学习能力等职业核心能力训练与深度体悟，实现理论教学与实践教学相融合，实现学生主体作用与教师主导作用相结合，实现知识传授、能力培养、素质教育相整合，实现人才培养共性要求与经管法类人才培养个性要求相兼顾。

第二节 课 程 设 计

一、实习环境构建设计

仿真综合实训是在人为构建的模拟的社会经济环境和市场环境中进行的，该虚拟实习环境包括模拟市场和管理组织两大部分。

虚拟实习环境结构如图1-2所示。

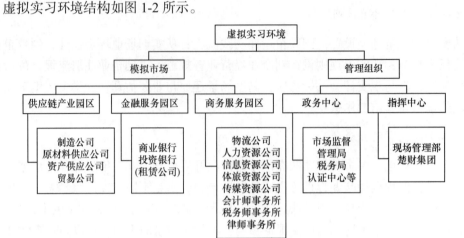

图1-2　虚拟实习环境结构

（一）模拟市场

模拟市场选择某一个行业作为实习背景。该行业假定是一个正处于从生产相对较低技术含量产品向研发、生产高技术含量产品转型发展阶段的行业，行业技术进步快，所生产的产品正朝着多功能、复合化、智能化等高级化方向发展，产品应用范围广。在仿真实习中，为了便于操控，我们将具体产品限定在某一特定领域，甚至是某几种代表性的产品上。模拟实习的行业可以选择比较成熟的电子行业、化工行业、纺织行业等，可于每次实习前确定。

模拟市场由供应链产业园区、金融服务园区和商务服务园区组成。供应链产业园区由原材料与资产供应公司（供应商）、产品生产制造公司（制造商）和商品贸易公司（经销商）组成，将一个行业的上下游完全打通，实现业务财务数据的实时交互。以供应链产业园区为中心，设立金融服务园区和商务服务园区，由商业银行、投资银行、租赁公司（可从资产供应公司分离出来单设）、物流公司、人力资源公司、信息资源公司、体旅资源公司、传媒资源公司、会计师事务所、税务师事务所、律师事务所等组成。

在供应链产业园区，学生将围绕产品研发、材料采购、资产购置、产品生产、市场开拓、质量认证、商品销售、财务管理等业务环节开展各项运营管理工作；在金融服务园区，学生将围绕企业开户、存款、转账、贴现、贷款、投资、理财、发债、并购等业务环节开展各项金融服务工作；在商务服务园区，学生将围绕物流运输、财务审计、财务咨询、税务筹划、业务代理、员工招聘、业务培训、广告宣传等业务环节开展各项商务服务工作。

以消费市场需求为开端发力启动、以供应链业务为中心强力驱动、以现代服务业为外围助力联动、以管理组织从全局合力推动的综合仿真运作实训内容体系，面向工业化与信息化融合的大环境，面向现代服务业崛起的大趋势，面向现代企业对人才专业性、复合性和创新性的要求。服务业与制造业协同，供应链竞合，生产、流通、服务、资本运作业务链相互交织，高度整合的网络状综合仿真运作实训内容体系，让学生在仿真、复杂、动态的环境中进行能力和素质的训练。

（二）管理组织

管理组织是为模拟环境中的企业有序开展业务经营活动，协调不同经济主体的利益关系，规范模拟市场竞争环境，提供仿真综合实训与模拟企业经营所需服务而设立的，由指挥中心和政务中心组成。

虚拟实习环境各组成部分的关系如图 1-3 所示。

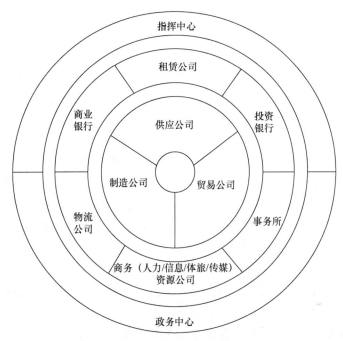

图 1-3 虚拟实习环境各组成部分的关系

二、实习机构组建设计

（一）实习机构设置

在开始仿真综合实训之前，首先需要构建所有参与实习的仿真机构，从而搭建一个模拟企业运作的平台。

仿真综合实训以供应链产业园区的经营活动为中心展开。供应链产业园区由 16 家同属一个行业的制造公司（分属本地零售市场 1 区和本地零售市场 2 区，各 8 家）、3 家向制造公司提供原材料的供应公司、2 家向制造公司提供资产设备的供应公司、9 家分属三个不同区域市场的购买制造公司产品的贸易公司组成。

全景仿真商业社会环境在供应链产业园区周围以现代商务服务业园区铺开，涵盖金融服务园区和其他商务服务园区。现代商务服务业园区由 2～3 家商业银行、2 家投资银行、3 家物流公司、2 家信息资源公司、2 家人力资源公司、2 家体旅资源公司、2 家税务师事务所、2～3 家会计师事务所、2 家律师事务所、2 家传媒资源公司组成。以上所有的同类型公司之间均是相互竞争的关系，它们所处的初始市场环境完全相同，但每一家公司可以做出不同的决策。所有的公司都是法人经济实体，全部采取市场化运作，都有完整的部门设置和人员配备，都有相对完整的经营活动业务，都可以根据自己的经营范围相互发生业务联系。也就是说，公司与公司之间，不是一种主体与辅助的关系。学生无论进入哪一家公司实习，都能得到针对性的实践操练，起到仿真实习的整体训练效果。

仿真综合实训在三大类公司园区之外设置由政务中心和指挥中心构成的管理服务区。政务中心一般设置为综合机构，根据实习需要在内部设置所需部门并分配相应人员。指挥中心由指导教师和实习学生共同组成，从全局上对仿真实习和课程教学进行把控。

（二）机构人员配备

各家仿真机构构建自己的管理团队，是模拟实习中的重要环节。公司管理团队的每一个成员都是本公司能够独当一面的中层干部或者业务骨干，分别负责公司的发展战略、经营方针、发展方向、经营决策、筹资决策、投资决策、市场决策等，同时还要组织会计核算，进行财务管理，保证公司在竞争中不断发展。

为了更好地营造公司经营活动的仿真环境，发挥不同专业学生在公司经营管理中的不同作用，突出专业特长；同时也为了同学们在经营决策过程中，在发挥专业优势的基础上，可以相互学习，取长补短，实现相关专业知识的融合，因此，在构建公司管理团队时，需要将不同专业学生进行交叉分组，尽量使每家公司团队都由至少 3 个专业 6～14 名学生构成。同时在管理团队分工时，要参照实际工作中的岗位专业要求，兼顾各个专业之间的关系，使公司管理团队专业组合科学合理，能够体现公司对各方面人才的要求。公司管理团队组建后，需要为本公司设立比较规范的公司名称，以便仿真公司之间能够仿照真实公司的竞争合作关系开始运营。

实习机构设置与实习人员配备参考如表 1-1 所示。

表 1-1　实习机构设置与实习人员配备参考表

经营与管理区	机构类型	所属市场	机构数量/家	机构人数/人
供应链产业园区	制造公司	本地零售市场 1 区	8	10～14
		本地零售市场 2 区	8	10～14
	贸易公司	本地零售市场 1 区	3	6～8
		本地零售市场 2 区	3	6～8
		国内批发/国际外贸市场	3	8～12
	原材料供应公司	本地/国内/国际市场	3	6～8
	资产供应公司	本地/国内/国际市场	2	6～8
金融服务园区	商业银行	本地/国内/国际市场	2～3	8～12
	投资银行	本地/国内/国际市场	2	7～10

续表

经营与管理区	机构类型	所属市场	机构数量/家	机构人数/人
商务服务园区	物流公司	本地/国内/国际市场	3	7～10
	信息资源公司	本地/国内/国际市场	2	8～12
	人力资源公司	本地/国内/国际市场	2	8～12
	体旅资源公司	本地/国内/国际市场	2	8～12
	传媒资源公司	本地/国内/国际市场	2	8～12
	会计师事务所	本地/国内/国际市场	2～3	8～12
	税务师事务所	本地/国内/国际市场	2	8～12
	律师事务所	本地/国内/国际市场	2	8～12
管理服务区	政务中心	本地/国内/国际市场	1	25～30
	指挥中心	实习市场/外围市场	1	6～10

注：①实习机构设置数量和实习人员配备数量仅供参考，不同学校进行仿真综合实训时可以根据实际情况予以调整；②此表为一个模拟实习区（相当于模拟一个国家）的配置情况，学校可以按此配置分批次组织实习，也可以同时架构 2 个及以上的实习区进行同步教学，各个实习区采用不同的流通货币加以区分，机构之间一般不允许进行跨实习区交易，但是不同实习区的国际贸易公司之间可以考虑允许进行跨区贸易实习业务（针对国际经济与贸易、跨境电商等专业学生）

（三）仿真综合实训平台设定

1. 政企运作仿真综合实训平台

政企运作仿真综合实训平台是通过深入分析实践教学与信息技术的发展趋势，从高校教学质量改革方面入手，引入模拟军事演习的设计思路，用信息技术、网络技术、数字技术等进行人才培养模式创新的教学软件平台。该平台主要用于仿真综合实训课程教学，在国内首创以全景仿真商业社会环境下现代政府与企业运作为训练内容，以现代信息技术为支撑的 T 型（一专多能）人才培养模式。该软件平台在实践教学内容层面、模式层面、管理层面、技术层面进行了一系列的探索与创新，实现了实践教学层次化、实训模式自主化、实习内容综合化、实践环境真实化、学习资源共享化、教学管理信息化等功能。

2. 企业数字化管理平台

金蝶云星空是金蝶软件（中国）有限公司移动互联网时代的新型 ERP（enterprise resource planning，企业资源计划），是基于 Web 2.0 与云技术的新时代企业管理服务平台，既能实现产业链高效协同，又能帮助企业实现自我成本管理与优化。整个产品采用 SOA（service-oriented architecture，面向服务的体系结构），完全基于 BOS（business operating system，业务操作系统）平台组建而成，业务架构上贯穿流程驱动与角色驱动思想，结合中国管理模式与中国管理实践积累，精细化支持企业财务管理、供应链管理、生产管理、人力资源管理、供应链协同管理等核心应用。技术架构上该产品采用平台化构建，支持跨数据应用，支持本地部署、私有云部署与公有云部署三种部署方式，同时还在公有云上开放中国第一款基于 ERP 的云协同开发平台。

3. 网络教学平台

超星集团研发的智慧课堂系统，利用前沿技术引领课堂教学革新，它以课程为中心、教师为主导、学生为主体，充分关联教室已有硬件，覆盖多种课堂教学模式，老师可以更加便捷地进行签到、选人、抢答、分组教学、主题讨论等教学活动，并与泛雅平台全面对接，做到线上课程及资源的实时调用，将传统课堂变为智慧课堂。

4. 实习实训管理平台

校友邦互联网+实习实践校企合作平台是全国领先的信息化实践平台,学校通过平台可实现实习课程编排细化到学生个体，实习实践教学过程规范化管理，实习质量大数据反馈，有效地解决了过去近 20 年的实习实践虚化问题。平台将校内仿真实习与校外顶岗实习有机结合起来，有效整合全社会资源，协同校内、校外多个主体，促进企业主动参与高校人才培养。

5. 其他平台

仿真综合实训除了用到上述几种主要实习平台外，还根据实习的具体情况考虑采用 FTP（file transfer protocol，文件传送协议）服务器、学科专业实训软件、OA（office automation，办公自动化）系统、即时通信社交软件等。

（四）机构经营背景设定

虚拟实习环境中的所有仿真机构的管理层都由新人（即参与实训的学生）接手，继续经营或者提供服务。虚拟实习环境中金融服务园区内公司为上市公司，商务服务园区中律师事务所的性质属于不具有法人资格的专业服务机构。除此之外其他仿真企业都是有限责任公司。所有仿真企业的持续经营都需要遵守约定的规则。

1. 机构进行变更登记

所有仿真公司经过 7 年的发展，目前均已经初具规模，具有较高的知名度，品牌和业务具有一定的影响力，公司经营状况良好。现在由新人接手公司管理层后，首先就是要对公司进行变更登记，并明确公司的性质，确定公司的统一社会信用代码，从政务中心取得新的营业执照。其次，各公司持公司执照到商业银行开设基本账户，将存款资金转入基本账户。最后，各公司持公司执照到投资银行开设股东账户，并将存出投资款转入证券账户。

2. 机构搭建组织结构

要经营好公司，首先就要搭建公司组织架构。每家公司的组织结构和职位设置等由公司自行商定。实习管理组织对仿真公司的组织构架和职位职责提出一个一般方案，仅供各个公司管理层参考。各个公司可以根据本公司生产经营特点和管理的需要，构建本公司的组织结构，确定本公司各个部门的职位和岗位职责，只要符合现代公司组织架构的基本要求即可。

3. 机构制定发展战略

各公司的新一届管理层接手之前的公司财务状况和经营成果通过财务报表可以比较清晰地反映出来。所有同性质仿真公司均属于同一行业，市场环境和经营起点基本相同。因此，每个仿真公司开始经营前的基础财务数据和历史资料基本相同，所有仿真公司将在同等的财务状况、经营成果的基础上从第8年开始经营。

同性质仿真公司的经营起点基本相同，所处的商业社会环境也基本是相同的，但是不同管理者的决策则不会完全相同，据此各个公司的经营过程和结果也将不再相同。

新一届领导人须为公司确定如下内容，并形成文件：①公司章程；②公司经营理念；③公司战略目标；④公司精神；⑤公司文化；⑥公司经营目标。

4. 机构落实初始数据

每家仿真公司所在行业第1~7年的历史资料、发展趋势及其宏观、微观经济环境等可以通过基础资料和其他相关仿真机构提供的信息加以了解、分析和判断。

5. 机构同步仿真运作

模拟市场内的每一家公司相互之间都可能产生业务往来并进行商品或劳务交易。每一笔交易双方都必须遵守法律法规，不违背商业伦理道德，签订规范的交易合同。

（五）机构结算背景设定

仿真综合实训构建的仿真市场包括本地市场1、本地市场2、国内市场与国际市场。为了保证各实习区各项业务尤其是商品进出口贸易业务的顺利开展，特对机构间货币结算做出相关设定，仿真市场相关单位须遵照执行。

1. 流通货币与记账本位币设定

校内仿真实习可构建A、B、C、D、E、F、G、H等多个实习区（仿真国家），具体的实习区数量根据参与仿真实习学生总人数灵活调整。其中A、C、E、G等相当于奇数实习区的流通货币与记账本位币均为人民币，初始数据直接根据各仿真机构的基础财务数据确定；B、D、F、H等相当于偶数实习区的流通货币与记账本位币均为美元或其他外币（以下统称外币），初始数据必须根据本教材或者相关补充规则中的基础财务数据（人民币），结合人民币对外币汇率中间价（固定汇率），将原人民币数据折算为外币数据，以折算后的外币数据作为偶数实习区的初始数据。①

2. 人民币对外币汇率设定

人民币对外币汇率以中国人民银行公布的人民币对外币汇率中间价折算确定仿真市场汇率。为了计算方便，汇率取4位小数，换算为外币的报价可以取2位小数。

---

① 本教材以A实习区为例设定基本规则、业务流程与基础数据，其他实习区参照执行。

1）期初汇率

奇数实习区的记账本位币为人民币；偶数实习区的记账本位币为外币。偶数实习区需将基础财务数据以及相关补充规则中的基础财务数据，按照期初汇率折合为外币。为了计算方便，仿真实习指挥中心可统一规定，偶数实习区的期初汇率为1∶5.00。

2）期末汇率

仿真市场期末汇率为当年仿真实习对应资产负债表日中国人民银行公布的人民币对外币汇率中间价进行折算。

3. 外币交易价格设定

偶数实习区流通货币为外币，同一实习区一切交易与往来一律以外币报价。凡是参照本教材以及相关补充规则或者专业实习教程中的相关交易价格信息制定交易价格的，一律以期初汇率（固定汇率）折合为外币后按照外币报价，交易完成后按外币结算。

不同货币实习区之间的交易，由交易双方协商洽谈，双方就交易对象、交易价格、结算货币、结算方式与结算时间等签订书面合同，涉及人民币对外币汇率的交易，应以仿真商业银行公告的汇率为准（仿真商业银行公告仿真央行当日人民币对外币汇率中间价）。

三、实习指导团队设计

仿真综合实训涉及的机构和人员众多，配备合适的教学团队来进行专业指导是实习能够达到预期效果的关键。实习指导团队主要由现场指挥教师、实习主讲教师和实习辅助教师组成。学生在教师团队的指导下，把仿真综合实训的每一个环节切实落到实处，每一项内容都进行充分的实践。

现场指挥教师与实习辅助教师隶属于指挥中心的现场管理部，包括实习单位负责人、教学管理负责人、实验课程负责人、实习现场工作人员、教务辅助教师、技术辅助教师等，负责实习道具发放与回收、实习流程制定与实施、实习软硬件初始化与运营维护、实习现场实时监控、实习难度与进度调控、实习成果资料收集保管等相关管控与保障工作。

实习主讲教师都是由从事经管法类专业课程教学的一线教师组成，在具体实习过程中兼有属地指导教师和专业线指导教师双重职责。仿真综合实训需要将学生按机构类型以及人数等综合标准分别安置到各个实验室，每个实验室安排一名教师负责全程指导，称为属地指导教师。属地指导教师需要随时接收指挥中心的指令，负责维持所在实验室的实习纪律和教学秩序，引导本属地机构与其他属地机构之间进行业务往来，掌握并调控实习机构的进度与质量，确保实习按计划轨道运行。另外，由于仿真综合实训横跨多个经管法类专业，而各个实习教师不可能兼备如此多的专业技能，所以对每一位实习教师均根据其专业特长以及实习需要，明确一个实习指导方向，称为专业线指导教师。专业线指导教师需要制定业务指导书，在实习指导过程中负责专题讲座与论坛，与属地教师换位进行交叉指导，协同属地教师进行实习考核与评价，确保学生能够按时、保质、足量完成实习工作任务。

属地与专业线指导教师配置参考图如图 1-4 所示。

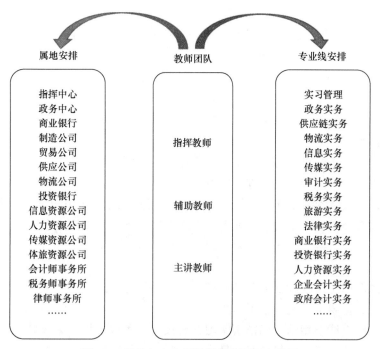

图 1-4　属地与专业线指导教师配置参考图

四、实习框架流程设计

仿真综合实训涉及教师和学生人数众多，在进行实习框架流程设计时，一方面力求做到维稳有序，要充分考虑考研、求职等客观因素对实习带来的影响，并对学生做好心理疏导，引导学生进行良性的情绪管理和人际关系管理；另一方面力求做到务实高效，要将实习中仿真综合实训平台与实务中企业实际在用的各种信息化平台结合运用，依托大智移云背景与产教融合成果，贯彻"课堂所学即为企业所用"的实习理念。

仿真综合实训通过时间、空间、人员、平台等形式上的协同安排，以期取得实质上的良好教学效果。首先，实习需要强调职场代入的意识，采取上班制的方式，让学生体验从学校到社会、从学生到准职员的角色转换；其次，实习需要营造竞争协作的氛围，通过业财一体化的操作，训练学生的综合能力；最后，实习需要贯彻规范做实的原则，不停地进行检查整改，培养学生踏实的工作作风。

仿真综合实训总体框架可以划分为四个阶段。一是准备阶段；二是开业阶段；三是运营阶段；四是结束阶段。具体流程如下。

（一）准备阶段

本阶段需要实习指导方进行精心组织，做到万事俱备，主要工作流程如下。

（1）实习负责人分派教学任务，将属地教师与专业线教师安排到位，制定《实习日程安排表》，做好课程实施前准备。

（2）组织全体教师开课前1～2周进行集体培训研讨备课，做好教师团队专业指导方面准备。

（3）教务辅助教师开课前1～2周将学生分配到各个实习机构，录入教务系统，制作考勤表，做好教务管理方面准备。

（4）技术辅助教师开课前1～2周将实习所需实验室电脑进行维护，教学软件安装到位，做好实习环境方面准备。

（5）各个教学平台主管教师进行系统升级与维护，完成实习数据初始化工作，做好教学平台方面准备。

（6）安排专人负责将实习需要用到的工作牌、打印器材、装订器材、通信器材等道具物品安排到位，做好物料耗材方面准备。

（7）安排专人负责制作开课视频、版图、文案等，充分利用电子屏、宣传板、横幅、公众号等传播媒介工具，从线下、线上两方面做好宣传方面工作。

（二）开业阶段

本阶段采取由主讲教师通过规则讲解、专题培训等形式，指导各公司机构完成开业期的实习任务，主要工作流程如下。

（1）举办线上线下相结合的仿真实习开班仪式，可以安排领导致辞、代表宣誓、队旗交接、课程介绍等活动进行实习动员。

（2）各仿真机构人员听属地教师讲解仿真综合实训教学安排、运营规则，完成团队组建、制度建设、工商变更注册登记、银行与证券开户等实习任务。

（3）各仿真机构人员按职能分工到相应的实验室听专业线教师进行实习专题培训，制订各部门工作计划、编制相关预算、完成财务建账等实习任务。

（三）运营阶段

本阶段要求各仿真机构依照统一的实习进度开展实习，各学校根据自己的实际情况确定仿真实习1～3年，实习要求做到同步运营，业财结合，落到实处，仿照实际工作中的具体岗位进行实务操作。实习过程中，专业线教师负责业务指导，属地教师负责流程控制。主要工作流程如下。

（1）信息资源公司接受实习指挥中心委托，选定实习区宏观经济信息以及实习行业的市场供求信息进行预测，每年度开始运营前提供各产品的相关预测信息，包括销售量及其市场分布情况、市场需求量及其变动趋势、市场价格及其变动趋势等。

（2）指挥中心在政企运作仿真综合实训平台中建立商品交易洽谈会，以消费者代表（楚财集团）的名义，依据信息资源公司提供的预测信息，至少每半年发布一次市场需求信息。

（3）消费者代表（楚财集团）、制造公司、贸易公司等参加产品交易会，制造公司填报年度广告费、业务招待费、市场调研费等开支预算后，依次进行路演，依据路演评分和预算费用确定制造公司市场份额。

（4）制造公司依据各自取得的市场份额，调整工作计划和相关预算，与贸易公司进行招投标并签订销售合同，从资产供应公司租赁或购买厂房、生产线等，从原材料供应公司采购原材料，通过人力资源公司招聘员工，然后组织生产与销售。

（5）在同步实习过程中，各仿真机构需根据自己的职能定位与实习内容要求，积极与其他单位进行业务交互往来。政务中心对市场各公司履行相关管理与服务职责，包括市场监管、产品认证、专利审批、税务稽核、精神文明监督等；商业银行为各仿真机构办理存贷款、资金结算、贴现保理等业务；物流公司为供应公司、制造公司、贸易公司提供货物运输服务；人力资源公司提供招聘和培训业务；信息资源公司公开发布重要的公共经济信息，提供有偿信息服务；体旅资源公司为各公司提供会务会展和拓展团建业务；会计师事务所为各公司提供审计鉴证、资产评估、管理咨询、代理记账等服务；投资银行为各仿真机构提供证券经纪、证券自营、证券承销、资产管理等服务；税务师事务所为各公司提供税务代理、税收筹划、涉税鉴证等服务；律师事务所为各公司提供诉讼代理、法律咨询、法律援助等服务；传媒资源公司主要为各公司提供广告服务，并及时、全面报道实习动态。

（6）各仿真机构均须使用财务信息管理系统进行至少一年的财务核算，要求制作并填制业务发生时的原始凭证，编制记账凭证并登账，至少每季度进行对账、算账、结账，年末及时编制会计报表。

（7）在实习过程中，实习指挥中心联合政务中心、体旅资源公司、传媒资源公司等共同组织商业策划大赛。制造公司、贸易公司、供应公司作为参赛主体，可以围绕模拟市场的经营情况提交跨组织商业策划方案参与比赛，其他公司需要为商业策划项目做好相关服务工作。商业策划包括但不限于采取企业并购、跨国发展、招商代理等形式。

（四）结束阶段

本阶段要求各仿真机构在实习结束前进行全方位总结，辅助教师在实习结束时回收道具物料以及归档电子资料，主讲教师收取纸质实验报告并进行成绩考评。主要工作流程如下。

（1）实习结束前依次做好三方面总结：一是各仿真机构进行内部总结，由各仿真机构负责人主持；二是以专题论坛的形式进行专业线总结，由专业线教师主持；三是各个属地仿真机构间交流总结，由属地教师主持。

（2）举办线上线下相结合的仿真实习结课仪式，可以采取结课总结、优秀颁奖、结课寄语等方式结束实习。

（3）制作课程结课流程表格，安排辅助教师回收道具物料、备份封存实习电子资料、打印装订会计凭证、制作发放实习结业证书与优秀证书等。

（4）属地教师收取纸质版团队实验报告，会同专业线教师与辅助教师共同完成成绩考评工作。

（5）课程负责人在实习结束一个月内召集教师团队全体成员及实习学生代表进行深

刻总结，对以后年度继续开展实习进行优化和完善。

五、实习考核标准设计

仿真综合实训课程的特殊性决定其考核评价需要进行个性化的设计，须将团队考核与个人考核同等看待，创新一套针对性的成绩考核评价体系。在考核评价中重视过程考核与结果考核相结合，定量评价与定性评价相结合，教师考核评价与学生自我评价相结合，团队间竞争考核与团队内互评考核相结合，业务服务对象考核与个人劳动纪律考核相结合。通过评价指标库建立评价方案，对实习团队与实习个人进行全方位的综合评价。

学生课程成绩＝团队考核成绩50%＋个人考核成绩50%

（一）团队考核成绩

在各个实习区内，同属地同属性的仿真机构均设置为竞争性主体，主要依据足量、保质、按时、对标等原则，按照优秀、良好、中等、合格等标准，分别从团队精神、实习进度、实习质量、成果归档等维度进行排序评分。

团队成绩采用百分制计分，四个维度计分权重均为25%，同一团队内每位成员的团队得分都是一样的。通过这种将个人绩效利益与团队绩效利益绑在一起的考评方式，让学生明白个人的成功是建立在团队基础之上的，从而培养学生勇于奉献、团结合作的精神。

团队考核成绩参考标准如表1-2所示。

表1-2　团队考核成绩参考标准

考核维度	评分主体	权重/%	主要考核指标
团队精神	属地教师 专业线教师	25	1. 团队凝聚力与整体形象； 2. 业务或服务饱和量； 3. 职业道德与商业伦理；
实行进度	属地教师 指挥教师	25	1. 同步运营进度； 2. 业务或服务处理进度；
实习质量	属地教师 专业线教师	25	1. 管理水平与决策能力； 2. 业务完成度与正确度； 3. 团队所在属地经营业绩（服务质量）排序；
成果归档	属地教师 辅助教师	25	1. 实习日记； 2. 会计凭证； 3. 实验报告；

注：①各考核维度成绩评分全部由属地教师主导完成，在对每个维度进行排序考核评分时尽量不考虑其他维度的影响；②属地教师可以根据各自所辖实习仿真机构的特性，将考核指标细化，使其更具有可操作性

（二）个人考核成绩

仿真综合实训课程彻底打破了传统课堂中关于教师和学生的角色定位。学生作为模拟职场人员，成为仿真实习的参与者和教学活动的主导者，而教师则转变为课堂活动的

组织者、实习流程的引导者、实习任务的推送者以及虚拟市场的维护者。因此在对个人考核成绩评分时，可以考虑相对弱化教师考评所占的权重。

个人考核成绩采用百分制计分，分别从内部贡献考核、外部纪律考核、系统自动考核与教师综合考核等维度进行评分。

个人考核成绩参考标准如表 1-3 所示。

表 1-3 个人考核成绩参考标准

考核维度	评分主体	权重/%	主要考核指标
内部贡献考核	团队内部	20	1. 每个实习日团队成员互评分； 2. 公司内部员工绩效考核；
外部纪律考核	辅助教师 政务中心	50	1. 考勤记录与纪律检查； 2. 仪表仪态与工作态度；
系统自动考核	实训平台	10	综合实训平台自动评分
教师综合考核	属地教师	20	1. 实习投入程度； 2. 优秀员工评选；

注：①内部贡献考核得分也可以从个人考核成绩中分离出来，记入团队考核成绩，这样学生课程成绩 = 团队考核成绩 60% + 个人考核成绩 40%；②系统自动考核评分如在实训平台中没有此项功能，可考虑将该部分成绩考核权重并入教师综合考核

第二章 管理组织

虚拟实习环境中的管理组织由指挥中心和政务中心组成。

管理组织基本信息如表 2-1 所示。

表 2-1 管理组织基本信息一览表

管理组织	分支机构	代码	所属市场	银行账号
A 区指挥中心 [1]	现场管理部	A	模拟市场、外围市场	
	A 区楚财集团	ACC	模拟市场、外围市场	
A 区政务中心	A 区市场监督管理局	ASC	本地/国内/国际市场	
	A 区税务局	ASJ	本地/国内/国际市场	
	A 区认证中心 1	ARZ01	本地/国内/国际市场	
	A 区认证中心 2	ARZ02	本地/国内/国际市场	

注：1）为了更方便、有效地进行实习管理，如果同一个时间段有多个实习区在进行实习，可以将多个区指挥中心合成一体来运行。

楚财集团、市场监督管理局与税务局只需在商业银行开立银行账号，即可进行工作；认证中心需重新进行工商登记、税务登记，并取得事业单位法人证书、税务登记号、银行账号才可开始办理业务

第一节 指挥中心

虚拟实习环境中的指挥中心由现场管理部、市场外围代表[1]组成。

指挥中心由实习领导小组成员、实习指导小组成员、相关专业教师以及实习学生组建，其主要职责是从宏观上监控虚拟实习环境的动态发展，指导模拟市场各项活动按规则正常、有序进行，干预、制止扰乱模拟市场正常运作的行为，以保证模拟市场健康、有序地发展。

一、现场管理部

现场管理部由实习负责人、教务辅助教师、技术辅助教师、现场辅助教师组成，主要职责是：规范和稳定虚拟市场秩序，确保自由公平竞争；从宏观上监控虚拟实习环境的动态数据，确保虚拟实习环境中的经济平衡发展；管理虚拟实习环境，确保模拟实习按计划顺利进行；监控实习系列软件平台的后台数据，及时处理异常情况和突

---

① 为了更方便、有效地进行实习管理，专设一个虚拟主体即楚财集团来执行市场外围代表的全部职能。

发事件。

实习负责人包括教学单位负责人和课程教学团队负责人。教学单位负责人的任务是在课程教学期间总体上协同学校、专业学院做好后勤保障、安全防护、实习动员、心理辅导、检查督导、公共宣传等相关工作和事务。课程教学团队负责人的任务是在实习前组织安排各项准备工作，在实习期间做好流程管控工作，在实习结束后组织安排实习总结工作。

教务辅助教师的任务是在整个实习期间负责跨专业分班、实习考勤、成绩归档等相关教务工作。技术辅助教师的任务是在整个实习期间负责软件安装维护、硬件设施维护、实验室安全管理等相关工作。现场辅助教师的任务是在整个实习期间负责物料道具的收发、实习平台的运行、实习指令的传达、实习数据的监测等具体事务。

二、楚财集团

（一）楚财集团具体职责

楚财集团由学生组成，直接接受现场管理部的指导。楚财集团既承担虚拟市场整个供应链条的两端职能，又作为仿真实习的管理实施机构，确保虚拟市场能够正常运转和仿真实习顺利进行。

从模拟市场的实际情况出发，在虚拟的市场环境下，楚财集团承担以下具体职责。

一是集虚拟实习环境上游与下游两端于一身，拉动各仿真机构之间业务链闭合运转，确保仿真实习按预定安排顺利进行。

二是承担弥补虚拟市场失效的职能，直接向虚拟实习环境外部转出仿真实习机构的物品资金或从虚拟实习环境外部提供仿真实习机构所需的物品资金。其充当的主要角色如下。

（1）贸易公司的下游主体代表（即虚拟消费者代表，含机构与个人）：向贸易公司购买商品，并承付货款。

消费者代表居于贸易公司下游，是贸易公司的客户主体代表，也是楚财集团充当的最主要角色之一。消费者代表，简而言之就是等同于市场中终端消费者的角色，即在整个经济活动过程中，为满足个人及家庭需要，消耗最终产品和服务。消费者代表既是维持经济活动运转资金链的源头，也是经济活动的末端，其主要职责就是用需求推动整个实习区供应链中涉及各个环节中的相关企业的经营，以实现各公司的可持续发展。

（2）供应公司的上游主体代表（即虚拟供应商代表）：向供应公司提供原材料、厂房和设备等，并收取货款或取得收款的权利。

（3）中央政府及其直属部门代表：比如财政部（收缴与拨付仿真地方政府财政资金、管理政府性基金等），比如中央银行（缴存划拨商业银行存款准备金、对商业银行发放贷款等），又如证券交易所（为投资银行开设自营业务资金清算账户并划转资金）。

（4）虚拟市场环境之外的第三方机构代表：实习区营商环境评价机构、仿真政府财政专用资金使用绩效评价机构、仿真机构涉及的其他债权或债务主体、仿真机构广告自行制作涉及的其他媒体公司等。

（5）代理执行法院、检察院的职能。

（6）其他与仿真机构发生业务往来的单位或个人代表：员工薪酬发放、差旅费支付等。

（二）消费者代表参考数据

仿真综合实训中整体业务链的内在逻辑为：消费者代表的商品需求量→贸易公司的商品采购量→制造公司的产品生产量→供应公司的材料销售量及资产设备销售或租赁量。其他仿真机构围绕该业务链产生关联业务。

消费者代表的主要任务是负责发布商品需求信息，协助制造公司计算可能获得的对贸易公司的签约比例，收集评价贸易公司的负面新闻和正面新闻报道，并形成最终对贸易公司签约的决定，最后履约购买商品并支付货款。消费者代表虽然居于虚拟市场环境之外，但作为整个仿真实习业务链的起点，至关重要。

消费者代表实习工作流程如图 2-1 所示。

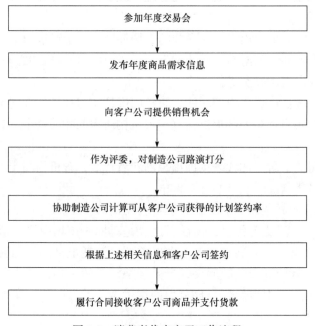

图 2-1　消费者代表实习工作流程

以下本实习区宏观经济数据信息可以作为消费者代表预测商品需求量时的参考依据，具体数据以信息资源公司提供的信息为准。

1. 可比价格指数

可比价格指数包括居民消费价格指数、商品零售价格指数、工业品出厂价格指数，以及原材料、燃料、动力购进价格指数和固定资产投资价格指数等。

各种可比价格指数如表 2-2 所示。

表 2-2 各种可比价格指数　　　　　　　　　　　　　　单位：%

时间	居民消费 价格指数	商品零售 价格指数	工业品出厂 价格指数	原材料、燃料、动力 购进价格指数	固定资产投资 价格指数
第一年	109.30	112.76	107.34	102.10	107.60
第二年	113.30	111.22	105.87	119.60	113.60
第三年	115.40	110.76	105.42	119.10	116.60
第四年	112.60	110.25	104.95	108.20	111.10
第五年	112.60	109.87	104.58	108.00	110.30
第六年	112.00	109.37	104.10	107.80	110.50
第七年	111.40	110.10	104.80	103.90	108.20

表 2-2 给出了第 1~7 年的各种可比价格指数，第 8~10 年在年初时可先依据预测模型进行预估。年末需据此结合商品零售价格、制造公司的产品出厂价格、原材料购入价格、固定资产投资数据自行计算，并与预测数据进行对比。

1）居民消费价格指数

居民消费价格指数是一个反映居民家庭所购买的一般消费品和服务项目价格水平变动情况的宏观经济指标。它是在特定时段内度量一组代表性消费商品及服务项目的价格水平随时间而变动的相对数，可用来反映居民家庭购买消费商品及服务的价格水平的变动情况。

全国居民消费价格指数涵盖全国城乡居民生活消费的食品烟酒、衣着、居住、生活用品及服务、交通和通信、教育文化和娱乐、医疗保健、其他用品和服务等八大类 262个基本分类的商品与服务价格。

计算公式：居民消费价格指数 =（一组固定商品按当期价格计算的价值/一组固定商品按基期价格计算的价值）× 100%

当有多种产品时，采用加权算术平均法计算。本仿真实训均采用上述方法进行计算。

2）商品零售价格指数

零售价格指数是衡量居民购买消费品和服务的平均价钱指数。它衡量一段时间内同一个地区（城市、省，或者国家）的常规市场上的物价变动。它通过测量典型消费者的典型消费品的价钱来确定指数。包括食品、饮料烟酒、服装鞋帽、纺织品、中西药品、化妆品、书报杂志、文化体育用品、日用品、家用电器、首饰、燃料、建筑装潢材料、机电产品等 14 个大类 304 种必报产品，各省（自治区、直辖市）可根据当地实际情况适当增加一些商品。需要特别说明的是，从 1994 年起，商品零售价格指数不再包括农业生产资料。

本仿真实习为简化该计算过程，第七年按贸易公司 P1 产品的平均销售价格确定，然后结合第七年的商品零售价格指数，可反推出基期商品零售价格指数。第八年依据实际统计的贸易公司零售价格，计算出第八年的商品零售价格指数。商品零售价格指数公式参照居民消费价格指数公式计算。

3）工业品出厂价格指数

工业品出厂价格指数是反映一定时期内全部工业产品出厂价格总水平的变动趋势和变动幅度的相对数。工业品出厂价格由生产成本、利润和税金三部分组成，它是工业产品进入流通领域的最初价格，是商业企业、物资部门制定批发价格、零售价格和物资供应价格的基础，包括工业企业售给本企业以外所有单位的各种产品和直接售给居民用于生活消费的产品。通过工业品出厂价格指数能观察出厂价格变动对工业总产值的影响。

本仿真实训为简化该计算过程，第七年按制造公司 P1 产品的平均销售价格确定，然后结合第七年的工业产品出厂价格指数，可反推出基期商品零售价格指数。第八年依据实际统计的制造公司销售价格，计算出第八年的工业品出厂价格指数。工业品出厂价格指数公式参照居民消费价格指数公式计算。

4）原材料、燃料、动力购进价格指数

原材料、燃料、动力购进价格指数是反映工业企业作为生产投入而从物资交易市场和能源、原材料生产企业购买原材料、燃料和动力产品时，所支付的价格水平变动趋势和程度的统计指标，是扣除工业企业物质消耗成本中的价格变动影响的重要依据。

本仿真实训为简化该计算过程，第七年按供应公司提供的 R1 和 R2 的加权平均价格乘以供应公司的销售成本利润率作为第七年的原材料价格，然后结合第七年的原材料、燃料和动力购进价格指数，可反推出基期原材料、燃料和动力购进价格指数。第八年依据实际统计的供应公司销售价格，计算出第八年的原材料、燃料和动力购进价格指数。原材料、燃料和动力购进价格指数公式参照居民消费价格指数公式计算。

5）固定资产投资价格指数

固定资产投资价格指数是反映固定资产投资额价格变动趋势和程度的相对数。固定资产投资额是由建筑安装工程投资完成额、设备工器具购置投资完成额和其他费用投资完成额三部分组成的。因此，编制固定资产投资价格指数应首先分别编制上述三部分投资的价格指数，其次采用加权算术平均法求出固定资产投资价格总指数。

本仿真实训为简化该计算过程，第七年按制造公司提供的固定资产信息，结合表 2-2中固定资产投资价格指数计算出对应固定资产基期价格。然后结合第八年制造公司实际购入固定资产的价格，可计算出第八年固定资产投资价格指数。固定资产投资价格指数公式参照居民消费价格指数公式计算。

2. 国民经济发展指标

本实习区国民经济发展指标包括三次产业的增加值和国内生产总值指标，国民经济发展指标按照当年价格计算。要求首先在每年年初结合上述数据对当年国内生产总值进行预测，在当年末对所有行业的数据进行统计，计算出当年的国内生产总值。

国民经济发展指标（当年价格）如表 2-3 所示。

表 2-3 国民经济发展指标（当年价格） 单位：亿元

时间	国内生产总值	第一产业增加值	第二产业		第三产业增加值
			增加值	其中：工业	
第一年	14.07	0.92	7.30	6.01	5.85
第二年	14.57	0.94	7.48	6.61	6.15
第三年	16.32	1.07	8.73	7.11	6.52
第四年	17.79	1.23	9.64	8.01	6.92
第五年	19.14	1.18	10.20	8.36	7.76
第六年	20.91	1.20	10.76	9.33	8.95
第七年	23.33	1.31	12.15	10.45	9.87

3. 电子行业产值指标

经过多年发展，电子行业增加值增长较快，7 年来，累计增长速度达到 90.73%，明显高于第二产业增加值和工业增加值的增长速度，对本实习区经济发展起到了一定的推动作用。第二产业增加值和工业增加值依据时间序列回顾的方式进行预测，对于电子行业增加值的数据统计依据制造公司第七至第八年的实际发生数据填列，当电子行业增加值加上工业增加值不等于第二产业增加值时调整第二产业增加值。

按照当年价格计算的行业增加值与第二产业增加值指标如表 2-4 所示。

表 2-4 本行业工业产值增加值（当年价格） 单位：亿元

时间	第二产业增加值	工业增加值	电子行业增加值
第一年	7.30	6.01	1.66
第二年	7.48	6.61	1.79
第三年	8.73	7.11	2.05
第四年	9.64	8.01	2.23
第五年	10.20	8.36	2.68
第六年	10.76	9.33	2.82
第七年	12.15	10.45	3.17

4. 国内生产总值产业构成

本实习区以工业为主的第二产业在国内生产总值中所占比重较大，近年来，由于第三产业发展迅速，第二产业所占比重下降趋势较为明显。

国内生产总值的三次产业构成如表 2-5 所示。

表 2-5　国内生产总值的三次产业构成　　　　　单位：%

时间	第一产业占国内生产总值比重	第二产业占国内生产总值比重	第三产业占国内生产总值比重
第一年	6.54	51.88	41.58
第二年	6.45	51.34	42.21
第三年	6.56	53.49	39.95
第四年	6.91	54.19	38.90
第五年	6.17	53.29	40.54
第六年	5.74	51.46	42.80
第七年	5.62	52.08	42.30

5. 国内生产总值支出构成

本实习区国内生产总值从支出角度分析，主要包括总投资、总消费和净出口。国内生产总值支出结构如表 2-6 所示。

表 2-6　国内生产总值支出结构　　　　　单位：%

时间	总投资占国内生产总值比重		总消费占国内生产总值比重	净出口占国内生产总值比重
	结构	其中：固定资产投资占国内生产总值比重		
第一年	32.34	24.88	61.32	6.34
第二年	33.63	27.59	60.81	5.56
第三年	35.42	28.43	59.93	4.65
第四年	43.11	29.62	56.39	0.50
第五年	41.17	32.03	58.27	0.56
第六年	40.70	30.37	59.05	0.25
第七年	39.35	29.10	58.66	1.99

6. 投资规模及其结构

投资支出在本实习区总支出中占 32% 以上，其中固定资产投资规模较大，一般占总投资的 70% 以上。在固定资产投资中，电子行业的固定资产投资占 30% 左右。

本实习区投资规模与结构如表 2-7 所示。

表 2-7 本实习区投资规模与结构　　　　　　　　　单位：亿元

时间	总投资	固定资产投资额	其中：		
			其中：		
			本行业固定资产投资额	其中：	
				更新改造	扩大再生产
第一年	4.55	3.50	1.01	0.00	1.01
第二年	4.90	4.02	1.19	0.12	1.07
第三年	5.78	4.64	1.44	0.20	1.24
第四年	7.67	5.27	1.66	0.25	1.41
第五年	7.88	6.13	1.83	0.33	1.50
第六年	8.51	6.35	1.96	0.37	1.59
第七年	9.18	6.79	1.97	0.40	1.57

7. 科技投入指标

本实习区比较重视科技投入，各项研发费用占国内生产总值的比重逐年递增，第七年占 1.32%。以该标准作为政府和企业进行科技投入的指引，并纳入考核范围。

本实习区科技投入比重如表 2-8 所示。

表 2-8 本实习区科技投入比重（研发费用占国内生产总值比重）　　　单位：%

项目	第一年	第二年	第三年	第四年	第五年	第六年	第七年
科技投入比重	0.65	0.71	0.84	1.01	1.08	1.24	1.32

8. 科技投入主要来源

科研费用主要来自政府投入和民间投入，其中民间投入比重整体呈现增加趋势，到第七年达到 59.18%。政府补贴作为政府科技投入的主要来源；制造公司对无形资产的投入，作为民间投入的主要来源。以科技投入主要来源标准作为政府发放补贴的指引。

本实习区科技投入主要来源如表 2-9 所示。

表 2-9 本实习区科技投入主要来源　　　　　　　　　单位：%

项目	第一年	第二年	第三年	第四年	第五年	第六年	第七年
政府投入	52.13	52.22	49.49	48.25	45.91	42.33	40.82
民间投入	47.87	47.78	50.51	51.75	54.09	57.67	59.18

（三）楚财集团财务规则与基础数据

楚财集团作为虚拟实习环境中供应链两端外围最终代表，一方面需要向政务中心财政预算拨款以及向仿真公司收缴税款等，另一方面还需要向所有仿真公司提供或转出物品资金，发挥着类似财政总预算的功能。为了锻炼在楚财集团实习学生的综合能力，特别规定以财政总预算会计的核算要求，进行楚财集团的账务处理。

楚财集团第七年年末的资产负债表如表 2-10 所示。

表 2-10　资产负债表（一）

会财政 01 表

编制单位：楚财集团　　　　第七年 12 月 31 日　　　　单位：万元

资产项目	金额	负债及净资产项目	金额
国库存款	199 740	与上级往来	200
有价证券	100	负债总计	200
与下级往来	160	预算结转结余	199 800
		净资产总计	199 800
资产总计	200 000	负债及净资产总计	200 000

注：财政总预算会计核算不同于财政局（仿真实习可单独设置）会计核算，后者属于行政单位会计

第二节　政　务　中　心

政务中心主要职责是适时提供各项政务服务，规范模拟市场各项活动按规则正常、有序进行，干预并制止扰乱模拟市场正常运作的行为，以保障模拟市场健康有序地运行。

政务中心包括仿真政府和认证中心。仿真政府主要通过市场监督管理局、税务局开展工作，其中市场监督管理局除了开展自身本职工作外，还可以根据实习的需要从事财政局、审计局、海关、社保局、发改委、环卫局、环保局等相关政务职能代理服务工作。

认证中心实际上为获得政府授权的第三方组织（为方便实习，可以视作一家事业单位），开展资质认证业务，代理专利申报、审批与签发业务，其中专利审批与签发实际上是政府专利管理部门的职能。

一、市场监督管理局

（一）市场监督管理局具体职能

仿真市场监督管理局是对现实市场监督管理局的模拟，主要职能是现实职能的演变，但也根据实习需要承担其他政务职能。仿真市场监督管理局主要按实习区设立，实际上承担着地方政府的大多数职能。具体职能如下。

（1）受理经营者的设立、变更或者注销登记申请，并依照法律、法规规定的原则和程序，审查是否予以核准登记；市场监督管理局在企业登记完成后，第一时间将各企业组织的社会信用代码信息传送到税务局、商业银行、投资银行、人力资源公司、信息资源公司等，以方便上述相关机构后续业务的开展。市场监督管理局是虚拟实习环境中的

登记主管机关，应当制定明确的业务流程，设立清晰的办事指引，方便其他仿真机构办理相关业务。

（2）对需要政府认证认可的相关业务进行认证、认可审查、审批，并对第三方认证认可部门进行监管。

（3）对经营企业进行年报审查，并向社会公示。建立企业信用档案，保证市场秩序。

（4）负责制造公司开发市场的登记、审核、办理准入资格证等工作，并根据规则做出准入或禁入的处理决定。

（5）查处各类违反有关登记管理规定的行为；市场监督管理局是经营者市场交易活动的监督管理机关，负责查处下列违法行为：①不正当竞争行为和垄断行为；②损害消费者权益的行为；③其他违法、违章的市场交易行为。

（6）依照《中华人民共和国广告法》，对市场广告行为进行监管，对需要审查的广告实行审查管理。

（7）负责合同的监督检查，依法履行下列职责：①查处利用合同危害公共利益，侵害他人合法权益的行为；②对企业以动产（运输车辆除外）设定抵押，订立抵押合同的，负责有关动产抵押物的登记，并对违反有关抵押物登记管理规定的行为进行查处；③对模拟市场中的合同纠纷进行调解、仲裁，并按照合同标的的 5%收取仲裁费，标的物在 40 000 元及以下的，调解费为 2000 元。

（8）市场监督管理局对各类商品交易市场实施监督管理，依法履行下列职责：①对产成品、生产资料市场中的交易行为进行规范和监督，查处其中各类违反有关规则和市场管理规定的行为；②参与金融、人才、技术、信息等市场的监督管理。

（9）市场监督管理局对违反市场监督管理法律、法规、规章的经营者，依法实施行政处罚。①对未经核准登记，擅自从事经营活动，或者从事其他违反经营登记管理规定行为的，市场监督管理局可以依照相关法律、法规、规章，责令改正；给予警告、没收违法所得、罚款、责令停业整顿、吊销营业执照等处罚。②对未经登记擅自开发市场，或在未开发完成的市场从事产品交易活动的制造公司、贸易公司等，市场监督管理局依照有关规定予以处罚。③对不正当竞争行为，市场监督管理局可以依照《中华人民共和国反不正当竞争法》等法律、法规、规章，责令停止违法行为；视情节严重程度，分别给予没收违法所得、违法所得 1 倍以上 3 倍以下或者 1 万元以上 20 万元以下罚款、责令停业整顿、吊销营业执照等处罚。④对利用合同侵害模拟市场公共利益及他人合法权益的，市场监督管理局可以依照有关法律、法规、规章，给予没收违法所得、罚款、责令停业整顿、吊销营业执照等处罚。⑤订立公司动产抵押合同或者无形资产专用权质押合同，未向市场监督管理局办理抵押物或者无形资产专用权出质登记的，其抵押或者质押合同无效。对违反有关登记管理规定的，市场监督管理局可以依照本规定，给予罚款、注销登记证等处罚。⑥市场监督管理局接受虚拟实习环境中任何组织和个人的举报、投诉，并负责投诉项目的记录、查证、处理，同时负有保护投诉人、保证不泄露投诉内容的义务。

（10）虚拟实习环境中的任何单位和个人对市场监管部门处罚不服的，可以在收到处罚通知书后的一个月（模拟实习时间可能为 1～2 小时，具体时间由实习组织单位安排）内，向上一级市场监督管理局（指挥中心）提出行政复议。

（11）每个经营年度结束，举办"诚实守信，合法经营"评选活动，表彰和宣传合法、诚信经营单位。本部门负责制定参评条件和评价标准、审核参评者资格、评选与表彰先进企业。

（12）市场监督管理局实行执法监督制度，其执法行为必须接受虚拟实习环境公众的监督。虚拟实习环境中的任何组织和个人对市场监管部门工作人员的违法、违纪行为，有权向上一级市场监督管理局（楚财集团）举报、控告，对依法检举、控告违法行政行为的组织或个人，任何人不得压制和打击报复。工商检查包括经常性检查和年度检查。对于检查不合格的公司，有权责令其限期改正，同时视情节轻重处以 0.1 万～10 万元罚款。

（13）办理抵押物或者无形资产专用权出质登记。

（14）代理执行海关和商检职能，为进出口企业（或委托企业）和国际客户办理通关及出入境商检业务，计算并收取进出口关税和行政费用，报关报检均为每票 100 元；审核进出口报关单、报检单和进出口许可证。对于不缴纳关税的企业予以行政处罚和停业整顿。出口关税：产成品出口不征税，出口退税率为 15%。进口关税：产成品进口税率为 10%。国际客户未办理进口手续和缴纳关税的，产品不允许销售。同时代理外汇管理局职能，为出口企业办理出口核销业务。

（15）代理执行其他政务职能。

（二）市场监督管理局业务流程

1. 企业开办流程指引

1）企业注册前需确立的信息

（1）公司名称确立。公司名称自主申报，在遵守法律的前提下自主承担起名带来的法律后果。

法律依据：《企业名称登记管理规定》（国务院令第 734 号）（2020 年修订）。市场监督管理局将对名称进行审核，不合格将会返回补正。市场监督管理局主要对相关规范及禁止事项进行审核，对于符合规范的名称在市场中引起纠纷的将会依法纠正。

a. 企业名称组成形式。本次仿真实习主要采取形式：行政区划+企业字号+行业+组织形式 → 示例：武汉市+百利来+电子制造+有限公司。

也可以采取以下实际工作中常用的形式：

◇企业字号+行业+行政区划+组织形式 → 示例：百利来电子制造（武汉市）有限公司

◇行政区划+企业字号+组织形式 → 示例：武汉市+百利来+有限公司。这种主要是跨行业企业命名，名称中可以不出现行业。

◇企业字号+组织形式 → 示例：百利来+股份有限公司。跨地域、跨行业的股份制企业命名形式。

◇行政区划+字号+税务师事务（所）+有限责任公司。有限公司形式的事务所命名。

◇行政区划+字号+合伙税务师事务所。合伙制事务所命名。[①]

b. 多提交几个备选字号。公司字号一般以3～4个字为最佳，2个字的核准难度较大，另外建议公司核名时多提交几个备选字号（一般为3～5个），提高通过率。

c. 企业名称不得有下列情形：损害国家尊严或者利益；损害社会公共利益或者妨碍社会公共秩序；使用或者变相使用政党、党政军机关、群团组织名称及其简称、特定称谓和部队番号；使用外国国家（地区）、国际组织名称及其通用简称、特定称谓；含有淫秽、色情、赌博、迷信、恐怖、暴力的内容；含有民族、种族、宗教、性别歧视的内容；违背公序良俗或者可能有其他不良影响；可能使公众受骗或者产生误解；法律、行政法规以及国家规定禁止的其他情形。

d. 企业名称中间含有"中国""中华""全国""国家"等字词的，该字词应当是行业限定语。使用外国投资者字号的外商独资或者控股的外商投资企业，企业名称中可以含有"（中国）"字样。

（2）经营范围的确定。为推进"证照分离"全覆盖改革，根据国家有关规定，企业（含农民专业合作社、个体工商户）在办理设立登记、经营范围变更登记时，应首先登录经营范围规范表述查询系统（网址：https://jyfwyun.com/），自主查询并选择所需经营范围。

a. 经营范围顺序的确立。同时经营多个行业业务的企业，经营范围的第一项为该企业所属行业，而税务局稽查时，选用的指标经常参考行业水平。本次实习的公司属于电子制造行业，具体产品范围自行确立，对应好相关P1、P2、P3、P4产品。

b. 经营范围大小的确立。有些财务人员害怕以后遇到超出经营范围的业务不能自行开发票，就把能想到的经营范围都写进去了。但有些经营业务是不能享受税收优惠的。除国家有明令禁止销售的外，即使超出营业执照上的经营范围，也应当据实开具发票。

c. 经营范围对经营活动的影响。营业执照记载的经营范围是企业依法登记的主要经营活动项目，不构成对企业经营活动和经营能力的限制。企业超经营范围开展非许可类经营活动的，市场监管部门不予处罚。有关主管部门不得以企业登记的经营范围为由，限制其办理涉企经营许可事项或者其他政务服务事项。

d. 经营范围的前置许可与后置许可。办理前置许可需要在办理工商登记、变更之前进行，即许可是办理营业执照的前置条件；后置许可办理时间为办理工商登记、变更之后，也就是说，工商登记不是许可的前提条件。前置许可的项目一般关系重大公共利益，如金融许可、办学许可、危险化学品经营许可等；而后置许可则相对来说更易监管，如食品经营许可、娱乐场所许可等。本实习中涉及的许可基本为后置许可，如认证业务、

---

① 跨省、自治区、直辖市经营的企业，其名称可以不含行政区划名称；跨行业综合经营的企业，其名称可以不含行业或者经营特点。企业名称中的行政区划名称应当是企业所在地的县级以上地方行政区划名称。市辖区名称在企业名称中使用时应当同时冠以其所属的设区的市的行政区划名称。开发区、垦区等区域名称在企业名称中使用时应当与行政区划名称连用，不得单独使用。

会计师事务所、税务师事务所的设立。

（3）出资比例的确立。股东可以用货币出资，也可以用实物、知识产权、土地使用权等可以用货币估价并可以依法转让的非货币财产作价出资；但是，法律、行政法规规定的不得作为出资的财产除外。

出资额比例公式=每个股东投入资本金额/公司注册资本金额。股东出资是股东（包括发起人和认股人）在公司设立或者增加资本时，为取得股份或股权，根据协议的约定以及法律和章程的规定向公司交付财产或履行其他给付义务。股东工商登记出资比例与实际出资情况不一致时，应以出资时资产评估值为基准计算出资比例，享有相应权利。

2）企业注册，营业执照办理流程[①]

企业注册需要备齐的材料有：公司登记（备案）申请书；公司章程（有限责任公司由全体股东签署，股份有限公司由全体发起人签署）；股东、发起人的主体资格证明或自然人身份证明；法定代表人、董事、监事和经理的任职文件；住所使用证明；募集设立的股份有限公司提交依法设立的验资机构出具的验资证明；募集设立的股份有限公司公开发行股票的应提交国务院证券监督管理机构的核准文件。

营业执照办理流程如图 2-2 所示。

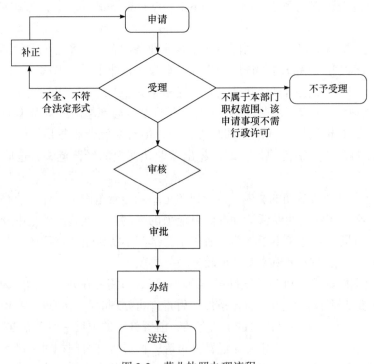

图 2-2　营业执照办理流程

---

① 仿真认证中心设置为事业单位，市场监督管理局代理事业单位登记管理部门职能给予办理事业单位法人证书；律师事务所属于律师的执业机构，市场监督管理局代理政府司法机关部门职能给予办理律师事务所执业许可证。此二者证书办理流程由市场监督管理局制定细则并发布。

3）公司印章刻制流程

（1）公司印章种类。公司章主要有 5 枚，分别是公章、财务章、合同章、发票章、法人代表人名章（以下简称法人章），进出口贸易公司还有报关专用章。需要注意的是，除法人章外，其他 4 个章需要根据相关规定到工商、公安、开户银行备案或预留印鉴（实习忽略）。

a. 公司公章：公司效力最大的一枚印章，是法人权力的象征。除法律有特殊规定外（如发票的盖章），均可以公章代表法人意志，对外签订合同及其他法律文件。

使用范围：凡是以公司名义发出的信函、公文、合同、介绍信、证明或其他公司材料均可使用公章。

保管者：一般来说，公章的掌管者应该是公司创业者或其最信任的人，如董事长或总经理。

b. 财务章：通常与银行打交道的时候会用到，比如银行的各种凭据、汇款单、支票的用印。另外，也会用于财务往来的结算等。

保管者：一般由企业的财务人员管理，可以是财务主管或出纳等。

c. 合同章：单位对外签订合同时使用，可以在签约的范围内代表单位，在合同上加盖合同专用章，单位需承受由此导致的权利义务。

一般来说，创业初期可以直接用公章盖合同，减少一支公司印章可以减少风险（比如遗失、私用等）。

保管者：可以是公司法务人员、合作律师或行政部门等。

d. 发票章：企业、单位和个体工商户在购买和开发票时，需要加盖发票章。印章印模里含有其公司单位名称、发票专用章字样、税务登记号。此章须盖在发票上，或盖在发票领用簿上才有效。

根据《中华人民共和国发票管理办法实施细则》的规定，通常需要在发票联和抵扣联加盖发票专用章。

保管者：一般由财务部门的发票管理员保管。

e. 法人代表人名章：法人章主要用于公司有关决议，以及银行有关事务办理。印章印模里含有其公司单位名称、发票专用章字样、税务登记号。通常用在注册公司、企业基本户开户、支票背书的用印。

保管者：一般是法人自己，也有让公司财务部门出纳人员管理的情况①。

（2）公司印章保管的具体措施。公司各种印章的权限不一，所有文件加盖印章都必须得到重视。所以说公司印章的保管工作必须要引起重视。

公司印章的保管，应实行印章专人保管、负责人印章与财务专用章分管的制度，并且严格执行保管人交接制度。

a. 印章管理者必须明确各自的岗位法律责任，增强风险防控意识。公司可以要求印章保管或管理者签订"法律风险岗位承诺书"，明确保管者的职责，同时也要加强对他

---

① 印章的保管者没有特定的法律规定，可依公司情况设定保管者，上述仅供参考。

们印章管理工作的法律防范教育，使其充分认识到印章的重要性，增强其印章管理的技能和法律风险防范意识。

在增强管理者的岗位意识的同时，也要建立规范的印章管理规定，如明确印章管理者的管理职责，规范印章使用的业务流程，以及定期检查印章使用情况等，使印章管理工作做到有规可依，有章可循。

b. 公司应建立并使用统一的印章使用审批制度和使用登记表，使用者要遵守公司的印章使用规定。一般来说，经企业领导批准后，印章使用者应填写统一的用印登记表，企业文书人员对用印文件要认真审查，审核与申请用印内容、用印次数是否一致，然后才能在相关文件上用印。

需要注意的是，使用印章时，要确保由印章保管人员亲自用印，不能让他人代为用印，同时不能让印章离开印章保管人员的视线。一般情况下，未经企业主要领导亲自批准，不允许使用者将印章携带外出，即使需要外出携带，最好指定可信任的人随往，确保印章安全。

c. 严格控制或禁止在空白文件上盖印章。印章使用过程中，印章管理者一定要确保使用者不能在空白文件，如空白纸张、空白单据、空白介绍信等上面加盖公司印章，如遇特殊情况，必须要经过公司核心管理者的同意，如果加盖印章的空白文件无用后，持有者也要将该空白文件退回印章管理部门（如行政部、办公室），请其妥善处理，从而确保用章安全。

d. 对变更或撤销的部门或公司及时处理相关印章。企业所属部门发生变更或被撤销后，印章统一管理部门必须收缴部门印章及用印记录；所属分公司注销后，在工商注销手续完成后，必须收缴分公司包括行政印章、合同专用章、财务专用章、负责人名章等在内的全部印章及用印记录；项目部关闭后，项目部印章及用印记录必须全部上缴企业印章管理部门。企业印章管理部门会同法律部门将收缴的印章统一销毁，用印记录由印章管理部门按档案管理规定存档。

e. 公司印章遗失必须在第一时间向公安机关报案，并取得报案证明，同时在当地或项目所在地报纸上刊登遗失声明。之后，在进行补刻时，要拿上公安机关的报案回执、登报申明、补刻印章申请书等材料到当地公安机关进行备案，然后到指定印章公司进行刻章。

公章丢失，即使自己保留了所有的公章信息，如样式和编码，也不能私自进行刻章，否则将面临拘留的行政处罚。

（3）公司印章使用争议情形处理包括以下三种：①错用印章。内部印章对外使用，如人力章、行政章对外签订合同。印章类型错误使用，如对账单上加盖税务章，劳动合同加盖财务章。一般情形下仅有印章不发生效力，但如盖章的同时有经办人签字，则是否对公司生效取决于该经办人是否为代理人或合同指定的特定经办人。②伪造印章。如果经鉴定与工商、公安备案的印鉴不一致，一般可认定不代表公司意思，也就是公司无须对此负责。但是，如果公司的法定代表人同时有签字（不是签章），一般会推定对公司有约束力；如果与相同的交易对象有类似交易并已履行完毕（典型如之前的合同、对账等），也会推定对公司有约束力。③分公司印章的效力。根据公司法，分公司不具备法人资格，产生的责任由公司承担，其地位类似于公司的内设机构。但分公司与普通内设机构因公司法的特殊规定而产生不同的后果，如分公司可以作为民事纠纷中的被告，而内设机构就不行。公司的事务加盖分公司的印章，一般会对公司有约束力。

4）办理社保及公积金流程

仿真市场监督管理局可以代理行使人力资源和社会保障部、住房公积金管理中心等相关部门职能。

（1）企业社会保险登记。缴费单位自领取工商营业执照、事业单位法人证书或律师事务所许可证之日起30日内应到所在地社保登记机构，出示本单位的营业执照（事业单位法人证书或许可证）、法人与经办人的身份证原件及复印件、经办人委托书等，申请办理社保登记。缴费单位应于每年1月20日前向当地劳动保障部门申报当年的社保缴费基数。

（2）办理五险开户。具体要求：①整理单位要办理社保人员的名单及身份证原件、复印件；②新办人员需劳动合同原件及复印件；③续保人员，确保个人窗口已报停，或前单位已报停；④单位职工参保登记/续保（三险）；⑤基本医疗保险单位参保信息登记表（加盖单位公章）（医保与生育险）。

（3）办理公积金开户。新设立单位自设立之日起30日内办理开户。①单位住房公积金开户登记；②单位在住房公积金管理中心办理单位登记后，应在20日内持《单位登记表》、员工身份证复印件为本单位职工办理住房公积金账户设立手续。每个职工只能设立一个住房公积金账户。

个人公积金开户所需资料如下：住房公积金联名卡；身份证；住房公积金提取申请表，还应当提交家庭成员身份证、结婚证、户口簿等家庭成员关系证明材料。

5）后置许可事项的审批流程

该审批事务依实习需要决定是否实施。

（1）税务师事务所的设立审批（税务师协会、税务局）。具体流程及办理见税务局。

（2）会计师事务所的设立审批（注册会计师协会、财政局）。设立依据：《中华人民共和国注册会计师法》《会计师事务所执业许可和监督管理办法》等。

（3）物流公司道路运输经营许可证审批（代理交通管理局职能）。

（4）进出口贸易公司办理进出口经营权审批（代理商务局、海关职能）。具体办理流程：①到商务局办理对外贸易经营者备案登记；②到税务局办理经营范围的变更手续，具有一般纳税人资格的出口公司办理退税登记；③到所属区县管辖海关办理备案登记手续，同时到公安局指定的地点申刻报关专用章，领取《报关单位情况登记表》；④到出入境检验检疫局办理注册备案登记；⑤向海关中国电子口岸申请联合审批，取得入网许可，购IC（integrated circuit，集成电路）卡、软件、读卡器、17999拨号上网卡，从而成为中国电子口岸正式会员；⑥到外汇管理局申请出口核销备案，进口单位进入名录备案，外汇账户开立申请。

2. 市场开发流程指引

制造公司的产品主要通过出售给贸易公司，再由贸易公司最终销往本地零售市场、国内批发市场和国际外贸市场。实习开始时各制造公司已开发了本地市场，随着公司不断的发展，未来可能还会开发国内市场与国际市场。是否开发市场，开发什么市场由制造公司自主决策。

1）可开发的市场类型

制造公司未来要成功开发国内批发或国际外贸市场（即可以向该市场上贸易公司销售本公司经营产品），必须在一定时期内投入一定量的资金，经市场监督管理局确认后才有资格进行销售。

2）市场开发投入标准

市场开发需要投入一定的时间和资金。市场开发投入标准如表 2-11 所示。

表 2-11　市场开发投入标准

市场类型	所需时间/月	投入资金/（万元·月）	总投入/万元
国内市场	3	20	60
国际市场	6	20	120

注：市场开发时间可以间断，累计投入达到标准要求，获得相关部门认可，即视为市场开发成功

3）市场开发程序

（1）规划决策。公司市场部根据发展的需要，对公司未来的市场布局进行规划，报请并经公司决策层同意，即可按市场开发投入标准投入费用，同时需作相关业务记录，以备日后查验。

（2）市场开发过程。市场监督管理局负责公司新市场准入的资格审查。公司开发新市场时，必须先在市场监督管理局和信息资源公司备案，发生的市场开发费通过银行转给楚财集团代为收取。完成对某一市场的开发投入后，即可持银行转款凭证到市场监督管理局办理新市场准入资格。对审查合格的公司，市场监督管理局应颁发新市场准入资格证。

（3）取得进入市场资格。公司首次进入已成功开发的新市场开展业务，必须向该市场的贸易公司提交由市场监督管理局出具的该市场的准入资格证，即有资格进入该市场销售产品。

4）违规处罚规则

贸易公司在与公司建立购销关系时，应当审核资格证的真实有效性。若双方对审核结果有争议，可提请市场监督管理局仲裁；如果公司擅自进入没有开发或开发未成功的

市场销售产品，市场监督管理局有权裁定其销售合同无效，与销售产品相关的支出计入营业外支出，并处 50 万元罚款。若不服市场监督管理局处理结果，可向律师事务所聘请律师向法院（由楚财集团代理）提起诉讼。

3. 财政预算编制与审批业务指引（代理财政局职能）

1）编制并上报年度财政预算

政府部门编制财政预算实际上是对政府职能的体现，财政预算包括相关人员经费、公用经费、评优奖励支出、专项资金的预算等项目，市场监督管理局参照政府运作制定预算，保证预算的效益，预算不合理将会影响政府绩效。

2）审批预算

政府财政预算必须经过国家权力机关（楚财集团代理）审查批准，在国家权力机关批准前政府预算称为草案，只有经过国家权力机关批准后才具有法律效力。

仿真实习政府编制的财政预算上报楚财集团审批，审批通过后楚财集团拨付财政预算资金。

4. 市场稽查业务指引

主要包括合同制定、执行；市场准入；广告费、差旅费、客户开发费等相关费用的缴纳；公章管理；不正当竞争调查等。稽查结果将在实习区公示。

5. 海关报关业务指引（代理海关职能）

1）出口报关报检

（1）填写各种单据，包括出口收汇核销单（2 联）、出口许可证、出口货物报关单（应在报检时填写）等。

（2）各出口企业向海关交过关检查费，实习区企业 100 元/次。

（3）海关在出口退税专用报关单上加盖验讫章和放行章，在提单上加盖放行章，在出口收汇核销单上盖验讫章。

2）进口报关报检

（1）填写单据：进口许可证、进口货物报关单。

（2）凭海关开出的银行缴款书到税务局缴纳进口关税。

（3）向海关缴纳报关费用 100 元，需提交缴费凭证。

（4）海关在报关单及提单上加盖放行章，并将相关单据返回给公司。

6. 工商年报申报业务指引

工商年报是工商部门组织开展的企业年度报告公示制度。通过工商年报，可以让社会公众与合作伙伴了解企业的经营情况，保障交易安全；而企业通过工商年报，可向外界展现企业的实力与诚信经营的形象，有利于企业的长远发展。

报告主体：凡是在市场监督管理部门进行注册登记的市场主体（包括企业、农民专业合作社、个体工商户）均应向市场监督管理部门报送企业年度报告。

报告时间：企业进行工商年报的时间是在每年的上半年，从 1 月 1 日开始截止到 6

月 30 日，在这期间可以对年报进行修改和申报。企业应当通过国家企业信用信息公示系统报送上一年度报告。

报告内容：①公司股东缴纳的出资情况、资产情况；②企业的联系方式与地址；③企业的存续状态；④企业各类变动情况，如股权变更信息、购买股权信息等；⑤企业网站及从事网络经营的网店网址信息等；⑥企业从业人数、财务信息、社保信息等。上述就是企业工商年报需要提供的公示信息。企业必须对工商年报公示的内容的真实性、合法性负责。

逾期申报后果：①企业未按时进行工商年报的，将被工商部门列入经营异常名录，并向社会公示，若满 3 年企业还未移出的，将被列入严重违法失信企业名单；②对进入经营异常名录或严重违法失信企业名单的企业将会在银行业务、政府采购、工程招投标、国有土地出让、出入境、授予荣誉称号等方面予以限制或禁止；③被列入严重违法失信企业名单的法定代表人、负责人，3 年内不得担任其他企业的法定代表人、负责人；④被列入严重违法失信企业名单满 5 年，移出严重违法失信企业名单，进入永久性黑名单（吊销营业执照）。

7. 投诉处理及公示

市场监督管理局接受虚拟实习环境中任何组织和个人的举报、投诉，并负责投诉项目的记录、查证、处理，同时负有保护投诉人、保证不泄露投诉内容的义务。要求做到：①政府依法行政，处罚必须依法进行，依据法律条款；②事实清楚。

8. 政府公共服务委托代理（代理审计局、金融局、发展和改革委员会职能等）

比如，政府与会计师事务所签订委托代理协议，进行专项审计；政府与商业银行签订委托代理协议，发行政府债券、发放政府补助及财政补贴贷款等；政府与投资银行签订委托代理协议，进行政府大基金战略投资。

9. 仿真实习商业策划大赛（与指挥中心、体旅资源公司、传媒资源公司等协同）

市场监督管理局全程进行赛事监管，协同完成商业策划大赛任务。

10. 仿真实习评优评先活动

仿真市场监督管理局制定评优评先标准，设计相关申请表格、评选流程，负责具体实施评选"优秀实习团队"与"优秀实习员工"。

（三）人员管理规则

市场监督管理局行使职能，需要行政负责人、公务员、编外合同制人员等各类员工通力合作，才能完成工作任务。

市场监督管理局拥有一定数量的员工，其全体职工第七年 12 月的工资信息如表 2-12 所示。

表 2-12 第七年年末市场监督管理局人员配置与工资标准

人员岗位	数量/人	人均基本工资/（元·月）	年终人均绩效奖金/（元·年）
行政负责人	1	8000	5000
公务员	4	5000	3000
编外合同制人员	2	3000	1000

（四）财务规则

市场监督管理局必须根据《中华人民共和国会计法》《中华人民共和国预算法》《政府会计准则》《政府会计制度——行政事业单位会计科目和报表》（财会〔2017〕25 号）等的规定，结合本单位的实际情况，制定适合本单位的会计核算制度和会计管理制度，并组织行政单位会计核算。

市场监督管理局重点把握几项主要费用的核算。

1. 职工薪酬

市场监督管理局需要计提工资、社会保险费、工会经费等薪酬费用。全体员工的薪酬费用由财政预算拨款支付，计入业务活动费用（财务会计）/行政支出（预算会计）。

2. 差旅费

市场监督管理局全年预算拨款收入的 5%列支，计入业务活动费用（财务会计）/行政支出（预算会计）。差旅费每个季度使用全年预计总额的 20%以上，由楚财集团按季度代为收取，年底须全部使用完毕并结清。

3. 招待费

市场监督管理局全年预算拨款收入的 2%列支，计入业务活动费用（财务会计）/行政支出（预算会计）。该项费用每个季度至少支付全年预计总额的 20%，由体旅资源公司收取该项费用，年底须全部使用完毕并结清。

4. 其他费用

市场监督管理局全年预算拨款收入的 3%列支，计入业务活动费用（财务会计）/行政支出（预算会计）。该项费用根据实习需要发生，由楚财集团按季度代为收取，年底未使用部分须退回给楚财集团。

（五）基础财务数据

1. 报表数据

市场监督管理局第七年及其以前的财务信息，可以通过分析资产负债表、收入费用表、预算收入支出表判断。

1）资产负债表

市场监督管理局第七年年末资产负债表如表 2-13 所示。

表 2-13　资产负债表（二）

会政财 01 表

编制单位：市场监督管理局　　　　第七年 12 月 31 日　　　　单位：万元

资产项目	金额	负债及净资产项目	金额
库存现金	0.1	应付职工薪酬	2
银行存款	9.9	负债总计	2
固定资产原值	178	累计盈余	106
固定资产累计折旧（贷）	80	净资产总计	106
资产总计	108	负债及净资产总计	108

注：应付职工薪酬中 2 万元为工会经费

2）收入费用表

市场监督管理局收入费用表如表 2-14 所示。

表 2-14　收入费用表（一）

会政财 02 表

编制单位：市场监督管理局　　　　第七年 12 月　　　　单位：万元

项目	行次	本年数	上年数
一、本期收入	1	55.25	52.90
（一）财政拨款收入	2	50.00	50.00
（二）其他收入	3	5.25	2.90
二、本期费用	4	45.25	41.25
（一）业务活动费用	5	43.65	37.80
（二）其他费用	6	1.60	3.45
三、本期盈余	7	10.00	11.65

3）预算收入支出表

市场监督管理局预算收入支出表如表 2-15 所示。

表 2-15　预算收入支出表（一）

会政预 01 表

编制单位：市场监督管理局　　　　第七年 12 月　　　　单位：万元

项目	行次	本年数	上年数
一、本年预算收入	1	55.25	52.90
（一）财政拨款预算收入	2	50.00	50.00
（二）其他预算收入	3	5.25	2.90
二、本年预算支出	4	41.25	37.25
（一）行政支出	5	39.65	33.80
（二）其他支出	6	1.60	3.45
三、本年预算收支差额	7	14.00	15.65

2. 固定资产信息

市场监督管理局第七年年末固定资产清单如表 2-16 所示。

表 2-16　市场监督管理局第七年年末固定资产清单

固定资产名称	原值/万元	残值/万元	使用年限/年	已用年限/年	已提折旧/万元
办公楼	168	8	40	20	80
复印机	4	0.2	5	0	0
联想计算机	0.45（10 台）	0.1	5	0	0
打印机	0.2（5 台）	0.05	5	0	0
传真机	0.25（2 台）	0.025	5	0	0
合计	178				80

二、税务局

（一）税务局具体职责

仿真税务局是仿真实习环境中的税收管理与服务的虚拟机构，是制定、执行实习区有关税收政策的唯一合法组织。一方面要行使税收管理职责，完成税收执法任务；另一方面也要体现服务社会的职能，积极为仿真纳税人服务。仿真实习中各项涉税业务在仿真税务局办理。仿真实习中可参考我国税务机关的实务做法和仿真实习的具体情况，设置仿真税务局的内部机构，制定税收执法工作流程。因此，一些工作流程及规则与实际业务不一定完全相符。

仿真税务局具体职责包括如下内容。

（1）税法中规定的直接负有纳税义务的仿真实习环境中的单位或个人，都是纳税义务人，是仿真税务局的征收管理对象。纳税义务人要在办理商事登记或变更后按规定到仿真税务局办理信息确认或变更，并依法申报纳税。

（2）仿真税务局应严格按照制定流程及制度的规定执法，充分体现依法治税的精神，做到应收尽收。

（3）仿真税务局既可手工处理各项税收管理业务，也可以使用相关的软件辅助处理，体现"科技+管理"的现代税收管理理念。

（4）仿真税务局应做好纳税服务工作，提前公告税收管理工作的各种业务流程，准备并公告仿真税收管理工作的各种业务表格。

（5）鉴于仿真实习环境和仿真市场的特点，仿真税务局规定，纳税申报主要采用自主上门申报方式。

（二）简要税收规则

本制度主要按照我国现行税收制度的规定，并结合仿真实习的具体情况而制定，未提及的内容均以现行中国税收制度的规定为准。

1. 增值税

增值税是流转税的一个主要税种。在境内销售或进口货物，提供加工、修理修配劳务，销售服务、无形资产或者不动产（以下称应税行为）的单位和个人，为增值税纳税人。

在仿真市场中，所有仿真企业均为增值税一般纳税人，适用税率、计税方法等均按我国现行税收制度执行。具体政策见仿真税务局公告。

取得增值税合法抵扣凭证的，可进项抵扣增值税；未能提供进项税发票联的，不予抵扣。

增值税申报时除提供必要的申报表、账簿之外，尚需提供当期增值税发票的填开、抵扣明细及原始凭证。

2. 消费税

在仿真市场中，P3 产品为高能耗产品、限制消费品，是消费税应税产品。凡生产消费税应税产品的纳税人需缴纳消费税。

P3 产品消费税计税采用从价定率方式，税率为 10%。

3. 企业所得税

1）征税对象和范围

企业所得税的征税对象为纳税人取得的生产经营所得和其他所得。

2）计税依据

企业所得税的计税依据为应纳税所得额。应纳税所得额应当按照税收法规的规定计算，将企业会计利润按税法的规定调整为应纳税所得额，才能作为应纳税所得额计算企业应纳所得税额。

3）税率

企业所得税的税率为 25%。

4）亏损的弥补

亏损弥补是国家对纳税人的一种免税政策，它是国家帮助企业度过暂时困难，保护税源的一项重要措施，有利于亏损企业得到及时的补偿，保障企业生产经营的顺利进行。

当企业发生年度亏损时，可以用下一纳税年度的税前所得弥补；下一纳税年度税前所得不足以弥补的，可以逐年延续弥补，但延续弥补期最长不得超过 5 年。5 年内不论纳税人是盈利还是亏损，都应连续计算弥补年限。先亏先补，按顺序连续计算弥补期。

亏损额不是企业利润表中的亏损额，而是企业利润表中的亏损额经税务机关按税法规定核实，调整后的金额。

5）减免税优惠

为了体现国家的经济政策，鼓励和扶持某些产业或者企业的发展，特规定了减免税优惠政策：符合条件的小型微利企业，按现行规定享受减免企业所得税；生产低能耗 P4

产品的企业为国家需要重点扶持的高新技术企业，减按 15% 的税率征收企业所得税。

4. 个人所得税

个人所得税是以个人（自然人）取得的各项应税所得为征税对象所征收的一种税。公司为职工的个人所得税的代扣代缴单位。税率、免征额均按我国现行个人所得税相关规定执行。

5. 其他税种

仿真税务局征收的其他税种包括城市维护建设税、教育费附加、地方教育费附加、房产税、城镇土地使用税、车船税、印花税、土地增值税等。其征税范围、计税依据及适用税率均参照我国现行税收制度的规定执行。

6. 出口退税

仿真实习环境中的出口企业，可按规定享受出口退（免）税政策。出口退（免）税的办理均按我国现行相关规定执行。

（三）税务局业务流程指引

结合仿真市场的经营特点和具体情况，设计以下主要的仿真税收业务。具体内容如下。

1. 税务登记

企业新设或者企业经营情况发生变化，需到当地仿真市场监督管理局办理信息变更，并将变更信息报送仿真税务局。市场监督管理局及时汇总变更信息，并共享给税务局。税务局再办理信息确认或变更及补充登记。

2. 纳税申报

纳税申报方式有很多，针对仿真企业主要采取企业自主上门申报制度。申报周期以"季"和"年"为单位，即一个季度或一个经营年度纳税人申报一次，征收期为季度终了的下一季度或年度终了后下一年第一、第二季度。具体申报方式、申报期和征收期以仿真税务局公告为准。

办理纳税申报时，办税人员主要审核纳税人各税种纳税申报表填制的合理性和合法性，审核无误后为纳税人填开"税收缴款书"，申报业务结束。

鉴于仿真实习环境和仿真市场的特点，仿真实习所有公司均查账征收企业所得税。如仿真税务局无特殊规定，其他税种一律采取查账征收。

申报增值税时，纳税人需另附增值税发票的填开及抵扣的明细和原始凭证，以备对专用发票的稽核。

3. 缴纳税款

缴纳税款的方式很多，针对仿真市场的实际情况，主要采取纳税人直接向银行缴款的方式。

申报业务结束后，纳税人持仿真税务局填开的"税收缴款书"第二和第三联到开户银行缴纳税款。银行在"税收缴款书"第二联盖章后作为"完税凭证"退还纳税人，第三联银行留存汇总并定期与税务机关对账。

仿真税务局应定期与银行就税款的缴纳情况进行对账。

4. 发票管理

发票管理主要包括发票的印制、领取、使用、监督以及违章处罚等。就仿真实习而言，所涉及的发票业务主要包括发票的领取、使用、监督及违章处罚。

发票的种类主要有增值税专用发票和普通发票两种，不分面额。鉴于仿真实习条件所限，发票均为手工填写。

税务局要建立纳税人的发票账簿，用于记录、管理、监督纳税人的发票使用情况。

纳税人领取发票时，需填写书面申请表，并带齐以往发票使用的存根联，税务局工作人员依据相关规定，查验并收回存根联，作销核处理。无违章行为时可按规定发售相应数额的发票，并填写相关发票账簿。

仿真税务局应定期进行增值税发票的开票联及抵扣联的稽核工作，以保证纳税人开票及抵扣的真实性。

5. 纳税检查

纳税检查主要分为三个环节：纳税人自查、常规检查和专项检查。

（1）纳税人自查：纳税人要定期就其涉税业务进行自查，及时发现问题。

（2）常规检查：仿真税务局要定期对纳税人进行检查。检查内容主要包括：纳税人的会计账簿、凭证、报表等相关资料；商品、产品的生产、经营、存贮；资金的往来；物流环节；等等。仿真税务局每年最少要对三家仿真制造公司进行常规性的检查。

（3）专项检查：仿真税务局对纳税人的申报资料及报送的会计资料进行分析，发现其中的异常情况，而进行的针对性很强的纳税检查。仿真税务局每年至少对两家仿真制造公司进行专项检查。

仿真税务局应对纳税检查结果以书面形式送达纳税人以及仿真税务局相关部门，如税政科、征管科、发票科，以备对异常情况进行处罚。

6. 税收统计与分析

仿真税务局应按年度进行税收统计工作。主要任务包括建立税收统计报表体系以及对税务统计结果进行分析，撰写分析报告。

税收统计的主要内容包括税源统计、税收统计、税政统计和税负统计等。

仿真税务局每年要向信息资源公司提供税收统计报表及分析报告。

7. 违规违法处罚

针对仿真实习的情况，税务违规违法行为主要有：①未如期办理涉税信息确认或变更；②账簿建立、管理不当，发票使用违规；③未能按税务机关要求提供相关会计资料；④未按期进行纳税申报；⑤欠税；⑥骗税；⑦抗税；⑧其他违规违法行为。

对违规违法行为的处罚主要依据国家税收管理制度中相关规定进行。根据仿真实习环境的特点，具体处罚规定如下：①出现上述违规违法行为中第一至第四种情况之一者，罚款5000元到5万元，并要求及时纠正。②对于欠税的处罚：追回所欠税款，并缴纳相应的滞纳金（以每月2‰计算），同时处以所欠税额5倍以下的罚款。③对于骗税、抗税的处罚：追回骗税税款，并缴纳相应的滞纳金（以每月2‰计算），同时对骗税额在5万元以下的，处以所骗税额5倍以下的罚款，对骗税额在5万元以上的，处以所骗税额5倍以上的罚款。

仿真税务局要通过多种方式向纳税人进行依法纳税及相关处罚规定的宣传，提高纳税人依法纳税的意识。

8. 复议诉讼

纳税人对仿真税务局的处罚决定不服时，可在规定时间内向上级仿真税务局（指挥中心）申请复议诉讼。

纳税人要进行复议诉讼时，需先执行处罚决定，在处罚决定送达的2个季度内向上级税务机关申请复议。过期则视为纳税人服从处罚决定，放弃复议诉讼。

9. 出口退税

出口退税是指对出口货物报关出口后，按一定的程序和手续，向税务机关申请退还或免征国内已征收（应征）的增值税和消费税的一种制度。

在仿真市场中，凡成功开发了国际市场的制造企业即具备了出口商品的资格，但生产出口商品的制造企业必须将其产品出售给大宗贸易公司来进行出口销售。大宗贸易公司应及时向仿真税务局申请办理出口退（免）税备案。在发生商品出口业务（即与另一实习区大宗贸易公司签订了销售合同，且货物已报关离境）后，按季度或年度（实际工作中是按月）填报退（免）税申报表及相关资料，向税务机关申请退（免）税。

10. 公文处理

仿真税务局内部及对外的各种公文都必须严格执行有关公文管理的规定。所有产生或接收到的公文统一由仿真税务局的负责人进行签发，再发送到各相关科室执行。

（四）人员管理规则/财务规则/基础财务数据

税务局遵照本教材【管理组织—政务中心—市场监督管理局—人员管理规则/财务规则/基础财务数据】中相关规定进行业务与财务实习处理。

三、认证中心

《中华人民共和国认证认可条例》（2020年修订）规定，取得认证机构资质，应当经国务院认证认可监督管理部门批准，并在批准范围内从事认证活动。未经批准，任何单位和个人不得从事认证活动。取得认证机构资质，应当符合下列条件。

（1）取得法人资格。

（2）有固定的场所和必要的设施。

（3）有符合认证认可要求的管理制度。

（4）注册资本不得少于人民币 300 万元。

（5）有 10 名以上相应领域的专职认证人员。

从事产品认证活动的认证机构，还应当具备与从事相关产品认证活动相适应的检测、检查等技术能力。

仿真政府依照上述规定设立认证中心（事业单位性质）后，取得由事业单位登记管理机关（市场监督管理局代理职能）依法给予核准登记并颁发的《事业单位法人证书》后，依据实习需要开展 ISO（International Organization for Standardization，国际标准化组织）认证业务、生产许可及专利注册事务等（为适应仿真实习需要，与实际工作中有所出入）。其中，生产许可及专利注册事务属于专业业务，纳入财政预算拨款范畴；ISO 认证业务为专业业务活动及其辅助活动之外开展的非独立核算经营活动。

仿真企业的产品取得相应质量认证资格后，其销售单价可以上浮 10%～20%，具体上浮比例由认证中心与楚财集团（消费者代表）协商确定。

（一）认证中心业务内容及流程

1. ISO 认证流程指引

1）认证类型

ISO 认证包括 ISO9001 质量管理体系认证和 ISO14001 环境管理体系认证。

公司要取得 ISO9001 质量管理体系认证，必须在一定时间内投入一定量的资金，经评估确认后才能取得该认证。

公司要取得 ISO14001 环境管理体系认证，必须在获得 ISO9001 认证之后才能申请，必须在一定时间内投入一定量的资金，经评估确认后才能取得该认证。

2）认证投入标准

ISO 认证从申请到审核通过获得认证，需要花费一定的时间，投入一定的资金，多方面开展工作，在累计资金和累计时间两方面满足要求才能达到认证标准。

ISO 认证投入标准如表 2-17 所示。

表 2-17　ISO 认证投入标准

认证类型	所需时间/月	投入资金/（万元·月）	总投入/万元
ISO9001	3	5	15
ISO14001	6	5	30

注：①认证研发时间可以间断；②ISO 认证中心核准认证将与公司产品合格率挂钩，即每种产品合格率>85%

3）认证工作流程

（1）审核公司认证书面申请。公司决定研发 ISO 认证时，需要向认证中心提出书面申请，经认证中心审批核准之后才能开始认证工作，凡是未经申请自行研发认证的，无法取得认证资格，已经支付的研发费作为营业外支出处理。

（2）指导公司按照 ISO 认证标准要求开展建设工作。ISO 认证从申请到审核通过获得认证，需要一定的时间，投入一定的资金，需要多方面开展工作并提供相关证明材料，才能达到认证标准。

申请认证单位必须同时达到 ISO 认证投入所需的资金与时间两项标准，并提供所要求的证明材料，才能具备 ISO 认证资格。

ISO 认证要求提供的证明材料如表 2-18 所示。

表 2-18 ISO 认证要求提供的证明材料

序号	内容	责任单位
1	公司应提供书面形式的证据，如会议纪要等，确保高层管理者参与质量方针、质量目标的制定	行政部
2	公司应提供通过市场调研和预测，或通过与顾客的直接接触以增强顾客满意度为目的的证据（如市场分析报告、合同等），确保顾客的要求得到确定并予以满足	市场部
3	提供组织结构图和职能分配表，明确各部门、各岗位的职能及相互关系，明确各岗位的职责和权限	行政部
4	最高管理者以书面形式指定一名管理者代表（可以兼任其他职责），并明确其职责和权限，以确保相关规则和标准的要求在组织内得以落实和有效运行	行政部
5	提供公司适用的沟通方式，如各种会议（包括电子会议）、简报、布告、内部邮件、备忘录和声像等。必要时可形成文件，制定内部沟通程序用于证实	行政部
6	由最高管理者负责，按计划的时间间隔（合适的时间是 3～6 个月，最长不能超过 12 个月）进行管理评审，以解决生产经营和顾客反馈的问题，确认生产和运作过程是否按业务规则、标准进行。管理评审可以通过会议的形式进行，并保留评审的记录，用于证实	行政部
7	根据岗位职责及相应的质量要求和工作负荷，提供员工招聘和培训计划、投入的培训经费记录以及员工的绩效考核记录	人力资源部
8	根据实习业务进度，提供产品生产过程中生产部的主要业务单据	生产部
9	提供为产品实现过程服务的（如市场部、采购部、人力资源部、物流部等）主要业务单据	行政部
10	提供为经营目标的持续改进所需的测量和监视活动记录，包括定性、定量原因分析，纠正措施和预防措施（如总结报告、例会纪要等）	行政部

注：上述证明材料由认证中心负责执行情况检查、相关资料存档备案等工作

（3）受理公司提交的认证证明材料。公司研发认证工作结束后，需要向认证中心提交资金投入证明、研发时间证明（支付资金的原始凭证）和认证中心需要的其他相关证明，认证中心收到有关证明后，有义务审核证明的真实性、完整性。

（4）审核验收，发放认证资格证书。公司提交的证明经认证中心审核无误后，确认为合格研发的，发给相应的认证资格证书，并报区信息资源公司备案。

（5）收取认证费用。

4）认证的宣传使用和维持

（1）宣传认证。制造公司必须在取得认证资格证书以后，才可以在市场上进行宣传，并有资格与有认证需求的客户签订销售合同。

（2）认证维持费用。制造公司取得认证资格证书以后，每年还需要交纳一定的维持费，才能继续持有相应的认证资格证书。ISO9001 质量管理体系认证维持费用 0.8 万元/年，ISO14001 环境管理体系认证维持费用 1.5 万元/年。

（3）虚假宣传处罚。如果制造公司没有取得相应认证资格，擅自在市场上作虚假宣传的，每次罚款 5 万元；如果已经与客户（有认证需求）签订销售合同，则该销售合同为无效合同予以撤销，并罚款 10 万元。

2. 新产品申请生产许可流程指引

新一届管理层所接手的公司，已经研发完成并取得 P1 产品的生产许可证。P2、P3、P4 产品需要公司在一定期限内投入一定的资金自行研发。P2、P3 和 P4 产品是公司自主研发的新产品，研发新产品存在一定的风险，不是任何单位在任何情况下，都可以成功研发新产品的。

1）新产品研发投入标准

目前制造公司可选择研发的新产品包括 P2、P3 和 P4 产品，公司需要先成功研发才能生产。

新产品研发投入标准如表 2-19 所示。

表 2-19　新产品研发投入标准

项目	P2 产品	P3 产品	P4 产品	备注
时间/月	3	6	8	可以间断
资金/（万元/月）	10	15	15	可以间断
资金总投入/万元	30	90	120	可以间断

2）新产品研发及生产许可工作流程

新产品研发从申请到获得生产许可，需要一定的研发时间，需要投入一定的资金，同时根据影响新产品研发成功的因素来综合评价。新产品申请生产许可工作流程如下。

（1）审核制造公司提交的书面申请。

（2）指导制造公司根据影响新产品研发成功的因素开展研发投入。

（3）受理制造公司提交研发新产品的相关原始凭证。

（4）根据影响新产品研发成功的因素，分析计算结果，确认成功研发的制造公司。

（5）发放新产品生产许可证，收取工本费用。

对于认证中心审核后确认为新产品研发不成功的，需要在原来研发的基础上，再追加投入一定的时间和资金，进一步开展研发工作，才能取得成功。

制造公司在获得新产品生产许可证之后才能开始生产，未获得新产品生产许可证而提前生产的新产品不能被客户认可，无法实现销售。

制造公司在获得新产品生产许可证之前，可以为生产新产品做好准备。

3）影响新产品研发成功的因素

新产品的研发具有一定的风险，不是每一个研发单位都能够一次获得成功。在模拟市场环境中，影响新产品研发成功的主要因素包括以下几个方面。

（1）研发新产品的完成时间。新产品研发必须达到一定的时间，时间未达到者则研发失败。

（2）资金投入保证。新产品研发必须投入足额的资金，资金未到位者则研发失败。

（3）工人生产技术水平。考核研发单位工人生产技术水平的指标主要包括工人平均技术级别和行政管理人员的平均职称级别，生产技术水平越高的单位，其研发成功的可能性越大。

（4）设备先进程度。企业生产设备的先进程度对所研发新产品的成功率具有一定的影响。生产设备的先进程度以生产线、装配线的类型、数量衡量。生产设备越先进的单位，其研发成功的可能性越大。

（5）企业管理水平。企业管理水平的高低，表现在生产经营活动的各个方面。评价企业研发新产品是否成功，企业管理水平指标选择行政管理人员平均职称级别作为参考依据。

（6）企业的市场影响力。各个制造公司在模拟市场中的影响力是不同的，影响力越大的单位，其研发成功的可能性越大。综合各方面因素，衡量企业影响力的主要指标是市场占有率，市场占有率越高，企业对市场的影响力越大。

研发新产品是否能够成功，取决于各个影响因素的综合作用。

为了便于综合评价新产品研发是否能够成功，认证中心针对影响新产品研发成功的每一个因素，都设计了一个评价指标，并根据一定的计分标准，测算每一个评价指标的得分。在此基础上，根据各个因素的影响程度赋予一定的权重，计算研发单位新产品的评价指标综合得分。研发某种新产品的评价指标综合得分达到一定标准的单位，视其新产品研发成功。

4）成功研发新产品的判断标准

研发新产品是否能够成功，取决于各个影响因素的综合作用。

为了便于综合评价新产品研发成功与否，信息资源公司针对影响新产品研发成功的因素和反映该因素的评价指标，根据相应的计分标准，测算每一个评价指标的得分，在此基础上，根据各个因素的影响程度赋予一定的权重，计算研发单位新产品的评价指标综合得分。研发某种新产品的评价指标综合得分达到一定标准的单位，视其新产品研发成功。

研发新产品综合得分计算表如表 2-20 所示。

表 2-20　研发新产品综合得分计算表

研发单位：　　　　　　　　　　　　　产品类别：

评价指标	指标值（百分制打分）	权重/%	备注
研发时间是否完成		10	是，计 100 分；否，直接宣告研发失败
资金是否足额投入		10	是，计 100 分；否，直接宣告研发失败
工人生产技术水平程度		30	参照表 2-21、表 2-22、表 2-23
设备先进程度		20	参照表 2-21、表 2-22、表 2-23

评价指标	指标值（百分制打分）	权重/%	备注
管理人员平均职称级别		20	参照表2-21、表2-22、表2-23
市场综合占有率		10	参照表2-21、表2-22、表2-23
综合得分		100	

各项指标的计分按照指标内容分段确认分值，分产品计算各项指标得分，某种新产品各项指标值的加权算术平均数即为该新产品的综合得分。

P2、P3、P4产品各项指标计分标准分别如表2-21、表2-22、表2-23所示。

表2-21　P2产品各项指标计分标准

指标	90～100分	80～89分	70～79分	60～69分	60分以下
工人技术水平	4级及以上	平均3.5～3.9级	平均3～3.4级	平均2.5～2.9级	2.5级以下
设备先进程度	4.5级及以上	平均4～4.4级	平均3.5～3.9级	平均3～3.4级	3级以下
管理人员平均职称	7级及以上	平均6～6.9级	平均5～5.9级	平均4～4.9级	4级以下
市场综合占有率	第一、二名	第三、四名	第五、六名	第七、八名	—
综合得分	综合得分85分以上的单位，P2产品研发成功				

注：①产品各项指标在计算得分时四舍五入后保留整数；②工人技术水平、设备先进程度、管理人员平均职称在计算平均级别时四舍五入后保留一位小数。表2-22、表2-23同

表2-22　P3产品各项指标计分标准

指标	90～100分	80～89分	70～79分	60～69分	60分以下
工人技术水平	5级及以上	平均4～4.9级	平均3～3.9级	平均2～2.9级	2级以下
设备先进程度	5.5级及以上	平均5～5.4级	平均4.5～4.9级	平均4～4.4级	4级以下
管理人员平均职称	8级及以上	平均7～7.9级	平均6～6.9级	平均5～5.9级	5级以下
市场综合占有率	第一、二名	第三、四名	第五、六名	第七、八名	—
综合得分	综合得分85分以上的单位，P3产品研发成功				

表2-23　P4产品各项指标计分标准

指标	90～100分	80～89分	70～79分	60～69分	60分以下
工人技术水平	5.5级及以上	平均5～5.4级	平均4.5～4.9级	平均4～4.4级	4级以下
设备先进程度	6级及以上	平均5.5～5.9级	平均5～5.4级	平均4.5～4.9级	4.5级以下
管理人员平均职称	10级及以上	平均9～9.9级	平均8～8.9级	平均7～7.9级	7级以下
市场综合占有率	第一、二名	第三、四名	第五、六名	第七、八名	—
综合得分	综合得分85分以上的单位，P4产品研发成功				

评价新产品研发成功的各项指标，其含义和计算公式如下。

（1）新产品研发时间是指完成研发的时间。

（2）新产品研发资金投入是指研发期间投入资金的连续性。

（3）工人技术水平是指基本生产工人的平均技术级别，某公司工人平均技术级别是该公司所有基本生产工人技术级别的加权算术平均数。

基本生产工人的平均技术级别 =∑（技术级别×该级别工人数）/基本生产工人总人数

（4）设备先进程度指标是指生产线（装配线）的平均技术级别。不同类型的生产线（装配线），其技术级别不同，具体标准如表 2-24 所示。

表 2-24　生产设备技术标准

生产线/装配线	柔性线	全自动线	半自动线	手工线
技术级别/级	8	6	4	2

某公司设备平均技术级别是该公司各类设备技术级别的加权算术平均数。

设备平均技术级别 =∑（设备技术级别×该级别设备数）/设备总数

（5）管理人员平均职称级别用于表示公司管理人员的专业技术水平。不同职称级别的管理人员，其专业技术水平不同，具体标准如表 2-25 所示。

表 2-25　管理人员职称与技术水平级别标准

管理人员职称	高级职称	中级职称	初级职称	无职称
技术级别/级	12	8	5	2

某公司管理人员平均职称级别是该公司所有管理人员专业技术级别的加权算术平均数。

管理人员平均职称级别 =∑（技术级别×该级别人员数）/管理人员总数

（6）市场综合占有率是指某制造公司的所有产品分别在不同市场占有率的总和（第 8 年可按年初订货洽谈会所签订合同为计算依据，以后可按实际销售额计算）。

5）违规处罚

（1）如果公司没有提交书面申请，擅自研发新产品，认证中心不得发放许可证，研发费用计入营业外支出。

（2）如果公司擅自生产没有许可证的新产品，与生产产品相关的支出计入营业外支出，并处以 20 万元罚款。

（3）公司擅自生产无许可证的新产品，将损害公司形象，其与客户的关系也将受到负面影响。

3. 产品专利权申请流程指引

仿真市场制造公司已经取得 P1 产品生产许可证，P2、P3、P4 产品为仿真市场各制造公司可自主研发的新产品。P2、P3、P4 产品 BOM（bill of material，物料清单）结构不改变，但允许同一产品有多种规格，不同规格的同类产品可以分别申请产品专利。

P2 系列产品包括 P2 普通型、P2-I 型、P2-II 型；P3 系列产品包括 P3 普通型、P3-I 型、P3-II 型；P4 系列产品包括 P4 普通型、P4-I 型、P4-II 型。

1）仿真市场新产品专利权的取得

各个公司在研发同类产品过程中，可以在产品性能、制造技术、生产工艺等方面寻求突破、大胆创新。新产品研发成功，且具有新颖性、创造性与实用性特征的，可以向认证中心（行使专利机构相关职责）申请新产品专利权。仿真市场所有产品具备实用性特征，但其新颖性与创造性特征则需要认证中心审核认定。各种普通型号的新产品不得申请专利。

在仿真实习中，成功研发出非普通型号新产品的企业均有资格到本区认证中心申请专利权。某产品专利权的取得须同时满足下列条件。

（1）申请研发某种新产品时必须明确所研发产品的具体型号，普通型新产品不具备申请专利权资格。

（2）P2-I 型新产品研发综合得分 85 分以上且生产该产品的工人技术等级全部在 5 级及以上；P2-II 型新产品研发综合得分 85 分以上且生产该产品的工人技术等级全部在 6 级及以上；P3-I 型新产品研发综合得分 85 分以上且生产该产品的工人技术等级全部在 6 级及以上，以及生产该产品的设施设备技术级别全部在 6 级及以上；P3-II 型新产品研发综合得分 85 分以上且生产该产品的工人技术等级全部在 6 级及以上，生产该产品的设施设备技术级别全部在 7 级及以上；P4-I 型新产品研发综合得分 90 分以上且生产该产品的工人技术等级全部在 7 级及以上，以及设施设备技术级别达到 7 级及以上；P4-II 型新产品研发综合得分 90 分以上且生产该产品的工人技术等级全部在 7 级及以上，以及设施设备技术级别达到 8 级及以上。

（3）认证中心接受同一新产品研发单位的专利权认定申请。认证中心根据申请者提出书面申请的时间先后顺序依次审核，对达到上述第二款条件的同一新产品申请者，依据申请时间优先的原则裁定该产品专利权的所有者。同一型号的新产品专利权所有者唯一。专利权确认后，由认证中心发给专利权证并在本实习区发布公告，同时报区信息资源公司备案。

（4）对于新产品专利的申请、审核、专利权证的发放与管理，认证中心可以适当收取一定的费用，收费标准必须经市场监管部门审核备案并公告后方可执行。

（5）同一生产线不能申报多个专利，获得专利原则上不可放弃，放弃专利需退回向别的企业收取的专利授权使用费，认证中心发布公告重新接受被放弃的专利申请。企业申报专利请做好发展规划，专利产品销售利润较高。

2）新产品专利权的使用与转让

在某一实习区中最先成功研发专利型新产品的企业可以到本区认证中心申请专利权。专利权具有区域性，仅在本实习区内有效。

获得专利权的企业对专利产品享有 20 年的专利权，在此期间如果其他企业需要生产该产品，必须得到专利权人的许可。如果未经专利权人许可而生产销售该产品，则对享有专利权的企业构成侵权。鉴于仿真市场的特殊性，上述规则在使用过程中的具体规定如下。

（1）取得新产品专利权的公司享有该产品的生产许可权与转让该专利使用权的权利，新产品专利权所有者每年需要交纳一定的费用，具体标准由认证中心确定（市场监督管理局审核备案）。

（2）某一新产品专利权人有权许可他人使用该产品专利，专利权许可使用形式包括独占许可、排他许可与普通许可三种。各种使用形式的收费标准由专利权人和使用人双方协议签约后执行。

（3）某一新产品专利权人有权转让该产品专利权。新产品专利权所有者如果转让该专利使用权，双方必须就转让形式、转让价格、使用时间等内容进行协商并签订书面合同。

（4）某企业如果在某一新产品专利权公布之前已经开始研发并研发成功的，同时已经做好该产品生产的各项准备工作，该研发企业可以向认证中心提交"关于限制生产该产品的申请报告"（书面申请），认证中心审核确认后，还必须实地考察申请单位生产该产品的相关准备条件，情况属实者，由认证中心发放该产品生产许可证并核准该产品的生产规模。取得生产许可证的单位可以生产销售该新产品，但不得申请专利。该企业必须在认证中心核准的生产规模内生产销售该产品，不得私自扩大生产规模，违者视为侵权。

（5）对于已发布专利公告的某种新产品，尚处于研发过程的公司，可以自行决定本公司是继续自主研发新产品还是购买该新产品专利，以获得生产该新产品的生产许可证。继续自主研发的新产品只能取得该产品普通型型号的生产许可证，不得申请专利。既没有购买专利使用权又未成功研发某种专利型新产品即开始生产该专利型新产品的制造公司，视为侵权行为。没有普通型新产品生产许可证的制造公司即开始生产该普通型新产品的，视为违规行为，任何单位与个人均可举报，认证中心协助市场监督管理局查实并给予处罚。

（6）取得某种新产品专利权的公司（研发成功后申请取得或者购买专利使用权均可），其产品销售价格较其他未取得专利权的同类产品平均价格高 10%~20%，贸易公司与其洽谈签约时必须考虑对方是否具有该产品专利权（消费者代表也必须考虑专利产品与非专利产品的需求量和价格差异）。

（7）消费者代表发布专利产品需求量与拥有该产品专利使用权的制造公司数量正相关，即专利使用权转让家数越多，消费者代表在市场上需求专利产品的数量越大。

（8）某种新产品专利权的价格优势在取得专利权之日起两年内有效，有效期结束后，其市场销售价格与同类非专利产品价格趋于一致。

（9）本规则及说明自发布之日起执行，其解释权归仿真认证中心。

（二）人力资源管理规则

认证中心组织经营活动，需要业务人员、管理人员、财务人员等各类员工通力合作，才能完成经营任务，实现认证中心经营管理目标。认证中心员工管理规则遵照本教材【制造公司—基本运作规则—人力资源管理规则—人力资源规划—员工管理规则】中对应部分执行。

1. 认证中心人员与工资信息

认证中心拥有一定数量的员工，认证中心全体职工第七年12月的工资信息如表2-26所示。

表2-26　第七年年末认证中心人员配置与最低工资标准

人员岗位	数量/人	人均基本工资/（元·月）	每年的人均奖金与提成
中心负责人	1	6000	公司年收入×10%
专业事务负责人	1	5000	公司年收入×5%
认证业务负责人	1	5000	公司年收入×5%
认证检测师	2	3500	20%的业务提成
工作助理	2	2000	10%的业务提成

2. 认证检测师及其相关人员的配比规则

为了保证认证中心经营的正常进行，员工岗位和人数必须与年营业额维持一个均衡的比重。从第八年起，认证中心在第七年营业额的基础上，每增加30万元，需增加认证检测师1人。

中心各类人员的基本工资每年应根据经营情况适当加以调整，奖金与提成应与公司净利润增长率保持一致。

（三）财务规则

认证中心必须根据《中华人民共和国会计法》《中华人民共和国预算法》《政府会计准则》《政府会计制度——行政事业单位会计科目和报表》（财会〔2017〕25号）等的规定，结合本单位的实际情况，制定适合本单位的会计核算制度和会计管理制度，并组织事业单位会计核算。

认证中心重点把握几项主要费用的核算。

1. 职工薪酬

各认证中心遵照本教材【制造公司—基本运作规则—财务规则—会计核算规则—职

工薪酬】中相关规定计提。

直接从事认证业务的职工薪酬费用，全部计入经营费用（财务会计）/经营支出（预算会计）；其他职工的薪酬费用，则全部计入业务活动费用（财务会计）/事业支出（预算会计）。

2. 差旅费

认证中心有关人员外出洽谈业务，需要开支差旅费。差旅费分为固定差旅费和变动差旅费两部分。固定差旅费一般按出差人次数计算，应于每次出差时支付；变动差旅费一般按营业额计算，应于年内分期支付。出于仿真实习的需要，也为了便于各认证中心之间财务数据横向比较，特规定全年差旅费总额按照上年收入的一定比例开支。差旅费每个季度使用全年预计总额的 20% 以上，由楚财集团按季度代为收取，年底结清。

差旅费标准如表 2-27 所示。

表 2-27 差旅费标准

收入	计提比例/%	差旅费列支项目	备注
事业收入	1.1	业务活动费用（财务会计）/事业支出（预算会计）	差旅费按上年收入百分比计算
经营收入	1.6	经营费用（财务会计）/经营支出（预算会计）	
事业、经营之外收入	0.5	单位管理费用（财务会计）/事业支出（预算会计）	

3. 业务招待费

年度总招待费应不低于上年全部收入的 1%。该项费用每个季度至少支付预计全年总额的 20%，由体旅资源公司收取该项费用（认证中心与本区体旅资源公司必须签约），年底结清。

认证中心发生的业务招待费列支项目参考差旅费标准执行。

4. 其他费用

各认证中心遵照本教材【制造公司—基本运作规则—财务规则—期间费用规则】中相关规定计算，根据具体情况计入业务活动费用（财务会计）/事业支出（预算会计）、单位管理费用（财务会计）/事业支出（预算会计）、经营费用（财务会计）/经营支出（预算会计）。

（四）基础财务数据

1. 报表数据

认证中心第七年及其以前的财务信息，可以通过分析资产负债表、收入费用表、预算收入支出表判断。

1）资产负债表

认证中心第七年年末资产负债表如表 2-28 所示。

表 2-28 资产负债表（三）

会政财 01 表

编制单位：认证中心　　　　第七年 12 月 31 日　　　　单位：万元

资产项目	金额	负债及净资产项目	金额
库存现金	0.1	应付职工薪酬	5
银行存款	139.9	应交增值税	2
其他货币资金	100	其他应交税费	1
应收账款	30	负债总计	8
固定资产原值	218	累计盈余	400
固定资产累计折旧（贷）	80	净资产总计	400
资产总计	408	负债及净资产总计	408

注：①其他货币资金全部为在投资银行开立的证券账户中的存出投资款，须于实习开始时从 A 股市场购入某上市公司股票作为短期投资（该上市公司由各机构以真实市场交易前一日收盘价作为后续核算依据）；②应收账款系某咨询公司协作费 30 万元，第八年一季度收回，由楚财集团代为支付；③应付职工薪酬中 4 万元为职工教育经费，1 万元为工会经费；其他应交税费为当年欠交所得税，应在下年初缴纳

2）收入费用表

认证中心收入费用表如表 2-29 所示。

表 2-29 收入费用表（二）

会政财 02 表

编制单位：认证中心　　　　第七年 12 月　　　　单位：万元

项目	行次	本年数	上年数
一、本期收入	1	182.35	161.90
（一）财政拨款收入	2	50.00	50.00
（二）事业收入	3	17.50	15.00
（三）经营收入	4	110.00	90.00
（四）投资收入	5	2.60	4.00
（五）其他收入	6	2.25	2.90
二、本期费用	7	149.45	151.25
（一）业务活动费用	8	45.00	40.00
（二）单位管理费用	9	18.00	17.00
（三）经营费用	10	80.55	85.55
（四）所得税费用	11	4.30	5.25
（五）其他费用	12	1.60	3.45
三、本期盈余	13	32.90	10.65

3）预算收入支出表

认证中心预算收入支出表如表 2-30 所示。

表 2-30 预算收入支出表（二）

会政预 01 表

编制单位：认证中心　　　　第七年 12 月　　　　　　　单位：万元

项目	行次	本年数	上年数
一、本年预算收入	1	152.35	161.90
（一）财政拨款预算收入	2	50.00	50.00
（二）事业预算收入	3	17.50	15.00
（三）经营预算收入	4	80.00	90.00
（四）投资预算收益	5	2.60	4.00
（五）其他预算收入	6	2.25	2.90
二、本年预算支出	7	139.55	138.55
（一）事业支出	8	41.00	36.00
（二）经营支出	9	18.00	17.00
（三）其他支出	10	80.55	85.55
三、本年预算收支差额	11	12.80	23.35

2. 固定资产信息

认证中心第七年年末固定资产清单如表 2-31 所示。

表 2-31 认证中心第七年年末固定资产清单

固定资产名称	原值/万元	残值/万元	使用年限/年	已用年限/年	已提折旧/万元
办公楼	168	8	40	20	80
别克商务车	38	1.9	10	0	0
大众捷达车	2	0.1	5	0	0
复印机	4	0.2	5	0	0
联想计算机	0.45（10 台）	0.1	5	0	0
打印机	0.2（5 台）	0.05	5	0	0
传真机	0.25（2 台）	0.025	5	0	0
合计	218				80

注：不动产及运输设备属于管理用固定资产；其他属于经营用固定资产

第三章 商业银行

仿真商业银行是在模拟市场根据《中华人民共和国公司法》《中华人民共和国商业银行法》等相关法规成立的股份制商业银行。根据实习需要，每个实习区开设2~3家商业银行。

商业银行基本信息如表3-1所示。

表 3-1 商业银行基本信息

所属市场	公司名称	代码	税务登记号	备注
本地市场 国内市场 国际市场	A区商业银行1	ASY01		
	A区商业银行2	ASY02		
	A区商业银行3	ASY03		

注：商业银行需重新进行工商登记、税务登记，并取得营业执照、税务登记号等才可正式营业

第一节 基本运作规则

商业银行模拟业务规则以2~3家商业银行构成的金融服务市场为设计基础，是模拟市场商业银行开展业务经营活动的行业规则。现在每一家商业银行的准备工作已经就绪，请各银行的所有经营管理者认真研读本行业的业务规则，并在经营活动过程中遵照执行。

一、组织架构

根据仿真商业银行在仿真实习环境中的业务运行模式，仿真商业银行的组织结构设置参考图如图3-1所示。

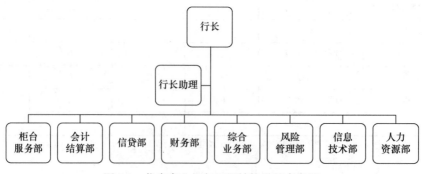

图 3-1 仿真商业银行组织结构设置参考图

1. 行长

行长是仿真商业银行的最高权力机构，也是仿真商业银行的决策者，负责对全行工作的综合管理和领导。

2. 行长助理

行长助理的主要工作职责是协助行长搞好全行工作，包括对内管理和对外协调。

3. 柜台服务部

柜台服务部是仿真商业银行最繁忙的工作部门，主要负责银行日常的柜台工作，包括个人和单位开户、销户、存款、取款业务，企业结算业务，货币兑换业务，银行间的业务和企业的对账等业务。

4. 会计结算部

会计结算部负责为银行提供结算和清算服务，主要负责制定会计规章制度和管理办法，制定和完善会计科目核算体系；负责制定、完善各项支付结算及资金清算业务管理办法和操作规程，组织完善各项结算功能，推进结算业务的发展；负责银行资金清算服务，依法申报纳税等工作。

5. 信贷部

信贷部是负责向仿真实习环境中的单位提供融资服务的部门，主要负责贷款、贴现、保理业务的审查和管理等工作。

6. 财务部

商业银行的财务管理部门是银行计划、资金、财务、定价与考核的综合管理部门。财务部门要建立健全财务管理制度，认真做好财务计划，组织日常财务收支核算；参与业务经营管理，及时提供财务和经营信息；加强成本核算和管理，审查资金和进行财产盈缺处理；办理年度决算，编制财务报表，合理分配利润；实施财务检查和监督，定期进行财务分析，及时提出改进意见。

7. 综合业务部

综合业务部承担组织银行资产负债业务、中间业务及国际业务的整合、规范和优化及金融创新，提高银行业务管理水平，降低业务经营成本，防范业务操作性风险等工作职能。

8. 风险管理部

风险管理部是银行评估、管理、解决业务风险的部门。其主要职责包括：负责制定、完善银行风险管理制度、操作流程，并组织、指导风险控制业务实施；对贷款相关文件的合法性的审查；根据客户信用等级审查贷款风险等。

9. 信息技术部

信息技术部承担着银行信息系统的维护和信息系统风险的防范，保证银行系统高效、准确运行，减少由网络漏洞导致的银行损失。主要职责包括：维护银行信息系统的安全和正常运行；负责全行人员信息的共享；负责资料的上传；接受信息系统方面的培训和指导等工作。

10. 人力资源部

人力资源部承担银行系统的招聘调配、薪酬福利、员工管理、教育培训、绩效考评和组织人力资源等工作职能。其主要职责为：负责银行员工编制的核定与管理，负责银行工作人员薪酬水平的制定；负责人力资源、工资等统计报表的编制和上报；负责银行员工的养老保险等社会保障和福利管理；负责银行员工专业技术职称管理；负责银行招（竞）聘考试管理及上岗资格考试管理；负责管理权限内的员工的考评、考察及培养，提出调配、聘免、奖惩等意见、建议，为领导决策提供参考；负责组织银行系统成员定期和不定期培训，制订培训计划等工作。

二、业务内容

1. 向仿真实习环境中的所有机构和个人办理存款和取款业务

存款分为单位存款和个人存款。仿真商业银行严格遵守"存款自愿、取款自由"的原则，任何时候不得无故拒绝任何单位和个人存取款。

2. 向仿真实习环境中的所有企业和其他机构发放短期和中长期贷款业务

仿真商业银行面向仿真企业提供贷款服务，暂不办理个人贷款业务。贷款业务按照贷款的保证情况分为信用贷款和担保贷款；按照贷款资金的使用情况可以分为流动资金贷款和固定资产贷款。银行办理贷款业务，不收取手续费，但需要做好每一笔贷款记录，需要根据贷款合同的约定收取贷款利息。

3. 向仿真实习环境中的所有企业和其他机构办理票据贴现业务

仿真实习环境中的企业持有的商业汇票，可以向仿真商业银行申请贴现，银行将根据贴现期限、贴现利率收取贴现利息。

4. 向仿真实习环境中所有企业办理国内保理业务

国内保理业务是仿真商业银行为国内贸易中的信用销售，特别是赊销方式而设计的一项综合性金融服务。卖方将其与买方订立的销售合同所产生的应收账款转让给仿真商业银行，由仿真商业银行为其提供贸易融资、销售分户账管理、应收账款的催收、信用风险控制等各项相关金融服务。

5. 向仿真实习环境中的所有机构和个人办理国内、国际结算业务

鉴于仿真实习环境的实际情况，本地市场结算主要采用支票结算，国内结算采用商业汇票结算和托收承付等结算方式，国际结算采用托收结算和信用证结算。

6. 仿真实习环境中银行机构之间办理同业存款业务

仿真实习环境中的银行同业存款是指各银行为了方便结算，在同一实习区的其他银行开立的存款账户。同业存款分为国内同业存款和国际同业存款。国内同业存款为同一实习区银行之间相互开立，国际同业存款为不同实习区银行之间相互开立，目的是便于国际业务的收付。

7. 仿真实习环境中发生的其他业务

仿真实习环境中发生的其他业务包括购买公司发行债券业务、提供信用证服务及担保业务、办理外币兑换业务、在进出口业务中办理代理保险业务等。

三、经营规则

仿真商业银行办理各项金融业务，必须遵守本规则的各项规定。

（一）存款业务规则

1. 存款种类

鉴于仿真实习的特殊性，仿真商业银行只办理单位存款业务，个人存款业务暂不办理。机构在仿真银行的存款账户分为活期存款账户和定期存款账户。

单位活期存款账户根据用途细分为基本存款账户、一般存款账户、专用存款账户和临时存款账户。在仿真实习环境中的所有单位和机构必须选择在同区实习的任意一家仿真商业银行作为本单位的开户行开立基本账户，如有需要，也可以在开户行或同区其他银行开立一般存款账户、专用存款账户或临时存款账户。仿真商业银行为每一个客户设置唯一的账户号。

单位存款账户的基本类型及业务规则如表 3-2 所示。

表 3-2 单位存款账户的基本类型及业务规则

单位存款账户的基本类型		业务规则
单位活期存款账户	基本存款账户	存款人办理日常转账结算和现金收付的账户。存款人的工资、奖金等现金的支取，只能通过本账户办理，存款人只能在银行开立一个基本存款账户
	一般存款账户	存款人因借款或其他结算需要，在基本存款账户开户银行以外的银行开立的账户。存款人可以通过本账户办理转账结算和现金缴存，但不能办理现金支取。该账户开立数量没有限制
	专用存款账户	是存款人因特定用途需要开立的账户，包括基本建设资金、更新改造资金、财政预算外资金、证券交易结算资金、信托基金、社会保障基金、金融机构存放同业资金等。该账户资金必须由基本存款账户转账存入，该账户不得办理现金收付业务
	临时存款账户	是存款人因临时经营活动需要开立的账户；存款人可以通过本账户办理转账结算和根据国家现金管理的规定办理现金支付
单位定期存款账户		是客户与银行事先约定存款期限，到期后支付本息的存款；定期存款不得用于结算或从定期存款账户中提取现金，客户若临时需要资金可办理提前支取或部分提前支取手续

2. 存款利率

仿真商业银行单位及个人存款利率如表 3-3 所示。

表 3-3 仿真商业银行单位及个人存款利率表

各项存款	活期存款	定期存款					
		三个月	六个月	一年	二年	三年	五年
年利率/%	0.35	2.85	3.05	3.25	3.75	4.25	4.75

注：①仿真商业银行办理存款业务，不收取手续费，须做好每一笔存款记录。②活期存款利息，银行每半年计算并支付一次；定期存款利息于到期日计算并支付。③未到期的定期存款，可以提前支取，其存款利息按照活期存款利率计算

（二）贷款业务规则

在仿真的市场环境中，仿真商业银行只是面向仿真机构提供贷款服务，所以贷款业务规则是指企业贷款规则。

1. 贷款种类

1）信用贷款和担保贷款

信用贷款是指以借款人的信誉发放的贷款。

担保贷款又分为保证贷款、抵押贷款和质押贷款。

保证贷款是指按《中华人民共和国担保法》规定的保证方式以第三人承诺在借款人不能偿还贷款时，按约定承担一般保证责任或者连带责任而发放的贷款。

抵押贷款是指按《中华人民共和国担保法》规定的抵押方式以借款人或第三人的财产作为抵押物发放的贷款。

质押贷款是指按《中华人民共和国担保法》规定的质押方式以借款人或第三人的动产或权利作为质物发放的贷款。

2）流动资金贷款和固定资产贷款

流动资金贷款是指银行向借款人发放的用于正常生产经营周转或临时性资金需要的贷款。流动资金贷款按贷款期限分为短期贷款、中期贷款等。短期贷款是指期限1年（含）以内的流动资金贷款，主要用于企业正常生产经营周转的资金需求；中期贷款是指期限为1年至3年（不含1年，含3年）的流动资金贷款，主要用于企业正常生产经营中经常性的周转占用和铺底流动资金贷款。

固定资产贷款是银行向借款人提供的，主要用于固定资产项目的建设、购置、改造及其相应配套设施建设的中长期贷款。

2. 贷款程序

1）贷款申请

企业向银行提出流动资金贷款申请，应主要提供：营业执照；法人代码证书；法定代表人身份证明；经财政部门或会计（审计）师事务所核准的前三个年度及上个月财务报表和审计报告；税务部门年检合格的税务登记证明；公司合同或章程；企业成员和主要负责人、财务负责人名单及签字样本等；担保人相关材料；仿真商业银行要求提供的其他资料。

2）签订合同

如银行进行调查和审批后认为可行，则银行与企业签订借款合同和担保合同等法律性文件。

3）落实担保

银行与企业签订借款合同后，需进一步落实第三方保证、抵押、质押等担保措施，并办理有关担保登记、公证或抵押物保险、质物交存银行等手续。

4）贷款获取

企业办妥发放贷款前的有关手续，借款合同即生效，银行即可向企业发放贷款，企业可按照合同规定用途支用贷款。

5）还款

企业按合同约定方式偿还贷款，银行在贷款到期之前要进行催收工作。

3. 贷款利率

仿真商业银行执行浮动贷款利率制度。根据国家金融政策和本实习区经济发展水平确定基准贷款利率。在基准贷款利率的基础上，根据市场资金供求情况以及贷款风险等因素，由银企双方协商确定贷款利率，贷款利率在基准贷款利率的基础上允许小幅上下浮动。

仿真商业银行企业贷款基准利率如表 3-4 所示。

表 3-4　仿真商业银行企业贷款基准利率表

各项贷款	六个月（含）	六个月至一年（含）	一年至三年（含）	三年至五年（含）
年利率/%	5.60	6.00	6.15	6.40

注：①如果每季度流动资金贷款额累计超过 2000 万元，固定资产贷款额累计超过 5000 万元，贷款利率将上浮；每季度流动资金贷款额累计不足 500 万元，固定资产贷款额不足 800 万元，贷款利率将下调，浮动幅度在 1% 以内，具体由银行根据资金供求关系决定，但必须公告。②流动资金贷款按季节收取利息；固定资产贷款按合同约定的时间收取利息

4. 对借款人的信用评估

对借款人的资信情况，由银行委托信息资源公司在全面调查的基础上，进行综合评价，并以此作为是否贷款、贷款多少的依据之一。资信评价为非公开信息，只能作为银行内部资料使用，银行和信息资源公司均不得对外公开宣传。贷款单位信用等级评价指标体系如表 3-5 所示。

表 3-5　贷款单位信用等级评价指标体系

信用等级	A	B	C
还贷率/%	100	80～90	80 以下
贷款用途	按照用途使用贷款	违约使用贷款 1～2 次	违约使用贷款 ≥3 次
商业信用	守信	不守信 1～2 次	不守信 ≥3 次
执行合同	完全履行合同	未履行合同 1～2 次	未履行合同 ≥3 次

注：信用等级可以根据上述评价指标综合评价，也可以参照主要指标评价

5. 贷款额度的限制

贷款额度是指制造公司每年在银行的贷款总额,包括流动资金贷款和固定资产贷款,是制造公司当年新增贷款的最高限额。

仿真商业银行给制造公司的贷款额度与申请贷款单位的资产负债率挂钩,特殊项目贷款由银行审查项目可行性后决定是否予以贷款。

仿真商业银行资产负债率与贷款额度限制如表 3-6 所示。

表 3-6　仿真商业银行资产负债率与贷款额度限制

资产负债率/%	40 以下	[40, 50)	[50, 60)	[60, 70)	[70, 80)	80 及以上
贷款额度/万元	3500	3000	2500	1500	850	0~550

注：①仿真商业银行给制造公司的具体贷款额度除了考虑资产负债率指标、项目可行性之外,还要考虑其资信情况；②抵(质)押贷款,仿真商业银行根据抵(质)押物账面净值的 70%~80%提供贷款

6. 借款合同

仿真商业银行借款合同主要由四部分组成：基本交易要素,如日期、金额、利息、还款计划；担保责任；违约责任；责任人。

7. 贷款展期的规定

借款单位不能按期归还贷款的,应在贷款到期前向银行申请贷款延期,提交贷款"展期申请书",申请书上写明展期原因。经银行信贷部门审批,同意展期的,应在展期申请书上签注意见,展期期限应按以下规定填列：短期贷款不得超过原贷款期限；中期贷款不得超过原贷款期限的一半；长期贷款不得超过三年。申请保证贷款、抵押贷款、质押贷款展期的,还应由原保证人、抵押人、质押人出具同意的书面证明。

（三）贴现业务规则

在仿真经营环境中的公司持有尚未到期的商业汇票,可以向仿真商业银行申请贴现,贴现业务应遵循如下规则。

1. 票据贴现的申请与审批

票据持有人向银行申请贴现时应向银行提交票据贴现申请书、持票人与出票人或其前手之间的增值税发票以及商品交易合同、申请贴现的未到期的商业汇票、企业法人营业执照、公司章程等资料。

受理贴现银行要严格审查贴现申请人提供的资料是否齐全、真实,票式和要件是否合法、齐全；贴现申请人的资信状况,对该企业的贴现授信额度等内容。贴现贷款的审批程序按照现行短期贷款的审批程序办理。

2. 票据贴现贷款的期限和额度

票据的贴现期限是指票据从贴现之日起至到期日的时间。票据贴现的期限较短,一

般为 3～6 个月，最长不超过 6 个月。

3. 票据贴现贷款的利率

仿真实习环境中的贴现贷款利率为 5.8%。

4. 贴现到期收回

票据到期时，贴现银行作为持票人，在汇票背面背书栏加盖结算专用章并由授权的经办人员签名或盖章，注明"委托收款"字样；填制托收凭证，在"托收凭证名称栏"注明"商业承兑汇票"或"银行承兑汇票"及其汇票号码连同汇票向付款人办理收款。

5. 贴现到期未收回

贴现银行收到付款人开户行或承兑行退回的委托收款凭证、汇票和拒绝付款理由书或付款人未付票款通知书后，行使追索权。追索权行使的对象为背书人、承兑人、出票人以及汇票的其他债务人，持票人可以对其中任何一人、数人或全体行使追索权。追索权必须在法定期限内行使，对出票人和承兑人的票据权利期限为票据到期日起 2 年，对贴现申请人的追索权权利期限为自被拒绝付款之日起 6 个月。

对申请贴现的持票人在本行开户的，可从其账户收取。贴现申请人账户余额不足时，应按照逾期贷款的规定处理。贴现申请人未在本行开立账户的，对已贴现的汇票金额的收取，应按照《中华人民共和国票据法》的规定向贴现申请人或其他前手进行追索。

（四）保理业务规则

（1）仿真经营环境中有意申请保理业务的单位，需要向仿真商业银行提交书面申请。

（2）申请单位需要向银行提交销售合同、销售发票等复印件。

（3）银行审查确认有关资料后，确定是否受理并签订受理合同。在合同中必须约定保理业务为有追索权的保理。

（4）银行按照保理额的 80% 付现给申保单位，余款待收回款项时支付。

（5）银行按照合同约定保理额的 10% 收取服务费，并于签订保理合同时收取。

（6）银行按期收回应收账款，并向申保单位支付余款。

（7）如果到期不能收回应收账款，申保单位要回购该笔应收账款。

（8）保理业务的期限，原则上不超过 6 个月，依据客户资金周转的实际情况，双方合理确定期限。

（五）结算业务规则

鉴于仿真实习环境的实际情况，仿真商业银行目前办理的本地市场结算采用支票结算，国内结算采用商业汇票结算和托收承付等结算方式，国际结算采用托收结算和信用证结算。

1. 支票结算规则

支票结算是指付款人根据其在银行的存款余额开出支票，命令银行从其账户中支付一定款项给收款人，从而实现资金调拨，了结债权债务关系的一种过程。

2. 商业汇票结算规则

商业汇票结算是指利用商业汇票来办理款项结算的一种银行结算方式。商业汇票结算规则如下。

（1）参加仿真实习的单位之间只有根据购销合同进行合法的商品交易，才能签发商业汇票。除商品交易以外，其他方面的结算，如劳务报酬、债务清偿、资金借贷等不可采用商业汇票结算方式。

（2）商业汇票必须要经过承兑才具有法律效力，商业汇票承兑后，承兑人即付款人负到期无条件支付票款的责任。根据承兑人不同，商业汇票分为商业承兑汇票和银行承兑汇票。

（3）商业承兑汇票按购、销双方约定签发。由收款人签发的商业承兑汇票，应交付款人承兑，承兑时，付款人须在商业承兑汇票下面签署"承兑"字样，并加盖预留银行印章，再将商业承兑汇票交给收款人。付款人应于汇票到期前将款项足额存到银行，银行在到期日凭票将款项划转给收款人、被背书人或贴现银行。如到期日付款人账户存款不足以支付票款，开户银行不承担付款责任，将汇票退回收款人、被背书人或贴现银行，由其自行处理，并对付款人处以罚款。

（4）银行承兑汇票一般由付款人签发，由付款人开户银行承兑。承兑申请人应持购销合同向开户银行申请承兑，银行按有关规定审查同意后，与承兑申请人签订承兑协议，在汇票上盖章并按票面金额收取一定的手续费。承兑申请人应于到期前将票款足额交存银行。到期未能存足票款的，承兑银行除凭票向收款人、被背书人或贴现银行无条件支付款项外，还将按承兑协议的规定，对承兑申请人执行扣款，并将未扣回的承兑金额作为逾期贷款，同时收取一定的罚息。

3. 托收承付结算规则

托收承付结算是指根据购销合同由收款人发货后委托银行向异地购货单位收取货款，购货单位根据合同对单或对证验货后，向银行承认付款的一种结算方式。

结算规则如下。

（1）收款人发货后委托开户银行收款，银行将托收凭证传递给付款人开户行，付款人开户行通过付款人承付，付款人承认付款，付款人开户银行向收款人开户银行划拨款项，收款人开户银行通知收款人货款收妥入账。

（2）托收凭证为一式五联。第一联回单，是收款人开户行给收款人的回单；第二联委托凭证，是收款人委托开户行办理托收款项后的收款凭证；第三联支款凭证，是付款人向开户行支付货款的支款凭证；第四联收款通知，是收款人开户行在款项收妥后给收款人的收款通知；第五联承付（支款）通知，是付款人开户行通知付款人按期承付货款的承付（支款）通知。

4. 国际托收结算规则

国际托收是指债权人为向国外债务人收取款项而向其开发汇票，并委托银行代收的一种结算方式。

托收结算规则：债权人办理托收时，要开出一份以国外债务人为付款人的汇票，然后将汇票以及其他单据交给当地托收银行，委托当地托收银行将汇票及单据寄交债务人所在地的代收银行，由代收行向债务人收取款项并寄给托收行转交委托人（债权人）。

5. 信用证结算规则

信用证是指开证银行应申请人的要求并按其指示向第三方开立的载有一定金额的，在一定的期限内凭符合规定的单据付款的书面保证文件。

信用证结算规则：进口商先将款项预先交给开户银行，委托银行签发信用证，银行开出信用证后，将信用证和其他收款凭证转给出口商开户行，出口商开户行通知出口商信用证已经开出，出口商按照合同和信用证规定的结算条件发货后，银行立即支付货款给出口商。

（六）资金清算规则

在仿真实习环境中的各单位之间的资金收付行为，除少量的可以使用现金结算外，大量的要通过银行转账进行结算。而参与转账结算的收、付双方当事人如果在同一家银行开户，则通过在开户行直接划账结算；如果收付双方不在同一家银行开户，就要到票据交换中心进行票据交换。

票据交换是指在同城范围内（仿真实习环境中指同一天在同一个区参加实习的各商业银行）银行间相互代收、代付票据进行相互清算。这是一种集中办理转账清算的制度。一般由中央银行管理，通过票据交换所进行。应收大于应付款的差额增加在中央银行的存款；应收小于应付款的差额减少在中央银行的存款。票据清算的结算原则是维护收付双方的正当权益，中央银行不予垫款。其优点是便利资金清算，节省大量现金使用。

在仿真实习环境中，由于没有专设中央银行和票据交换所，为简便处理，由系统临时形成虚拟资金清算中心，自动完成各商业银行间的资金清算，商业银行只需要对清算结果进行相应账务处理即可。

（七）人力资源管理规则

商业银行组织经营活动，需要柜台业务员、信贷业务员、管理人员、财务人员等各类员工通力合作，才能完成经营任务，实现银行经营管理目标。银行员工管理规则参见本教材【制造公司—基本运作规则—人力资源管理规则—人力资源规划—员工管理规则】中对应部分。

1. 商业银行人员与工资信息

商业银行初始的人员和工资信息完全相同。某一家商业银行全体职工第七年 12 月的人员与工资信息如表 3-7 所示。

表 3-7　第七年 12 月某商业银行人员与工资信息

人员岗位	数量/人	人均基本工资/（元·月）	人均奖金与提成/（元·年）
行长	1	30 000.00	20 000.00
支行行长	4	15 000.00	15 000.00
信贷部经理	4	10 000.00	15 000.00
综合部经理	4	10 000.00	11 000.00
服务部经理	4	10 000.00	15 000.00
财务总监	1	10 000.00	11 000.00
行政助理	4	5 000.00	8 000.00
柜台业务员	40	7 000.00	13 000.00
信贷业务员	40	7 000.00	11 000.00
会计/出纳	20	5 000.00	8 000.00
其他人员	80	3 000.00	4 000.00
合计	202	—	—

2. 业务员及其相关人员的配比规则

为了保证银行经营的正常进行，员工岗位和人数必须与年营业额维持一个均衡的比重。从第八年起，商业银行在第七年营业额的基础上，每增加 1000 万元，需增加信贷业务员和其他人员各 4 人；每增加 2000 万元，需增加柜台业务员和其他人员各 4 人；业务员每增加 16 人，另外还需增加部门经理 1 名。

银行各类人员的基本工资每年应根据公司经营情况适当加以调整，奖金与提成应与公司净利润增长率保持一致。

3. 员工招聘规则

商业银行员工招聘遵照本教材【制造公司—基本运作规则—人力资源管理规则—员工招聘规则】相关规定执行。

4. 员工培训规则

商业银行员工培训遵照本教材【制造公司—基本运作规则—人力资源管理规则—员工培训规则】相关规定执行。

四、财务规则

（一）商业银行建账规则

商业银行根据业务要求，需要设置三类会计账簿，即总账、明细账（分户账）、日记账（序时账）。

1. 总账

总账按会计科目设置，包括活期存款、活期储蓄存款、定期存款、定期储蓄存款、短期贷款、中长期贷款等。在综合实习过程中，建立总账时，各账户的期初余额根据初始资产负债表项目金额分析整理后填写。

2. 明细账

明细账按客户单位或具体对象设立，具体核算和监督各个账户的资金活动情况。在综合实习过程中，建立明细账时，各账户的期初余额根据初始资产负债表下面的附注说明填写。

3. 日记账

日记账是指商业银行的"现金收入日记簿"和"现金付出日记簿"，根据"现金收入传票"和"现金付出传票"逐笔记载。凡是发生现金收付的，先填制"现金收入传票"或"现金付出传票"，然后登记"日记簿"。

（二）商业银行明细核算和综合核算的处理程序

商业银行业务核算处理程序如图 3-2 所示。

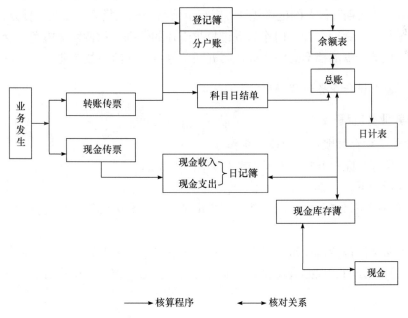

图 3-2　商业银行业务核算处理程序

（三）仿真综合实训过程中需要用到的主要会计科目

（1）企业存款涉及的会计科目有：活期存款、定期存款、现金、利息支出等。

（2）个人存款涉及的会计科目有：活期储蓄存款、定期储蓄存款、现金、利息支出等。

（3）贷款业务涉及的会计科目有：短期贷款、中长期贷款、抵押贷款、贴现、逾期贷款、利息收入等。

由于仿真综合实训中没有中央银行代为清算，因此，商业银行之间的账务往来可以不通过"存放同业款项"和"同业存放款项"核算，不同商业银行客户之间进行款项结算时，直接进行资金收付处理。

（四）主要凭证使用的简要说明

仿真综合实训过程中使用较多的凭证具体如下。

1. 转账支票

企业单位之间的资金收付必须通过转账结算方式，同城的企业单位之间普遍使用转账支票进行结算。因此，转账支票是综合实习中使用最多的结算凭证。

2. 进账单

收款企业收到付款企业签发的转账支票后，填制进账单，连同转账支票一起提交给开户银行要求进账。

3. 借款借据

借款借据一般一式五联，其中：第一联（蓝色）作为银行增加了"短期贷款"或"中长期贷款"的记账凭证，银行资产增加记入借方，因此叫借方转账凭证；第二联（大红）作为增加银行"活期存款"的记账凭证，银行负债增加记入贷方，因此叫贷方转账传票；第三联（黑色）留银行会计部门作为登记贷款卡片的依据；第四联（橙色）交由银行信贷部门放入该笔贷款的档案袋中存查；第五联（绿色）交给借款企业。

（五）商业银行业务流程指引

1. 存款业务流程

1）单位活期存款账户开户业务流程

单位活期存款账户开户业务操作流程如图3-3所示。

操作提示如下。

（1）开户所需材料包括证明文件、开户申请书、信息采集表、单位公章、经办人及主管签章。

（2）证明文件包括营业执照正本（机构代码证书、税务登记证正本、社保证、统计证）、法人身份证明、代办人授权书、身份证明、房屋产权证或租赁协议、库存现金限额申请表。

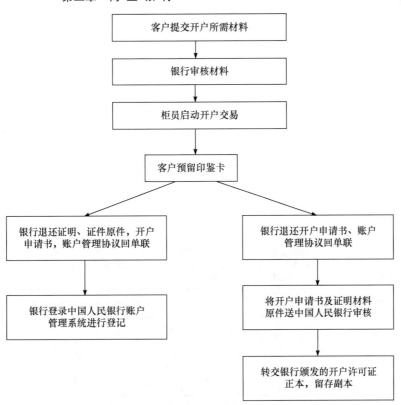

图 3-3　单位活期存款账户开户业务操作流程

（3）所有证明文件都需要双份复印件。

（4）注意审核证明文件是否齐全，正本是否真实，期限是否有效，合同内容和信息表填写是否一致。

（5）一个企业只能开立一个基本账户。

2）单位定期存款账户开户业务流程

（1）客户提供所需开户资料，办理单位定期存款账户开户。

（2）客户存入款项，银行为其开具单位定期存款开户证实书。

（3）定期存款到期后，客户持加盖预留印鉴的单位定期存款开户证实书向银行办理支取手续。

3）个人储蓄存款账户开户业务流程

自然人凭个人有效身份证件以自然人名称在银行储蓄机构开立。

2. 贷款业务流程

公司贷款业务流程如图 3-4 所示。

3. 贴现业务流程

商业承兑汇票贴现业务流程如图 3-5 所示。

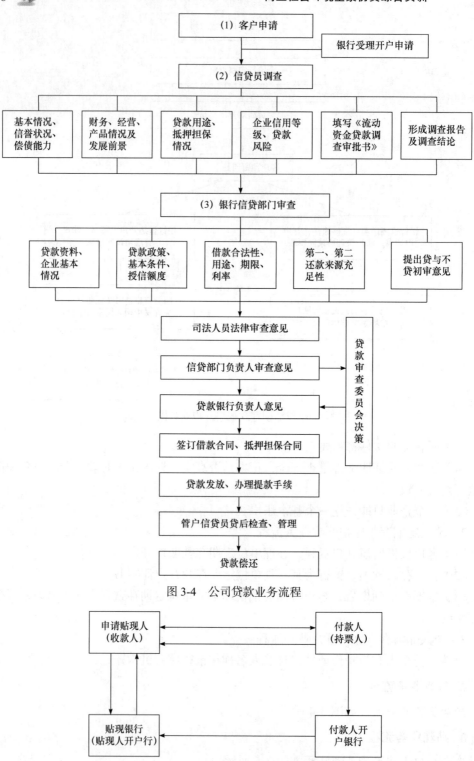

图 3-4 公司贷款业务流程

图 3-5 商业承兑汇票贴现业务流程

4. 保理业务流程

保理业务流程如图 3-6 所示。

5. 结算业务流程

1）支票结算业务操作流程

支票结算业务流程如图 3-7 所示。

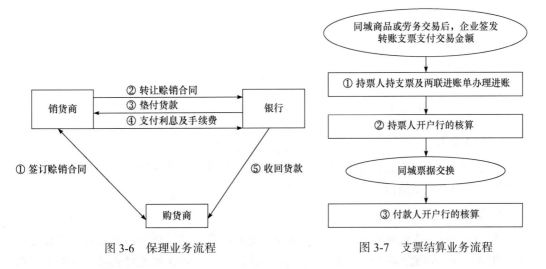

图 3-6　保理业务流程　　　　　图 3-7　支票结算业务流程

2）商业汇票结算流程

商业汇票根据承兑人不同分为商业承兑汇票和银行承兑汇票。商业汇票结算业务一般流程如图 3-8 所示。

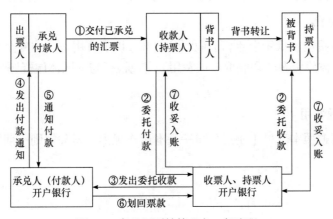

图 3-8　商业汇票结算业务一般流程

3）信用证业务流程

信用证业务流程如图 3-9 所示。

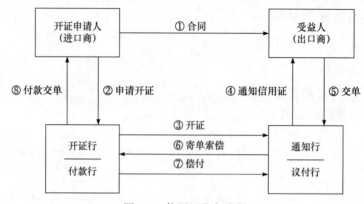

图 3-9　信用证业务流程

（六）主要费用核算

1. 职工薪酬

各商业银行遵照本教材【制造公司—基本运作规则—财务规则—会计核算规则—职工薪酬】中相关规定执行。

2. 差旅费

商业银行有关人员外出洽谈业务，需要开支差旅费。差旅费分为固定差旅费和变动差旅费两部分。固定差旅费一般按出差人次数计算，应于每次出差时支付；变动差旅费一般按营业收入计算，应于年内分期支付。出于仿真实习的需要，也为了便于各商业银行之间财务数据横向比较，特规定全年差旅费总额按照上年营业收入总额的1.1%开支。差旅费每个季度使用全年预计总额的20%以上，由楚财集团按季度代为收取，年底结清。

3. 业务招待费

年度总招待费应不低于上年营业收入的 1%。该项费用每个季度至少支付全年预计总额的 20%，由体旅资源公司收取该项费用（商业银行与本区体旅资源公司必须签约），年底结清。

4. 其他管理费用

各商业银行遵照本教材【制造公司—基本运作规则—财务规则—期间费用规则】中相关规定执行。

第二节　基础财务数据

一、报表数据

（一）资产负债表

仿真商业银行经营范围包括吸收公众存款、发放短期与中长期贷款、办理票据贴现、办理银行结算等经中国人民银行批准的金融业务。本仿真商业银行在虚拟的实习环境中已经经营了 7 年。

本仿真商业银行资产负债表的编制应遵守《企业会计准则》《企业会计准则——应用指南》和其他法律法规的规定。

本仿真商业银行第七年资产负债表具体情况如表 3-8 所示。

表 3-8　资产负债表

会商银 01 表

编制单位：仿真商业银行　　　　　第七年 12 月 31 日　　　　　单位：万元

资产	期末数	负债及股东权益	期末数
流动资产		负债	
现金及存放中央银行款项	125 900	吸收存款	250 000
其他货币资金	100	同业存放	3 000
存放同业	1 000	拆入资金	1 000
拆出资金	2 000	向中央银行借款	1 200
短期贷款	75 000	应付职工薪酬	1 600
贴现资产	10 000	应交税费	400
应收利息	5 350	应付利息	2 550
流动资产合计	219 350	单位定期存款	23 000
长期资产		应付债券	10 000
中长期贷款	220 000	负债合计	292 750
逾期贷款	4 000	所有者权益	
长期股权投资	5 000	股本	100 000
固定资产原值	7 000	资本公积	31 000
累计折旧（贷）	500	盈余公积	20 400
固定资产净值	6 500	一般风险准备	2 000
无形资产	500	未分配利润	9 200
长期资产合计	236 000	所有者权益合计	162 600
资产总计	455 350	负债及所有者权益总计	455 350

报表项目说明如下。

（1）现金及存放中央银行款项包括库存现金以及在央行的准备金存款，其中库存现金有 3000 万元，在中央银行的存款 122 900 万元，包括法定存款准备金、超额存款准备金，假设法定存款准备金率为 10%。

（2）其他货币资金全部为在投资银行开立的证券账户中的存出投资款，须于实习开始时从 A 股市场购入某上市公司股票作为交易性金融资产（该上市公司由各机构以真实市场交易前一日收盘价作为后续核算依据）。

（3）商业银行中的贷款包括短期贷款和中长期贷款。贷款是指在本行开户的制造公司、供应公司、贸易公司的借款以及在仿真环境中的其他单位的借款，贷款总额中超过部分计入个人住房消费按揭贷款。

（4）商业银行中的利息分为吸收存款产生的应付利息和发放贷款产生的应收利息，包含在本行开户的制造公司、供应公司、贸易公司的存贷款以及在仿真环境中的其他单位与个人的存贷款所产生的应收和应付利息，应收和应付总额中超过部分分别计入个人应收和应付利息。

（5）商业银行中的吸收存款包括单位存款和个人储蓄存款。单位存款是指在本行开户的制造公司、供应公司、贸易公司的存款以及在仿真环境中的其他单位的存款，存款总额中超过部分计入个人储蓄存款。

（6）无形资产按10年进行平均摊销，只进行总账核算。

（7）应付职工薪酬中1280万元为职工教育经费，320万元为工会经费；应交税费中300万元为所得税，100万元为增值税。

（8）商业银行中的发行长期债券（即应付债券）应与在本行开户的制造公司、供应公司、贸易公司以及在仿真环境中的其他单位和个人的债权投资进行确权，总额中超过部分计入个人持有债券。

（9）仿真商业银行股本总计100 000万元人民币，某法人股东持有70%，其他为流通在外的普通股。

（10）在仿真综合实训开始时，公司原法人股东需将所持股份10%的份额协议转让给中层管理人员，这些中层管理人员组建新一届管理层的领导班子，股份如何分配，由公司自行选择标准决定。

（11）仿真商业银行按净利润的10%提取盈余公积，按新增贷款1%的比例提取普通准备金。

（二）利润表

经过七年的经营，仿真商业银行积累了一定的经营管理经验，为仿真环境中的企业提供了大量的金融服务，收入明显增加，具体情况如表3-9所示。

表3-9　利润表

会商银02表

编制单位：仿真商业银行　　　　　第七年12月　　　　　单位：万元

项目	期末数
一、营业收入	7700
其中：利息收入	7000
手续费收入	200
其他营业收入	500

续表

项目	期末数
减：营业成本	5900
其中：利息支出	3500
手续费支出	150
管理费用	850
税金及附加	400
其他营业支出	1000
二、营业利润（亏损以"—"填列）	1800
加：投资收益	200
营业外收入	100
减：营业外支出	400
三、利润总额（亏损以"—"填列）	1700
减：所得税费用	425
四、净利润（亏损以"—"填列）	1275

注：①其他营业收入包括证券销售（或发行）的差价收入、同业往来收入及其他各种非利息的营业收入。②利润总额等于营业利润加上投资收益与营业外收入再减去营业外支出的值。投资收益来自证券的出售、交换、提前偿还或投资于其他企业所获取的报酬。净利润等于利润总额减去所得税费用

二、存贷利率信息

（一）存款利率信息

仿真商业银行单位及个人存款利率信息如表 3-10 所示。

表 3-10 仿真商业银行单位及个人存款利率信息

各项存款	活期存款	定期存款					
		三个月	六个月	一年	二年	三年	五年
年利率/%	0.35	2.85	3.05	3.25	3.75	4.25	4.75
计付方式	半年计付	到期计算并支付，提前支取按活期利率计算					

（二）贷款利率信息

企业贷款基准利率信息如表 3-11 所示。

表 3-11　企业贷款基准利率信息

各项贷款	六个月（含）	六个月至一年(含)	一年至三年（含）	三年至五年（含）	贴现（不超过六个月）	利率浮动规则		收取利息规则	
						上浮 1%（需公告）	下浮 1%（需公告）	流动资金	固定资金
年利率	5.6%	6.0%	6.15%	6.4%	5.8%	流动资金贷款季累计大于 2000 万元；固定资金贷款季累计大于 5000 万元	流动资金贷款季累计小于 500 万元；固定资金贷款季累计小于 800 万元	按季度	按合同约定

三、固定资产信息

第七年年末固定资产基本信息如表 3-12 所示。

表 3-12　第七年年末固定资产基本信息

固定资产名称	原值/万元	残值/万元	使用年限/年	已用年限/年	已提折旧/万元	备注
行政大楼	3100	100	40	1	75	自有（1 幢）
网点营业厅	2980	80	40	2	145	自有（4 所）
办公设备	510	10	10	4	200	自有（10 套）
营业设备	410	10	10	2	80	自有（20 套）
合计	7000				500	

第四章 制 造 公 司

　　仿真综合实训所要模拟经营的制造公司属于电子行业，主要从事半导体产品生产与销售业务，公司技术水平不断提高，产品技术含量逐步提升，在同行业中具有一定的竞争力。

　　由于制造公司在仿真综合实训中的重要地位，虚拟实习环境的构建、业务规则的设计、业务流程的规范以及基础财务数据的配置，主要以制造公司的业务要求作为参考标准。在模拟政企运作开始时，同属一个虚拟本地市场（分为本地 1 市场和本地 2 市场）环境的 8 家制造公司的历史与起点几乎一样，未来所面临的经营和竞争环境也基本相同。仿真政企运作一旦开始后，这些制造公司自主选择的经营战略和决策，将把它们带上不同的发展道路，也会产生各自不同的经营结果。

　　为了增强仿真综合实训的效果，提高仿真实习的真实性和实战性，我们将模拟制造公司尽量置身于接近真实的商业社会环境中。但是模拟制造公司生产经营的产品毕竟为虚拟产品，实习人员须避免将现实中实际产品的行业背景、生产状况、市场竞争生搬硬套进仿真公司中，从而影响决策思路。

　　A 区制造公司基本信息一览表如表 4-1 所示。

表 4-1　A 区制造公司基本信息一览表

所属市场	公司名称	代码	银行账号	税务登记号
本地 A1 零售市场 国内批发市场（可开发） 国际外贸市场（可开发）	A1 区本地制造公司 1	A11		
	A1 区本地制造公司 2	A12		
	A1 区本地制造公司 3	A13		
	A1 区本地制造公司 4	A14		
	A1 区本地制造公司 5	A15		
	A1 区本地制造公司 6	A16		
	A1 区本地制造公司 7	A17		
	A1 区本地制造公司 8	A18		
本地 A2 零售市场 国内批发市场（可开发） 国际外贸市场（可开发）	A2 区本地制造公司 1	A21		
	A2 区本地制造公司 2	A22		
	A2 区本地制造公司 3	A23		
	A2 区本地制造公司 4	A24		
	A2 区本地制造公司 5	A25		
	A2 区本地制造公司 6	A26		
	A2 区本地制造公司 7	A27		
	A2 区本地制造公司 8	A28		

注：制造公司需重新进行工商登记、税务登记，并取得营业执照、税务登记号、银行账号才可正式营业

第一节　基本运作规则

模拟制造公司业务规则以 16 家同行业制造商构成的生产市场为设计基础，是模拟市场各制造公司开展生产经营活动的行业规则。现在每一家制造公司的准备工作已经就绪，请各制造公司的所有经营管理者认真研读本行业的业务规则，并在经营活动过程中遵照执行。

一、组织架构

制造公司所在的电子行业，是一个处于从生产技术水平相对较低阶段向研发、生产高技术水平阶段发展的行业，这意味着管理层必须创新。所以董事会决定将公司交给一批优秀的新人去发展，这些新人就是即将走向社会的新一届毕业生。

公司财务状况较好，资金比较充裕，公司运转正常。原来的管理层已经建立健全各项制度，在产品研发、市场开发、生产设施建设方面，原来的管理层都付出了艰辛的努力，奠定了一定的基础，公司具有一定的发展实力。但是，原来的管理层也存在某些疏漏和不足，在公司发展战略上存在一定失误，需要新一届管理层吸取经验教训。

要经营好公司，首先就要搭建公司组织架构。每家制造公司的组织结构和职位设置等由小组实习学生（从现在开始，他们就是仿真公司的新一届管理者，相当于是仿真公司的真实员工）自行商定。新一届管理层对制造公司的基本背景要有比较清楚的认识，以便准确理解、正确运用制造公司的模拟业务规则。

各个公司可以根据本公司生产经营特点和管理的需要，构架本公司的组织结构，确定本公司各个部门的职位和岗位职责，只要符合现代公司组织架构的基本要求即可。

总经理建议由各仿真机构直接选举产生，也可以竞选决定，严禁以抓阄方式产生。担任总经理的同学不限专业，但是必须具有一定的组织才能，以及较强的沟通能力和协调能力，既坚持民主又行事果断。其他职位人选需要考虑专业特长，能够发挥专业优势。

制造公司组织架构和主要职位职责参考表如表 4-2 所示。

表 4-2　制造公司组织架构和主要职位职责参考表

部门	职位（角色）	主要职责
公司管理层	总经理	全面负责公司战略定位及经营发展工作
	财务总监	全面负责公司的财务管理工作；拟订筹资、投资方案；编制财务预算
	人力资源总监（兼行政总监）	全面负责公司人力资源的发展、规划、劳资、职称、培训等工作
	市场总监	全面负责公司营销策划与市场管理工作
	生产总监	全面负责公司生产管理、生产预算、设备需求计划
	采购总监	全面负责公司材料采购计划、采购合同、组织采购、采购预算等工作
	……	……

续表

部门	职位（角色）	主要职责
行政部	行政经理	负责公司行政事务、公文、公关接待、车辆管理等
	行政助理	会议记录、搜集资料、协调关系等
财务部	财务总监（兼）	全面负责公司的财务管理工作；拟订筹资、投资方案；编制财务预算
	会计主管	记录经济业务，组织会计核算；登记账簿；对账，结账；编制财务报告
	出纳	负责现金收付，登记日记账等
	税务主管	负责税务工作事宜
	审计	负责公司内部审计
人力资源部	人力资源总监（兼）	全面负责公司人力资源的发展、规划、劳动关系、职称、培训等工作
	人力资源主管	制定人力资源管理制度、分配制度
	劳资主管	负责职称、技术晋级；劳动关系
	培训主管	制订员工培训方案，实施培训
市场部	市场总监（兼）	全面负责公司营销规划与管理
	销售主管	负责销售业务与管理、销售预算
	市场与客户主管	市场开发决策、客户关系管理
信息部	信息主管	搜集宏观、微观经济信息，搜集市场信息、分析预测市场需求，开展公司信息化建设工作，参与信息资源公司和相关协会（学会）的各项调查研究工作，为公司管理决策提供支持
生产部	生产总监（兼）	全面负责公司生产管理、生产预算、设备需求计划
	生产主管	生产管理，生产预算，设备需求计划
	业务主管	产销排程，车间作业，材料需求计划；新产品研发、ISO 研发
采购部	采购总监（兼）	全面负责公司材料采购计划、采购合同、组织采购、采购预算等工作
	采购主管	材料采购计划、采购合同、组织采购、采购预算
	资产主管	设备采购计划、采购合同、组织采购、专门预算
物流部	仓储主管	负责记录出入库业务，计算仓储费用
	运输主管	拟订并实施物流方案

注：①各单位根据实际情况自行设置组织架构与职位，并制定各个岗位的工作职责，可以考虑增加审计部、信息部、税务部等部门及相应职位。②公司每岗必须有一人承担该岗位主要职责，也可以一人承担多个岗位的主要职责。如果一人只承担一个岗位的工作职责，则必须承担其他岗位的辅助职责。③公司在安排岗位的时候，必须贯彻内部牵制原则，比如会计与出纳不能由同一人担任等

二、产品 BOM 结构

模拟制造公司可以生产多种半导体产品，各种产品所需要的原材料不尽相同。假设在可以预见的生产技术水平条件下，本行业制造公司能够生产的半导体产品有 P1、P2、

P3、P4 四种，生产所需要的原材料或自制半成品有 R1、R2、R3、R31、R32、R4、R41、R42 八种，每一种产品的 BOM 结构不同。

物料清单是产品结构的技术性描述文件。它表明了产品组件、子件、零件直到原材料之间的结构关系，以及每个组装件所需要的各下属部件的数量。物料清单是一种树形结构，所以也称为产品结构树。

模拟市场制造公司产品物料清单如图 4-1 所示。

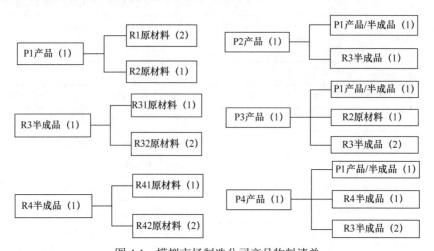

图 4-1　模拟市场制造公司产品物料清单

图中"（ ）"里面的数字表示生产一单位产品需要的原材料单位数量

物料清单表明了组装成最终成品的各分装件、组件、零部件和原材料之间的结构关系以及每一组组装件的用量。ERP 的 BOM 是制造用的物料清单，BOM 在 ERP 系统中起着非常重要的作用。概而言之，物料清单的主要作用表现在：①物料清单是生成 MRP（material requirements planning，物料需求计划）的基本信息，是联系 MPS（master production schedule，主生产计划）与 MRP 的桥梁；②物品工艺路线可以根据物料清单来生成产品的总工艺路线；③在 JIT（just-in-time，准时生产）管理中，反冲物料库存必不可少，而且要求 100%的准确率；④为采购外协加工提供依据；⑤为生产线配料提供依据；⑥成本数据根据物料清单来计算；⑦提供制定产品销售价格的依据。

三、经营规则

制造公司必须按照本规则组织公司的生产经营活动，严格按照本规则的各项规定规范公司的生产经营行为，制定公司的各项规章制度，制订经营计划和经营方针；开拓市场，研发新产品；签订购销合同；制定各项经营决策，安排生产，协调公司运作；组织会计核算，提供财务信息等。

（一）市场开发规则

制造公司进行市场开发遵照本教材【管理组织—政务中心—市场监督管理局—市场

监督管理局业务流程—市场开发流程指引】中相关规定执行。

（二）认证及产品研发规则

根据市场客户对产品质量的要求，公司可以积极从事产品质量认证工作，达到认证要求的公司，其生产的产品可以取得产品质量认证和环境保护认证。公司一旦获得产品质量认证和环境保护认证，即可在所有市场上宣传。

1. ISO 认证规则

制造公司进行 ISO 认证遵照本教材【管理组织—政务中心—认证中心—认证中心业务内容及流程—ISO 认证流程指引】中相关规定执行。

2. 新产品研发规则

制造公司进行新产品研发遵照本教材【管理组织—政务中心—认证中心—认证中心业务内容及流程—新产品申请生产许可流程指引】中相关规定执行。

（三）材料采购规则

制造公司的材料采购规则与原材料供应公司、资产供应公司的销售规则重合部分须保持一致，遵循有规可依、有规必依、执规必严、违规必改的原则。

1. 采购业务规则

制造公司可自主选择原材料供应公司和资产供应公司，决定采购的品种与数量、采购报价、采购时间，并及时通过公司信息主管将上述采购信息在区信息资源公司进行备案。

采购部应该根据生产部的采购请求，考虑库存原材料的种类与数量、原材料供求形势、供应公司的交货期和供货率、物流公司的运输时间等因素，科学确定采购时间、采购批量、采购批次和报价，确保物资的及时供应，保证生产能够连续进行及采购的最佳经济效益。

1）价格规则

原材料和资产价格的相关信息参考本教材【信息资源公司—基本运作规则—业务规则】的相关规定。

（1）采购价格为不含税价，增值税税率为13%，计算并缴纳增值税，采购时须取得增值税专用发票，申报增值税时须向税务部门申请抵扣。

（2）一年采购次数不限，每次采购的固定成本（包括差旅费、谈判及合同处理等）为2000元；每次采购的变动成本（包括运杂费、挑选整理费用、其他相关税费等）为成交金额的0.05%。

（3）供求关系与价格。原材料和资产设备的市场供求状况会直接影响其采购价格。每年原材料的实际供应量由原材料供应公司决定。当然，原材料供应公司的实际供给量与市场供给变动趋势基本一致。每年原材料的实际需求量则取决于16家制造公司的生产需要，实际供应量和需求量决定了当年原材料的供求形势。制造公司的基本采购成交价格由买卖双方洽谈决定，以购销合同相应条款为执行依据。签订购销合同时制造公司可以就定金问题与供应公司协商，对于市场供应比较紧张的原材料可以适当支付定金，定金一般不超过合同金额的 10%。

（4）原材料批量与价格。原材料每批采购数量的多少一般也会影响原材料和设备的采购价格，一次性采购数量较多时，可以给予一定的商业折扣。原材料采购批量价格折扣如表 4-3 所示。

表 4-3　原材料采购批量价格折扣

原材料	R1	R2	R31	R32	R41	R42
采购批量 1（单位）	4 000	2 000	5 000	10 000	5 000	10 000
价格折扣率/%	2	2	2	2	2	2
采购批量 2（单位）	10 000	5 000	15 000	30 000	15 000	30 000
价格折扣率/%	5	5	5	5	5	5

注：此处的"单位"为各种物料计量单位的统称，各实习机构可根据自己虚拟生产经营的需要自行明确具体的计量单位，比如件、台、套等。本教材其他处同此释义

（5）结算方式与现金折扣。购销双方可以协商约定货款结算期限，延期结算的最长期限不得超过四个季度。比如结算延长期为四个季度的采购合同签订后，第一季度付现，现金折扣为 5%；第二季度付现，现金折扣为 3%；第三季度付现，现金折扣为 1%；第四季度付现，无现金折扣。其他结算延长期的现金折扣参照此标准由买卖双方协商确定。商业汇票分无息和带息两种，带息商业汇票月息为 1%。托收承付结算方式不计算利息，具体付款期限和付款方式由交易双方协商约定，以购销合同相应条款为执行依据。

2）采购提前期与供货率规则

原材料供应公司对制造公司的每一次订货并不能保证随时满足供应，能否按时按量供货取决于采购提前期的长短。R1、R2、R31、R32、R41、R42 采购提前期均为 1 个季度，到货率 100%；如当季度紧急订货，实际到货率仅为 80%，下季度初再到货 20%。付款方式依合同约定。为了保证第八年仿真实训第一季度制造公司能够正常开展生产经营，特规定原材料供应公司在第八年初提供一次补货的交易机会（简易合同，不需物流，直接到货），成交价格为最近一年的市场均价（由信息资源公司提供）。

不同原材料供应公司的供货率可以根据制造公司订购的原材料品种、数量、成交价格等因素，在规定的供货率的基础上，上下浮动 1%。实际供货率以供需双方签订的购销合同的相关条款为执行依据。

订购的原材料期货不发生仓储费用，原材料验收入库后，开始发生并计算支付仓储费用（由楚财集团代为收取）。

3）原材料和资产合格率规则

从原材料供应公司采购的原材料合格率一般在 95% 到 100% 之间。每批成交的原材

料的合格率在签订购销合同后抽签随机确认。不合格原材料的损失应在签订合同时双方协商确定责任承担办法。

资产供应公司提供的所有资产设备合格率为100%。

2. 采购业务流程

（1）根据生产部、物流部的采购请求、库存原材料的种类、数量，考虑原材料供求形势、供应公司的供货期、到货率等因素，制订采购计划。实施采购前，必须明确本次的采购要求。

（2）对拟采购的原材料和设备向供应公司询价、报价，选择可能的供应公司，准备采购订单。

（3）依据采购订单和采购要求与供应公司洽谈、签约。具体规定参见本教材中【原材料供应公司—基本运作规则—经营规则—销售业务规则】和本教材中【资产供应公司—基本运作规则—经营规则】。

（4）通知财务部支付货款或者确认应支付的款项。

（5）跟踪原材料和设备的发货情况。

（6）评价采购结果。

（四）仓储及运输规则

物流部要在规划公司物流战略的基础上，根据生产经营计划制订公司原材料、半成品和产成品的仓储方案及运输方案并负责实施。

1. 仓储规则

1）现有仓库及其容量、仓储费

公司的原材料、半成品、产成品必须在对应的仓库存放，不能混存。

现有仓库及其容量、仓储费如表4-4所示。

表4-4 现有仓库及其容量、仓储费

指标		原材料仓	半成品仓	产成品仓
容量上限（单位）		10 000	5 000	5 000
仓储费	元/（单位·天）	0.08	0.16	0.20
	元/（单位·月）	2	4	5

注：假定所有原材料的单位体积相同；所有半成品的单位体积相同；所有产成品的单位体积相同

2）出入库

原材料到货必须办理入库手续，并入原材料仓。采购到货需要立即投入生产的原材料，可不入库，但需要办理出入库手续。原材料验收入库后，需要计算并支付仓储费用。订购的原材料期末未到货前不发生仓储费用。

半成品可根据生产计划，决定是否入半成品仓。对于可以立即转入下一个生产环节的半成品，可以不入半成品库，但是必须办理出入库手续，计算半成品成本。

完工的产成品也必须办理入库手续，并入产成品仓。

原材料、半成品、产成品入库当月即发生仓储费用。原材料、半成品、产成品出库必须办理出库手续。

3）租用物流公司仓位

当自有仓库无法满足公司货品仓储需要，或公司由于整体战略规划的要求，或根据仓储方案进行成本效益的比较分析，可选择租用物流公司仓位。

租用物流公司仓位程序：①制订仓位租用方案，内容包括储存货品、数量、时间、租用仓位数、公司报价、货品损失责任等；②租用方案报请物流部经理审批；③向物流公司询价；④与物流公司协商谈判，签订仓储合同；⑤总结分析租用效果。

4）仓储业务工作流程

具体包括：①严格记录所有货品出入库情况；②月末必须进行仓库盘点和存货核算，并对当月库存情况进行分析；③月末必须将原材料、半成品库存情况通知生产部，将产成品库存情况通知市场部。

2. 运输规则

制造公司采购原材料、销售产成品都涉及运输问题，为了便于仿真实习的进行，特规定制造公司、供应公司、贸易公司之间所有物资交易均由销售方负责运输。制造公司日常须严格记录运输业务发生情况，月末及时统计分析运输业务，并核算运输费用。

1）运输业务规则

（1）制造公司承担销售中发生的运输费用，需在购销合同中加以确认，以合同为执行依据。

本规则约定，每个制造公司、供应公司、贸易公司、物流公司相互之间的距离都不尽相同。各制造公司、贸易公司、供应公司所在位置见物流公司所提供的地图。

（2）运输设备基本信息。公司所需要的运输设备，可以自行购买，也可以从资产供应公司租入。除此之外，公司还可以直接将运输业务外包给物流公司。

制造公司经过市场调研，已经了解到资产供应公司的运输设备的基本信息，这些信息有助于公司科学决策物流方案。

运输设备基本信息如表4-5所示。

表4-5 运输设备基本信息

设备类型	价值/（万元·辆）	残值/万元	折旧年限/年	租赁价格/（元·天）
大卡车	18	1	5	200
中卡车	16	1	5	160
小卡车	12	1	5	130

注：①运输设备：小卡车载重量为5吨，中卡车载重量为8吨，大卡车载重量为10吨。②卡车载重量与运输货物单位的换算执行物流公司制定的标准。③制造公司已知的运输设备基本信息为市场上第七年的信息，未来市场的变化需要公司自行搜集信息，自主判断和决策

（3）自行运输费用。制造公司如果自行组织货物运输，须承担运输工具本身的费用、

运输人员费用以及其他运输费用。

每台车出车期间必须配备 2 名司机，公司需支付相关人力成本。公司自行运输时所产生的总费用为：运输人员成本+销售运输费用。

根据商品销售市场的不同，公司的运输费用也不同。如公司自行运输，其销售运输费用标准如表 4-6 所示。

表 4-6 制造公司销售运输费用标准

运输区段	所需时间/天	零担/[元/（单位·千米）]		整车/[元/（车·千米）]					
		P1、P2	P3、P4	P1、P2			P3、P4		
				小卡车	中卡车	大卡车	小卡车	中卡车	大卡车
A—O	1	0.100	0.150	15	21	27	17	23	30
B—O	1	0.095	0.100	14.5	20	26	16	22	28
C—O	1	0.090	0.095	13.5	19	25	15.5	21	27
O—D	2	0.085	0.090	13	17.5	23	13.5	20	25

注：①小卡车可以容纳 150 单位产成品，中卡车可以容纳 225 单位产成品，大卡车可以容纳 270 单位产成品；②各制造公司、贸易公司位置分布见图 8-1、图 8-2

（4）运输外包。制造公司还可以把运输业务全部或部分外包给物流公司。外包运输业务量主要依据公司的采购量、销售量、销售地点、运输量，比较自行运输成本与外包运输成本，综合考虑后决定。

运输外包业务工作流程：①制订运输外包方案，内容包括运输货品、数量、时间、起止地点、运输方式、运输工具、公司报价、货品损失责任等；②外包方案报请物流部经理审批；③向物流公司询价；④与物流公司协商谈判，签订运输合同（参照本教材【物流公司—基本运作规则—经营规则】中相关规定执行）；⑤总结分析运输外包效果。

2）运输设备取得规则

制造公司如需要增加运输设备，可以向资产供应公司购买或租入。无论购买还是租用，都需要办理相关手续，取得相应证明。如何办理，遵照本教材【资产供应公司—基本运作规则】中的相关规定执行。

（五）生产规则

制造公司在生产过程中必须按照生产规则制订生产计划、人员需求计划，下达生产任务，安排车间作业，控制生产过程，进行生产预算、内部项目投资预算，提出采购请求等，每一项工作都要遵守既定的生产规则。

1. 建筑物取得规则

制造公司建筑物包括行政大楼、厂房和仓库。制造公司获取建筑物具有自主决策权，既可以自行建造，也可以从资产供应公司租用。

建筑物取得规则遵照本教材【资产供应公司—基本运作规则】中的相关规定执行。

1）行政大楼的取得规则

制造公司已经拥有自己的办公大楼，不需要另行建造。

2）厂房取得规则

制造公司生产用厂房可以自行购买建筑材料分期自建，也可以采用经营租赁的方式直接租用现房。无论自建还是租用，都需要搜集市场价格和市场供求状况等信息，按照当时的市场价格进行交易，同时办理相关手续，取得相应证明。

制造公司如果决定自行建造厂房、仓库等建筑物，则需要从资产供应公司分期购买建筑材料；如果购买已经建好的现房（由资产供应公司代售），则需要一次性付清款项。

公司可以购买或者建造的厂房类型共有 3 种。厂房基本信息如表 4-7 所示。

表 4-7　厂房基本信息

厂房	容量/条	价值/万元	残值/万元	折旧年限/年	自建周期/季度	建造成本/（万元·季）	租赁价格/（万元·年）
甲厂房	4	310	10	20	4	77.50	40～50
乙厂房	4	300	10	20	3	100	38～48
丙厂房	4	320	10	20	2	160	42～52

注：①公司自有厂房可以出售、出租，但是只能出租给资产供应公司，不得在制造商之间租赁。②新增厂房采取租赁方式租入的话，只能按年租用；一次性签订一年以上租期租赁合同的，其价格需考虑市场未来发展变化情况，按市价确定租赁价格。为了锻炼综合业务能力，为此特别规定，第八年新增厂房一律采用经营租赁方式租入，每次租赁期不得低于两年。第九年起不作限制。③制造公司已知的厂房相关基本信息为市场上第七年的信息，未来市场价格信息将随着供求关系和宏观经济环境的变化而变化，资产供应公司会根据市场情况浮动定价，制造公司需要自行搜集信息，自主判断和决策

3）仓库取得规则

制造公司的仓库包括原材料仓、半成品仓和产成品仓。制造公司取得仓库的方式，与取得厂房的方式完全相同。

制造公司需要的仓库有 3 种类型。仓库基本信息如表 4-8 所示。

表 4-8　仓库基本信息

仓库	容量/单位	价值/万元	残值/万元	折旧年限/年	自建周期/季度	建造成本/（万元·季）	租赁价格/（万元·季）
原材料仓	10 000	105	5	20	2	52.50	8～12
半成品仓	5 000	85	5	20	2	47.50	7～10
产成品仓	5 000	110	10	20	2	55.00	8～10

注：①对于自有仓库，公司随时可以出售、出租。②公司自有仓库可以出售、出租，但是只能出租或出售给资产供应公司，不得在制造商之间租赁或销售。③仓库可以按季度租用；为了锻炼学生的业务能力，为此特别规定，第八年新增仓库一律采用短期租赁方式租入，每次租赁期不得超过一年。④制造公司已知的仓库相关基本信息为市场上第七年的信息，未来市场价格信息将随着供求关系和宏观经济环境的变化而变化，资产供应公司会根据市场情况浮动定价，制造公司需要自行搜集信息，自主判断和决策

2. 生产设备取得规则

制造公司的设备包括生产设备和运输设备等，其中生产设备包括基本生产设备（即生产线，由加工线和装配线组成）和辅助生产设备（动力设备）。生产设备取得规则遵照本教材【资产供应公司—基本运作规则—销售业务规则/租赁业务规则】中的相关规定执行。

制造公司的生产设备可以购买并支付安装费用，分期安装，也可以采用租赁的方式租用。无论购买还是租用，都需要搜集市场价格和市场供求状况等信息，按照当时的市场价格进行交易，同时办理相关手续，取得相应证明。制造公司如果决定购买生产设备，则付款方式可以选择一次性付款或分期付款。

制造公司需要的生产设备有 9 种类型。生产设备基本信息如表 4-9 所示。

表 4-9 生产设备基本信息

设备类型	一次支付/万元	残值/万元	折旧年限/年	安装周期/月	分期付款/（万元·季）	租赁价格/（万元·年）
手工加工线	205	5	5	0	55	50～60
手工装配线	205	5	5	0	55	50～60
半自动加工线	410	10	10	2	105	65～70
半自动装配线	410	10	10	2	105	65～70
全自动加工线	730	30	10	4	187.5	125～130
全自动装配线	730	30	10	4	187.5	125～130
柔性加工线	1050	50	10	4	270	145～150
柔性装配线	1050	50	10	4	270	145～150
动力设备	220	20	10	2	60	30～40

注：①自有设备可以出售、出租，但是只能出租给资产供应公司，不得在制造商之间租赁。②设备只能按年度租用，租赁期不同，租赁价格可能也不同。为了锻炼学生的综合业务能力，为此特别规定，第八年新增生产线和装配线一律采用融资租赁方式取得，租赁期不得低于设备尚可使用年限的 3/4；第八年新增动力设备只能通过一年期分期付款采购方式获得，按季度支付。第九年起不作限制。③制造公司已知的设备相关基本信息为市场上第七年的信息，未来市场价格信息将随着供求关系和宏观经济环境的变化而变化，资产供应公司会根据市场情况浮动定价，制造公司需要自行搜集信息，自主判断和决策。④租入设备需要安装调试才能使用，调试周期与安装周期相同，费用按月租赁费×期数计算。⑤每一套动力设备只能为 4 条生产线（装配线）提供动力，制造公司增加生产线（装配线），需要增加相应的动力设备

3. 动力设备运营费用规则

一套动力设备可以为 4 条任意类别的生产线提供足够的动力，各类生产线消耗的动力费用分为变动动力费用和固定动力费用。

动力设备需要日常维护保养，暂不考虑大修理。动力费用基本信息如表 4-10 所示。

表 4-10　动力费用基本信息

动力设备服务对象	变动动力费用/[元/（件·条）]	固定动力费用/万元
手工线	5	
半自动线	10	计提折旧费
全自动线	15	日常维护费
柔性线	20	

注：1 套手工线包括两条生产线，即手工加工线和手工装配线。其他线同此释义，下同

4. 设备转产与维护规则

某一类生产设备一般都只能生产某一种产品或半成品，同一设备如果要生产不同产品或半成品，就需要改装、转产；设备需要经常维护保养，才能维持正常运转。

1）设备转产规则

符合一定生产技术要求的生产线，可以生产任何产品或半成品；但是一旦开始生产某种产品或半成品，就不能生产其他产品或半成品；如果需要生产另一种产品或半成品，该设备需要花费一定的时间进行调整，调整到位后才能生产另一种产品或半成品，调整时间和调整费用标准如表 4-11 所示。

表 4-11　设备转产信息表

生产线	转产周期/月	转产费/（万元·月）	备注
手工线	0	0	
半自动线	2	5	转产需要清空线上的在产
全自动线	1	5	品，转产周期为停工周期
柔性线	0	0	

注：装配不同产成品需要的同一半成品，可以在同一设备上加工

2）设备维护和修理规则

为了保证生产连续不断进行，需要对机器设备进行日常维护保养，甚至是大修。每条生产线每年需要支付固定的维护保养费；每两年大修一次，在设备大修期间要求全面停工。只维护不大修的设备将提前两年报废；连续两年没有进行维护保养的设备，将提前 1 年报废。

设备维护与修理费用标准如表 4-12 所示。

表 4-12　设备维护与修理费用标准

生产设备	维护费/[万元/（年·条或套）]	大修费用/（万元·2 年）	停工时间/天
手工线	5	—	—
半自动线	5	10	30
全自动线	8	20	30

生产设备	维护费/[万元/（年·条或套）]	大修理费用/（万元·2 年）	停工时间/天
柔性线	10	30	30
动力设备	10	—	—

注：①租赁的生产设备不需支付大修理费，但在租赁期内均需支付维护保养费；②当年新增自有设备不需支付维护保养费，但当年出售的自有设备需支付维护保养费

5. 生产路线规则

根据产品 BOM 结构，生产每一种产品所需的物料不尽相同。自制半成品都直接由原材料加工生产而成；产成品都需要由原材料和自制半成品经过一定的生产工序才能加工装配而成。

产品的生产工艺路线如图 4-2 所示。

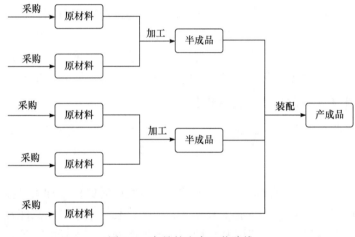

图 4-2　产品的生产工艺路线

凡是需要加工成自制半成品才能进一步装配成产成品的产品，都需要经过两个生产环节，一是加工环节，即用原材料加工成产品或自制半成品；二是装配环节，即用自制半成品、其他原材料进一步加工装配成产成品。只有已经完工并经过检验合格的自制半成品，才能进入装配环节继续进行生产。

产品生产周期如表 4-13 所示。

表 4-13　产品生产周期

产品	原材料	加工周期（半成品）	装配周期（产成品）	产品生产周期
P1	R1，R2	30 天（P1）	0 天（P1）	30 天
P2	R1，R2	30 天（P1）	30 天（P2）	60 天或 90 天
	R31，R32	30 天（R3）		

续表

产品	原材料	加工周期（半成品）	装配周期（产成品）	产品生产周期
P3	R2	0 天（R2）	30 天（P3）	60 天或 90 天
	R1，R2	30 天（P1）		
	R31，R32	30 天（R3）		
P4	R1，R2	30 天（P1）	30 天（P4）	60 天、90 天或 120 天
	R31，R32	30 天（R3）		
	R41，R42	30 天（R4）		

注：①制造公司加工线数量的多少，可以决定产品生产周期的长短。②P1 可以作为产成品对外销售，也可以作为自制半成品继续加工生产其他产成品。③R3、R4 为自制半成品，不能直接对外销售；资产供应公司不供应半成品。④同一区中的各个制造商之间一般不能进行 P1 半成品的买卖交易，但可以提供 P1 半成品进行委托加工

6. 原材料准备提前期

根据生产工序对备料的要求，原材料均需一定的提前准备时间，各种原材料要求的上线生产准备提前期分别是：R1、R2 为 2 天；R31、R32 为 3 天；R41、R42 为 5 天。[①]对此，制订物料需求计划时必须考虑原材料准备提前期。根据"木桶原理"，某种产品所需原材料只要有一种材料没有达到准备提前期要求，就不能开工生产该种产品。

7. 设备技术水平限制与职工素质要求

制造公司生产对象的技术含量不同，对设备的技术水平、基本生产工人的技术级别、辅助生产工人的技术级别和行政管理人员的素质均有不同要求。

1）设备技术水平限制

设备技术水平和产品的技术要求应该匹配。因生产对象技术和人员技术的要求，某一设备只能生产或者装配符合一定技术要求的产品，某一生产对象只能在达到其技术要求的线上生产或者装配，允许高技术水平的设备生产低技术含量的产品，绝不允许低技术水平的设备生产高技术含量的产品。

设备技术水平限制信息如表 4-14 所示。

表 4-14　设备技术水平限制信息

生产线	受限生产对象	备注
手工线	不能生产 R4、P3、P4	技术水平低
半自动线	不能生产 R4、P4	技术水平限制
全自动线	不受限制	不受技术水平限制
柔性线	不能生产 P1	技术水平高

注：生产线如果加工或装配受限生产对象，则其生产出来的产品全部视为废品，计入废品损失

---

① 出于仿真实习演练方便，原材料准备提前期主要用来考核仓库及其仓储费，不影响生产对象的生产周期。

2）不同生产对象对基本生产工人技术级别的要求

制造公司生产对象不同，技术含量不同，对工人的技术水平要求不同，生产工人必须达到相应生产对象所需最低技术等级。允许高级别技术工人从事低级别技术工人的工作，绝不允许低级别技术工人从事高级别技术工人的工作。

生产对象与基本生产工人最低技术级别如表 4-15 所示。

表 4-15　生产对象与基本生产工人最低技术级别

产品名称	P1	P2	P3	P4	R3	R4
最低技术级别	1	3	4	5	2	4

3）不同产品对辅助生产工人技术级别的要求

制造公司生产的所有产品，对辅助生产工人的技术水平没有直接要求。但是，辅助生产工人经过技术培训可以晋升技术级别，具备一定技术级别的辅助生产工人可以转为基本生产工人，也可以继续从事原岗位的工作。允许具有技术级别的辅助生产工人继续从事辅助生产方面的工作，但是其技术级别不计算在基本生产人员中；绝不允许没有技术级别的辅助生产工人从事基本生产工人的工作。

4）不同产品对行政管理人员素质的要求

制造公司生产的不同产品，技术含量不同，不仅对工人的技术水平要求不同，而且对管理人员的素质要求也不同。管理人员的素质以不同级别的职称体现，不同产品要求管理人员的职称标准参见本章"人力资源管理规则"相关内容。

8. 设备产能规则

设备的最大利用能力为设计能力，一般情况下，设备的正常利用能力维持在设计能力的80%左右，维持正常利用能力的设备能够达到预期使用年限（不考虑技术进步）；如果设备利用能力达到设备的设计能力累计时间在 1 年以上（含 1 年），则该设备的使用年限只能为预期使用年限的80%，须提前报废。

1）设备正常生产能力

生产设备正常利用率一般低于设备的设计能力。凡是进行日常维护保养的设备，都可以达到正常的生产能力，即设备正常利用率为设计能力的80%。在设备正常利用情况下，每批次生产的相关信息如表 4-16 所示。

表 4-16　设备正常利用情况下每批次生产的相关信息

工作中心	工作天数/（天·批）	每班工时/（小时·天）	每班人数/人	轮班班数/班	生产周期/工时	备注
手工加工线	30	8	20	4	720	每天4班轮岗，保证员工节假日的正常休息
手工装配线	30	8	20	4	720	
半自动加工线	30	8	15	4	720	
半自动装配线	30	8	15	4	720	

续表

工作中心	工作天数/（天·批）	每班工时/（小时·天）	每班人数/人	轮班班数/班	生产周期/工时	备注
全自动加工线	30	8	13	4	720	每天4班轮岗，保证员工节假日的正常休息
全自动装配线	30	8	13	4	720	
柔性加工线	30	8	10	4	720	
柔性装配线	30	8	10	4	720	

注：①产品生产周期=加工线加工周期+装配线装配周期。②加工周期=30天/批×8小时/天×3班/天=720（工时）；装配周期=30天/批×8小时/天×3班/天=720（工时）。③出于仿真实习方便业务操作和财务处理，特规定每批次生产都约定为月初上线，月末下线，不存在月末在产品。在综合仿真实训平台按每季度生产三批次进行具体操作

2）设备正常利用情况下的生产批量规则

在设备正常利用情况下，各种设备的生产批次相同，每年都可以生产12批次。但是各种生产对象的批量是不同的，所以年产量也不相同。设备正常利用情况下的生产批量如表4-17所示。

表4-17 设备正常利用情况下的生产批量

工作中心	年产能/批	P1、P2、P3、P4、R4		R3	
		每批产量/件	年产量/件	每批产量/件	年产量/件
手工加工线	12	100	1200	200	2400
手工装配线	12	200	2400	—	—
半自动加工线	12	150	1800	300	3600
半自动装配线	12	300	3600	—	—
全自动加工线	12	200	2400	400	4800
全自动装配线	12	400	4800	—	—
柔性加工线	12	200	2400	400	4800
柔性装配线	12	400	4800	—	—

3）设备充分利用情况下的产能规则

在特殊情况下，设备可以充分利用，其使用率可以达到设计能力。如果设备没有日常维护保养，没有及时进行大修理，其使用率达不到设计能力，只能维持正常生产能力。对于及时进行维护保养和大修理的设备，在接受特殊生产任务时，可以按照设备的设计能力安排生产，每年最大生产能力可以达到15批次，但是必须相应增加基本生产人员和辅助生产人员，其他各类人员可以不增加。

设备充分利用情况下的产能如表4-18所示。

表 4-18　设备充分利用情况下的产能

工作中心	工作天数/（天·批）	每班工时/小时	每班人数/人	轮班班数/班	生产周期/工时	年最大产能/批
手工加工线	30	8	40	4	720	12+3
手工装配线	30	8	40	4	720	12+3
半自动加工线	30	8	30	4	720	12+3
半自动装配线	30	8	30	4	720	12+3
全自动加工线	30	8	20	4	720	12+3
全自动装配线	30	8	20	4	720	12+3
柔性加工线	30	8	10	4	720	12+3
柔性装配线	30	8	10	4	720	12+3

注：①设备正常利用情况下，生产线每年最大产能为 12 批；但在设备充分利用情况下，每年最大批量为 15 批，即每条线每年可以多生产 3 批次，但每季度最多只能生产 4 批次。②设备充分利用，需要增加大约 1 倍的基本生产工人，同时还要相应增加辅助生产工人，不考虑其他人员的增加

9. 各种产品合格率的测算

设备技术水平、生产工人的技术水平直接影响生产对象质量，行政管理人员的素质对生产对象质量也具有一定的影响，在此，制造公司可以不考虑其他职工的素质对生产对象质量产生的影响。

如果公司对生产工人进行技术培训，可以提高基本生产工人的技术级别；对行政管理人员进行培训，可以提高其职称级别，同时可以提高生产对象合格率。

为了便于仿真实习的进行，特规定：所有半成品（不含 P1）的合格率统一为 100%，不在此合格率测算要求之列；各种产成品合格率须由人力资源公司代理评估机构开具产品合格率证明后，方能用来计算确定完工产成品数量。

1）产成品基本合格率

各种产成品必须由具备条件的生产设备和生产工人生产，凡是达到设备技术要求、基本生产工人最低技术级别要求和管理人员职称要求生产的产成品，其基本合格率可以达到 85%。

2）产成品技术合格率

产成品质量主要取决于生产这些产成品的基本生产工人的技术水平。生产线上基本生产工人的技术等级越高，其技术水平越高，生产产成品的技术合格率越高。某种产成品某一批次的技术合格率取决于该批工人平均技术级别高出生产该产成品最低技术级别的水平，某产成品某批次的技术合格率最高为 14%。

某产成品某一批次的技术合格率 =（某产成品某批次生产线上基本生产工人的平均技术等级－相应产成品最低技术等级数）× 10%

某产成品某批次生产线上基本生产工人的平均技术等级是生产该产成品基本生产工

人技术级别的加权算术平均数。

基本生产工人的平均技术级别 = ∑（技术级别 × 该级别工人数）/ 基本生产工人总人数

3）产品合格率

某产成品某一批次的产成品合格率由基本合格率和技术合格率构成。

某产成品某一批次的产成品合格率 = 产成品基本合格率 + 产成品技术合格率

某产成品某一批次的产成品合格率 = 85% +（某产成品某批次生产线上基本生产工人的平均技术等级 – 相应产成品最低技术等级数）× 10%

例如，某企业生产 P2 产品时，基本生产工人的平均技术等级为 3.67，则该批次的 P2 产品合格率为 85% +（3.67 – 3）× 10% = 91.7%。但需要注意的是，某种产成品某批次的最高合格率为 99%。

4）废品损失

不合格产成品所耗用的全部费用，一律计入废品损失。

5）其他要求

为保证生产顺利进行，辅助生产人员、行政管理人员、销售人员和其他人员必须达到相应的规定要求，否则，该生产对象不能生产。

10. 产成品验收入库

制造公司生产的产成品，应经过严格检验，按照各种产成品的合格率计算合格品数量和废品数量，只有合格品才能办理入库手续，在仓库存放；对于废品，不能返修，也不能作为次品对外销售，只能作为废品确认为废品损失。

1）半成品验收入库

对于制造公司自制的半成品，如果有闲置装配线，则经过检验后的合格半成品可以不转入半成品仓，直接上线装配，但必须办理入库手续，计算半成品成本；如果没有装配线可以立即装配，入库手续办理完毕后，需要转入半成品仓保管，核算仓储费用。

2）产成品验收入库

对于制造公司自制的产成品，如果有客户等待发货，则经过检验后的合格产成品可以不转入产成品仓，直接按销售合同发货，但必须办理入库手续，计算其生产成本；如果没有客户等待发货，在入库手续办理完毕后，需要转入产成品仓保管。

对外销售产品时，公司销售人员需持有产品检验证明、ISO 认证等，证明所销售产品的质量。

（六）产品销售规则

制造公司的产品销售规则与贸易公司的商品采购规则重合部分须保持一致，遵循有规可依、有规必依、执规必严、违规必改的原则。

1. 建立产品购销关系

1）产品的销售

制造公司销售产品必须签订销售合同，销售价格必须符合市场对该产品的价格预期；

正式的销售合同应报区税务局备案。产成品的销售需与客户签订销售合同，半成品只能以委外名义销售给本市场的其他制造公司，需产生客户关系开发费，并与采购的制造公司签订购销合同。

每年年初召开由制造公司和贸易公司参加的商品订货会，还可以根据制造公司和贸易公司需要，买卖双方随时洽谈交易，在遵守既定规则的前提下，自由洽谈，达成一致意见以后，签订书面合同。公司只能根据有效销售合同销售产品，有效合同将受到法律保护。

2）销售产品与市场

（1）销售对象。公司可自主决策，销售本公司已完成开发并生产的 P1、P2、P3、P4 中的任何产品。

（2）销售市场。公司可在市场调研和预测的基础上，自主选择销售市场，可在已开发成功的本地市场、国内市场、国际市场中任意决策和组合。

（3）销售客户。向某一市场出售产品，必须与属于该市场的贸易公司洽谈签约，不得与该市场以外的贸易公司交易，违反此规定的交易无效。

3）客情费

客情费（客户关系开发费与维护费）是指在规定的销售政策之外，充分调动各种资源及运用个人的努力与魅力给予客户情感上的关怀和满足，为正常的销售工作创造良好的人际关系环境，为客户创造不间断利益，即在一定的物质利益基础上，多方面努力建立越来越稳定的客情关系，不断地开拓和维护好公司与客户的长久利益关系而使用的专项费用，不得用作其他支出或任何个人收入。

制造公司要与某一家贸易公司建立购销关系，需一次性投入市场新客户关系开发费和每年支出市场老客户关系维护费。

目前，公司已与本地市场的所有客户建立了购销关系，不会再产生新的客户关系开发费。若公司今后有意与这些客户继续保持业务往来，需按规定核算支出客户关系维护费。

在已开发成功的市场上发展的新客户，首次签订合作协议时，需要一次性支出客户开发费。将来公司与老客户继续保持业务往来，还需要按一定标准支出客户关系维护费。

客情费标准如表4-19所示。

表4-19 客情费标准

客情费内容	计量单位	本地市场	国内市场	国际市场
客户关系开发费	万元/家	5	10	15
客户关系维护费	万元/家	2	5	8

与新客户首次签约的当年不需发生客户关系维护费，以后若要继续保持业务往来，需每年支出客户关系维护费，直至完全终止交易关系。需要说明的是，即使公司某年未

与已建立交易关系的客户发生商品销售业务，仍需支出客户关系维护费，否则，今后如要与该客户签约销售产品，必须重新开发，支出客户关系开发费。客户关系维护费由销售方公司在与购货方客户签订当年第一份购销合同时开支。若销售方没有支出客情费，当年签订的销售合同无效。

制造公司之间如果建立 P1 半成品购销关系，遵循上述同样原则，但双方可以协商客情费由谁开支。

客情费往往是一种生活性消费活动，不同于业务招待费，不能抵扣进项税额。客情费不得以现金方式支付给客户单位或个人，故开支时由楚财集团代为收取。

2. 影响商品销售量的主要因素

制造公司产成品的销售量主要受到以下因素的影响：市场需求、销售价格、广告费、销售人员数量、预计的市场偏好、产品生命周期、投入市场的其他销售费用等。

公司在进行销售预测、制订销售计划和实施策略时重点考虑以下因素。

1）市场需求

贸易公司市场需求决定制造公司的销售供给。制造公司应首先对未来各市场的需求情况做出预测。各种产品未来几年的市场需求情况可以参见本教材【信息资源公司—基本运作规则—业务规则—公共信息服务项目及收费标准—产成品市场预测信息】中的相关内容。

2）销售价格

制造公司与客户在产品价格预期的基础上，均有定价自主权。公司定价应充分考虑供求关系、交易数量、市场竞争等因素，定价是否合理，对销售会有很大影响。成交价格由买卖双方洽谈确定，以购销合同为执行依据。

（1）不同生产线生产的同一种产品的基本销售价格是一样的。公司要在对未来价格预测的基础上，首先确定拟销售产品的基本价格。

（2）产成品销售价格一律为不含税价，增值税税率为 13%，计算并缴纳增值税。销售商品需要开具增值税专用发票。

3）广告费

制造公司每年需投入一定的广告宣传费用，以提高公司的知名度、美誉度，维持和促进商品销售。公司每年投入的广告宣传费用数额及财务核算，应遵循国家税法有关规定。税务部门在计税时，也应按相关规定执行。市场监督管理局应对公司的广告活动进行监督管理，有权查处公司的违规行为。

（1）制造公司每年投入的广告宣传费不得低于上年销售额的 3%。

（2）从历史统计数据看，公司所属的电子行业广告宣传费用一般占销售额的 3%～5%。

（3）广告宣传对商品销售具有促进作用，这种促进作用主要体现在以下两个方面。

第一，每年年初订货会上，公司要发布当年广告宣传投入情况（包括投入总额、投放市场和时间）、广告宣传的主要内容及诉求重点。传媒资源公司根据广告投入和广告宣传内容与制造公司进行谈判签约，双方自行约定广告费用的支付方式。制造公司每个季度必须投入不少于全年广告费的20%，全年必须使用完毕。贸易公司也可以根据其他制造公司的广告宣传选择洽谈交易对象。

第二，两个及以上制造公司在与贸易公司协商的交易条件相同的情况下，广告宣传费用投入多的公司有签约优先权。若贸易公司拒绝执行，可提请市场监督管理局仲裁。

（4）由于广告宣传效果的滞后性，每一季度广告宣传投入将影响下一季度的销售情况。本规则将两者的关系规定为：公司上年在某市场的广告宣传费用，若高于同期行业在该市场广告投入的平均水平的1%，则下一季度销售量在合同交易量的基础上可自动提高0.5%；高于2%，销售量提高1.5%；高于3%以上，销售量提高2%。当然，公司有权放弃这部分自动提高的销售量。

4）销售人员数量

公司有自己的销售人员，他们承担联系客户、沟通信息、签约销售等工作。销售人员职责要求主要包括：开拓市场，客户联络与维护；及时了解客户需求，寻找市场机会；签订销售合同，跟踪销售订单执行，催收货款；做好相关业务活动记录。

人数适度的销售队伍是提高销售量的积极因素。

（1）销售人员工作定额。具体要求参见本教材【制造公司—基本运作规则—人力资源管理规则—销售人员的确定标准】中的规定。

（2）销售人员数量与销售量。销售人员所能承担的最高业务量有一定的限制。一个销售人员在同一市场可销售一种或多种产品。销售一种产品时，每人的销售量不得超过规定的该产品的最高业务量；销售多种产品时，不得超过所销售产品最高业务量的平均值。因此，公司如果要扩大在某一市场的销售量（或占有率），就必须相应增加销售人员。制造公司可以根据"销售人员的确定标准"和公司年度销售计划，确定所需的销售人员数量及其工作定额。

5）其他销售费用

公司在开展销售业务中，除销售人员报酬、广告费、客情费等，还会发生差旅费、业务招待费、市场调研费等其他销售费用。这些费用的开支标准及对销售量的影响，具体规定如下。

（1）差旅费。市场部有关人员外出洽谈业务、开拓市场，需要开支差旅费。差旅费分为固定差旅费和变动差旅费两部分。固定差旅费一般按出差人次数计算，应于每次出差时支付；变动差旅费一般按销售额计算，应于年内分期支付。出于仿真实习的需要，也为了便于各公司之间财务数据横向比较，特规定全年差旅费总额按照当年已签订销售合同总额的一定比例开支。差旅费每个季度支出全年预计总额的20%以上，由楚财集团按季度代为收取，年底结清。

差旅费标准如表4-20所示。

表 4-20 差旅费标准

市场	差旅费按销售额计提比例/%	备注
本地市场	0.6	差旅费按全年合同销售额的百分比计算
国内市场	1.1	
国际市场	1.6	

注：公司每年参加订货洽谈会的差旅费不包含在内，须单独核算

（2）业务招待费。年度总招待费应不低于上年销售额的 1%。一年有多次产品交易会时，各公司自行决定年度总招待费在每次交易会上的投入额，全年必须使用完毕。该项费用每个季度至少支付预计全年总额的20%，由体旅资源公司收取该项费用（制造公司与本区体旅资源公司必须签约），双方自行约定该项费用的支付方式，年底结清。

（3）市场调研费。年度总市场调研费应不低于上年销售额的 1%。一年有多次产品交易会时，各公司自行决定年度总市场调研费在每次交易会上的投入额，全年必须使用完毕。此项费用一律支付给信息资源公司作为提供调研项目报告以及有偿市场信息的费用，但不得用于委托其他有偿服务项目的费用。制造公司与本区信息资源公司必须签约，双方自行约定该项费用的支付方式，年底结清。

3. 商品交接与货款结算

制造公司应按销售合同要求按时交货。销售主管要将发货信息及时传送至物流部，由物流部具体执行，并将执行结果反馈给市场部。

制造公司提供给客户支票、商业汇票及托收承付等结算方式。具体付款期限和付款方式在遵循国家相关法规的前提下，由交易双方协商后约定，以购销合同相应条款为执行依据。

4. 销售业务工作流程

销售业务工作流程主要包括以下内容：①期初制订销售计划，与财务部沟通做好销售费用预算。②合理计划和安排销售人员数量与工作。③公司实行订单管理，每笔交易发生均签订销售合同，并填制销售订单。④以销售订单为基础的销售计划及临时订单，及时传送至生产部。⑤跟踪订单执行情况。销售合同的发货信息及时传送至物流部，并跟踪发货情况，收集客户意见。同时，及时了解货款回收情况，协助财务部做好货款回收工作。⑥及时报销并支付各项销售费用。⑦期末进行销售费用统计，并报财务部。

（七）人力资源管理规则

人力资源是企业生产经营活动的基本要素。公司的员工配置、工资标准与核算、员工招聘与培训，要在遵循本规则的前提下，做出科学合理的规划安排，以保证公司的生产经营活动协调、有序、高效运行。

1. 人力资源规划

1）员工管理规则

（1）根据企业生产经营战略和人力资源管理规则定员定岗，科学合理地配置员工。

（2）人员需求诊断流程：由各个部门根据生产发展需要在每年第四季度向人力资源部上报本部门所需职工人数，人力资源部汇总、核定各类人员所需数量和质量（职称、技术级别等），报决策部门审批。

（3）人力资源部根据企业的发展战略，制订经营期人力资源规划，撰写人力资源规划报告。

（4）公司虚拟员工一般不存在主动离职情形，但人力资源部可根据公司实习经营情况在遵循如下三条规则的前提下作出员工离职安排：①假定第八年所有员工不会离职；②其他经营年新招进的员工一年内的离职率不高于5%，一年以后的离职率不高于2%；③提前一个月作出书面报告。

（5）对不适合的职工，公司可随时辞退，不需要考虑其以后的就业问题，但必须给辞退职工发放当月及其次月的基本工资。为提升企业的社会责任，适度限制企业辞退员工的行为。具体规定如下：①企业每辞退1人，则企业当年招聘所有同类人员的招聘成本标准相应增加1%，最高不超过10%；②若辞退低级别员工后，不再招聘同级别或更低级别的员工，其招聘成本标准不增加。

（6）公司所需要的技术工人和有职称的管理人员，可以自己培训解决，也可以直接向社会招聘。

（7）基本生产工人均有技术级别，一般不安排有技术级别的工人从事生产辅助工作。若有技术级别的工人从事生产辅助工作，则原技术等级无效，按无技术等级人员对待。基本生产工人、辅助生产工人通过培训可晋升技术等级，但投入的培训费必须达到规定的要求，只能逐级晋升，不能越级晋升。

（8）行政管理人员和销售管理人员依据考核结果或者培训确定是否晋升，只能逐级晋升，不能越级晋升。考核周期为季度，即一年考核四次。无职称人员连续3个考核周期、中初级职称人员连续2个考核周期的考核结果为称职，具备晋升上一级职称的资格，企业原则上应聘其相应的职称。管理人员出现考核不称职，公司在下一考核周期将其降低一级聘用；高职低聘人员在低聘期考核称职，在接下来的考核周期恢复原职称。连续2次考核不称职的管理人员，公司予以辞退。

2）生产工人及其相关人员的配比规则

公司组织生产经营活动，需要基本生产工人、辅助生产工人、行政管理人员、销售人员等各类员工通力合作，才能完成生产任务，实现公司经营管理目标。

（1）各类人员最低限制。公司必须拥有一定数量的职工才能保证公司生产的正常进行。为了提高劳动效率，公司可以裁减各类人员，但必须拥有最低的员工数以维持简单再生产。

各类人员的最低人数和最低比重如表4-21所示。

表 4-21　公司各类人员最低人数和最低比重

职工类别	最低人数限制/人	各类人员最低比重/%
基本生产工人	200	—
辅助生产工人	6	3
行政管理人员	10	5
销售人员	10	5
其他人员	4	2
合计	230	—

注：①各类人员最低比重为各类人员占基本生产工人的比重；②公司最低人数也表明公司最小规模不能少于 230 人；③各类人员配置比例不能低于表中规定的各类人员最低比重

（2）每增加一条生产线所要增加的各类职工。公司每增加一条生产线，需要相应增加不同类别的职工，以便组织生产。

生产线配备各类职工的具体标准如表 4-22 所示。

表 4-22　生产线与职工配比关系表　　　　　　单位：人

生产线	基本生产工人	辅助生产工人	行政管理人员	销售人员	其他人员	合计
手工线	80	5	8	—	5	98
半自动线	60	4	7	—	4	75
全自动线	40	3	6	—	3	52
柔性线	20	3	5	—	3	31

注：销售人员根据公司产量和当年销售量确定所需人数，各类生产线（装配线）所需人数未包括销售人员数量

3）销售人员的确定标准

为了占领市场，扩大销售，公司必须拥有一支较高素质的销售队伍。各个公司所需销售人员（包括经理、主管、业务员）的数量由各公司销售部门与人力资源部门共同确定，但必须遵守下列原则。

（1）满足最低销售人员数量和比重要求。

（2）销售人员数量需要与产品结构及销售数量挂钩。

（3）每个销售业务员销售不同产品的基本要求。每个销售业务员销售不同产品，必须完成基本年销售量，才能得到基本工资；如果不能完成基本年销售量，只能按基本工资的80%计发工资；工作能力比较强的业务员，其销售数量可以适当提高，但是最高只能达到基本销售量的150%。销售人员的确定标准如表 4-23 所示。

表4-23 销售人员的确定标准

项目	P1	P2	P3	P4	备注
基本年销售量/件	280	300	230	220	完成任务可得基本工资
允许浮动/%	50	50	50	50	明星销售员
销售提成/%	3	3	2.5	2	销售额提成比例

注：①允许浮动百分比是指在基本年销售量基础上的浮动。②销售人员基本年销售量是指完成某一种产品的销售量，即280件P1，或300件P2，或230件P3，或220件P4。③销售人员基本年销售量可以分产品计算，也可以根据产品组合计算。若按产品组合计算，基本年销售量为240件。特别规定：一旦公司生产两种及以上的产品，所有销售人员必须按照产品组合来计算销售量

（4）销售主管（中级）、销售经理（高级）必须具备中级以上专业技术职称，属于销售管理人员。销售业务人员每满10人，须设置销售主管1人；销售业务人员每满20人，须再设销售经理1人。

（5）销售业务员没有职称、学历的限制，但是存在能力差别。销售人员分为两种：普通销售员和明星销售员。普通销售员是指能完成每月规定销量，而明星销售员能够超额完成50%的月销售额。明星销售员仅可以通过社会招聘手段获取，数量有限，且招聘成本是普通销售员的1.2倍。

4）不同产品对职工素质的要求

不同产品对职工素质要求不同，对产品质量影响比较大的职工主要是生产工人和管理人员，尤其是基本生产工人的技术水平，直接影响产品质量的高低；其他职工的素质对产品质量的影响不予考虑。

（1）不同产品对基本生产工人技术级别的要求。制造公司生产的不同产品，技术含量不同，对工人的技术水平要求不同。生产工人必须达到相应产品所需最低技术等级，允许高级别技术工人从事低级别技术工人的工作，不允许低级别技术工人从事高级别技术工人的工作。公司所需技术工人可通过培训、招聘两种途径解决。

产品与基本生产工人最低技术级别如表4-24所示。

表4-24 产品与基本生产工人最低技术级别

项目	P1	P2	P3	P4	R3	R4
最低技术级别	1	3	4	5	2	4

（2）不同产品对辅助生产工人技术级别的要求。制造公司生产的所有产品，对辅助生产工人的技术水平没有直接要求。但是，辅助生产工人经过技术培训可以晋升技术级别，具备一定技术级别的辅助生产工人可以转为基本生产工人，也可以继续从事原岗位的工作。允许具有技术级别的辅助生产工人从事辅助生产方面的工作，但是绝不允许没有技术级别的辅助生产工人从事基本生产工人的工作。

辅助生产工人的培训费用与基本生产工人相同。具体标准参见本章"人力资源管理规则"中"员工培训规则"的相关内容。

（3）不同产品对行政管理人员素质的要求。制造公司生产的不同产品，技术含量不同，不仅对工人的技术水平要求不同，而且对行政管理人员的素质要求也不同。行政管理人员的素质以不同级别的职称体现。

不同产品对行政管理人员的职称要求如表 4-25 所示。

表 4-25　不同产品对行政管理人员的职称要求

产品类别	行政管理人员职称最低比重/%			
	无职称	初级职称	中级职称	高级职称
P1	10	40	10	—
P2	10	30	30	10
P3	—	20	30	20
P4	—	10	40	30
R3	10	30	30	10
R4	10	30	30	20

注：①行政管理人员职称结构的计算不包括销售管理人员；②行政管理人员职称比重是指具备某职称等级的行政管理人员占全部行政管理人员的比重；③上述职称比重为各种产品对行政管理人员素质的最低要求，各个制造公司在此基础上，可以通过培训或者招聘提高行政管理人员的职称比重，以提高行政管理人员的素质和管理水平

5）设备类型与各类职工分布要求

制造公司的正常生产经营活动，需要各类人员分工协作，协调配合。不同生产线需要配备不同类别、不同技术级别的职工，不同类别人员所在岗位不同。

生产线人员配置如表 4-26 所示。

表 4-26　生产线人员配置

人员类别	所在部门（车间）	人员配置/人			
		手工线	半自动线	全自动线	柔性线
基本生产工人	生产部—加工车间/装配车间	80	60	40	20
辅助生产工人	生产部—辅助车间	5	4	3	3
行政管理人员	行政部、人事部、财务部等	8	7	6	5
销售人员	市场部（销售部）	由产量确定			
其他人员	物流部、信息部、其他部门	5	4	3	3

2. 员工招聘规则

1）员工招聘一般规则

（1）所有人员均需在人力资源公司招聘。

（2）企业所需人员不受外围人才市场的供给影响，即外围人才市场（楚财集团）保障供给。

（3）增强员工招聘的计划性，人力资源部按经营年制订企业年度招聘计划，并分析执行效果。

（4）通过招聘可改善生产工人的素质结构，从而提高产品的合格率。招聘导致的合格率变动规律与培训部分相同。基本生产人员的技术水平决定产品质量，决定产品合格率，行政管理人员及其他人员的素质提高对产品质量的改善不产生直接影响，即产品合格率不改变。

（5）所有招聘员工直接上岗，没有试用期，也不执行试用期工资。

（6）员工招聘由用人单位（部门）和人力资源部共同完成。

（7）所有招聘活动必须符合国家有关规定和人力资源公司有关规则。

2）员工招聘成本规则

企业招聘员工需要承担招聘费用，不同类型的人员其招聘费用标准不同。各类人员招聘成本标准如表4-27所示。

表4-27 各类人员招聘成本标准 单位：元

人员类别	人均广告成本	人均选择成本	人均其他成本	合计
高级职称	3000	2000	2000	7000
中级职称	1500	1000	2000	4500
初级职称，六、七级技术工人	500	500	1000	2000
三、四、五级技术工人	300	300	400	1000
一、二级技术工人	100	200	200	500
辅助人员（含其他人员）	—	100	100	200
销售人员（普通）	150	150	150	450
销售人员（明星）	180	180	180	540

注：①各类人员的招聘成本标准为招聘前发生的一次性招聘费用，由楚财集团代为收取；②相同类型、相同技术级别的人员辞退后当年再次招聘的，其招聘成本标准相应增加1%

3. 员工培训规则

员工素质的高低，可以反映公司的竞争能力；竞争能力强的公司对客户更具吸引力，客户可能通过产品合格率、产品质量认证、环保认证等评价公司的实力，评价产品质量的高低。公司可通过培训提高员工素质和技术水平，产品合格率得到相应提高。

1）员工培训一般规则

（1）企业必须按规定（工资总额的8%）提取职工教育经费用于职工培训。

（2）年度实际培训费用不能低于所提取的培训费，否则，按所提取的培训费计入人工成本。

（3）所提取的培训费70%用于培训基本生产工人，30%用于其他人员的培训。该项费用全部支付给人力资源公司作为有偿服务项目的培训费用，但不能用作员工招聘费用。

制造公司与人力资源公司双方必须签约，并于每季度末双方完成职工教育经费的收付。

（4）培训费不分散使用，根据企业发展的需要，集中用于一些有技术晋级潜质的生产、管理等工作岗位的员工。人力资源部应做好年度培训计划，并分析执行效果。

（5）员工培训可采用企业内培训，也可送到企业外培训。无论是内训，还是外训，都不影响员工的晋升。基本生产工人、辅助生产工人依据一年内累计投入的培训经费的多少逐级晋升。

（6）企业对某一员工投入的累计培训经费达到晋升高一级技术级别标准，该员工则从下一个月晋升为高一级技术级别，不受培训期的长短的影响。

2）员工晋级的培训费用标准规则

（1）基本生产工人、辅助生产工人只依据培训经费确定是否晋升，一年内累计投入的培训经费达到规定晋级标准时，可逐级晋升。所投入的培训经费，只考虑企业的投入，不考虑员工个人的投入。

企业投入的培训经费与晋升技术等级对照如表 4-28 所示。

表 4-28　企业投入的培训经费与晋升技术等级对照

技术级别的变动类型	一年内企业累计投入的培训经费/元	一年内各技术级别变动类型的晋升比例/%
无级别晋升一级	250	100
一级晋升二级	300	100
二级晋升三级	450	90
三级晋升四级	650	90
四级晋升五级	900	80
五级晋升六级	1400	80
六级晋升七级	2150	70

注：①不考虑七级人员继续教育培训费；②所需培训经费依据晋升前的年技术工资、晋升比例计算得出

（2）公司行政管理人员、销售人员可以通过考核晋升，也可以依据一年内累计投入的培训经费逐级晋升职称等级。一年内累计投入的培训经费达到规定晋级标准时，可以逐级晋升。

企业投入的培训经费与晋升职称等级对照如表 4-29 所示。

表 4-29　企业投入的培训经费与晋升职称等级对照　　　　　　单位：元/人

职称变动类型	一年内企业累计投入的培训费
无职称晋升初级职称	1000
初级职称晋升中级职称	1500
中级职称晋升高级职称	2260

注：一年内各职称变动类型无晋升比例限制

3）维持职称等级继续教育培训规则

制造公司行政管理人员、销售管理人员已具备的中级与高级职称等级，都需要进行继续教育培训才能维持其具备的职称级别。一年内累计投入的继续教育培训经费达到规定标准时，可以维持其已经具备的职称级别。凡是没有投入培训经费进行继续教育的职称人员，下一年按其原职称等级降一级聘用。

企业投入的继续教育培训经费与保持职称对照如表 4-30 所示。

表 4-30　企业投入的继续教育培训经费与保持职称对照　　　单位：元/人

所维持的职称等级	一年内企业累计投入的继续教育培训费
中级职称	400
高级职称	800

注：继续教育培训不包括当年晋升或者当年招聘的中级以上职称人员

4）技术等级与产品质量关系的规则

生产工人的技术水平和管理人员管理水平的高低，将影响产品质量，其中，基本生产工人的技术水平直接影响产品质量，决定产品的合格率。

某种产品每批次的合格率需要向评估机构提供相关材料，由评估机构出具合格率证明。仿真实习如果未专设评估机构，可由人力资源公司代为行使此项职能。人力资源公司在出具产品合格率证明时需收取一定的费用。

生产某种产品的基本生产工人必须达到最低技术级别，管理人员职称级别达到相应比重，该产品才能维持基本合格率；如果生产某种产品的工人技术级别未达到最低技术水平的要求，则该产品基本合格率只能达到 50%；虽然基本生产人员技术水平达到规定要求，但是管理人员的职称结构不合理，不能满足不同产品对管理人员素质的要求，则该产品的最高合格率只能达到 90%。

4. 员工绩效考核规则

绩效考核是指企业在既定的战略目标下，运用特定的标准和指标，对员工的工作行为及取得的工作业绩进行评估，并运用评估的结果对员工将来的工作行为和工作业绩产生正面引导的过程和方法。

员工绩效考核具体由各部门负责人组织实施，人力资源部负责协调、服务等工作。各岗位的绩效考核体系由人力资源部会同各部门共同制定。经总经理审批后的员工绩效考核方案，在实施前由人力资源部向全体员工广泛宣传。

鉴于仿真公司的具体情况，暂由人力资源部负责，针对某一类基本生产工人、管理人员制定相应的员工绩效考核体系。考核周期为一个季度。每一次考核结束后，人力资源部应向总经理提交一份员工绩效考核总结。

除了公司内部进行绩效考核，人力资源公司还要从第三方角度对公司和员工进行绩效考评。

5. 员工工资标准及其计算规则

公司不同类别的职工，其工资标准不同。基本生产工人按照技术级别，制定并执行技术等级工资标准；行政管理人员执行职称工资标准；销售人员执行底薪加提成的工资标准。所有人员的工资不能低于政府规定的最低工资标准（可以参照学校所在地区或实习所模拟地区标准执行，同时请参照人力资源公司所发布的有关工资的基础性数据及各种保险缴费费率规定）。

基本生产工人的工资包括岗位工资和计件工资。基本生产工人的月工资额=月岗位工资+月计件工资

1）基本生产工人岗位工资

制造公司基本生产工人按照工人技术级别及其工资标准计算的工资为技术工人的岗位工资。工人技术级别及其工资标准如表 4-31 所示。

表 4-31　工人技术级别及其工资标准

技术级别	工资系数	小时工资/元	岗位工资额/[元/（人·月）]
1	0.8	10.4	1810
2	1.0	13	2262
3	1.2	16	2784
4	1.4	18	3132
5	1.7	22	3828
6	2.0	26	4524
7	2.5	33	5742

注：①工资系数以 2 级技术工人为参照系；②生产工人每天工作 8 小时，每月平均工作 21.75 天①；③月岗位工资 = 21.75 × 8 × 小时工资

2）基本生产工人计件工资

基本生产工人的计件工资由其生产的不同产品的合格品产量和计件单价计算确定。不同技术级别的基本生产工人，产品计件单价相同，即采用团队计件工资，其计算方式如下：

应付个人月计件工资 = 个人日工资标准 × 实际出勤天数 × 工资分配系数

其中：

团队实得计件工资总额=（团队生产的合格产品数量+由于原材料原因产生的不合格品数量）×计件单价

工资分配系数 = 团队实得计件工资总额 ÷ 团队应得标准工资总额

团队应得标准工资总额=∑（个人日工资标准 × 实际出勤天数）

---

① 按照《中华人民共和国劳动法》第五十一条的规定，劳动者在法定休假日和婚丧假期间以及依法参加社会活动期间，用人单位应当依法支付工资。也就是说，折算日工资、小时工资时不剔除国家规定的 11 天法定休假日。据此，月计薪天数=（365 天 − 104 天）÷12 月 = 21.75 天。

不同生产线生产的产品，其计件单价不同。不同产品计件工资标准如表 4-32 所示。

表 4-32 不同产品计件工资标准 单位：元/件

产品	手工线	半自动线	全自动线	柔性线
P1	40	36	30	25
P2	36	31	25	20
P3	30	24	20	20
P4	20	20	15	15
R3	20	20	15	15
R4	20	20	15	15

3）辅助生产工人的工资标准

辅助生产工人分为有技术级别和无技术级别的辅助生产工人两类。对于具有技术级别的辅助生产工人，其工资标准按照其技术级别确定；无技术级别的辅助生产工人的工资，按照所在生产线基本生产工人当月平均工资的 80%计算。同一生产线的辅助生产工人的工资相同。

4）职称工资标准

公司行政管理人员执行职称工资标准。各级职称管理人员的数量由人力资源部根据公司所生产的产品类别、生产规模及相关人力资源管理规则进行分析、计算、确定。

行政管理人员职称工资标准如表 4-33 所示。

表 4-33 行政管理人员职称工资标准

项目	无职称	初级职称	中级职称	高级职称
工资额/[元/（月·人）]	1900	2500	3600	6000

5）销售人员工资标准

公司招聘的销售人员，分为销售业务员、销售主管和销售经理，所有销售人员都执行底薪加销售提成的工资标准。

销售人员底薪及提成比例如表 4-34 所示。

表 4-34 销售人员底薪及提成比例

项目	销售经理	销售主管	销售业务员
底薪/[元/（月·人）]	6000	3500	2000～2500
提成比例/%	0.45	0.25	2.5

注：①销售人员提成工资的提成基数为当年实现销售并收回款项的销售额和以前年度实现销售在当年收回款项的销售额之和。②销售人员提成工资按年计算并发放；底薪按月计算并发放，其中，销售人员（普通）为 2000 元，销售人员（明星）为 2500 元。③每年销售业务员的实际提成比例需要视销售的产品类别分别确定，并据此计算不同产品的提成工资（参见表 4-23 中销售人员的确定标准）。另外，销售组合产品的销售人员提成按 2.3%计提

6）其他人员工资标准

制造公司的其他人员，包括辅助人员等，没有技术级别要求，也没有职称要求，不需要单独制定工资标准，参照"职称工资标准"中的"无职称"工资级别确定其工资额。

（八）破产规则

如果公司经营管理不善或者现金流量不足，导致公司财务状况恶化，不能持续经营的，应该申请破产。

1. 破产条件

鉴于模拟市场的特殊性，规定凡具有下列情况之一的公司，应当申请或者宣告破产。

（1）不能按期归还到期债务呈持续状态，持续时间达到或超过半年。

（2）资产负债率达到或超过 100% 并呈持续状态，持续时间达到或超过 1 年。

（3）公司的债权人提起诉讼，要求归还到期债务的，由模拟法院（楚财集团）审理解决。

（4）由债务人提出破产申请的，由模拟法院根据《中华人民共和国企业破产法》的相关规定进行审理，按照模拟法院的判决执行。

2. 破产处理

当公司被宣告破产后，破产公司可选择以下处理方式继续经营。

（1）债务重组。由公司与债权人自主协商出具债务重组方案，其重组方案必须上报指挥中心审批。

（2）被兼并。由公司自主选择兼并公司，兼并公司须承担其全部债务，接收其管理层全部员工，接管其全部资产，同时进行股权调整。兼并方需要出具兼并方案并上报指挥中心审批。

（3）政策性贷款。由公司向楚财集团申请临时政策性贷款以渡过难关。

（九）例外规则

公司在经营过程中，应该严格按照规则要求对公司进行战略规划、科学决策，但社会经济环境纷繁复杂，有许多难以预料的偶发事件和市场变化，公司在决策时务必要加以注意。

偶发事件主要来自仿真实习管理组织对企业社会责任与社会形象的要求。主要包括卫生检查、绿化检查、环保检查、偶然事故、保险业务、希望工程捐赠、灾害事故、各项资产的市价、对外投资减值、社会评比奖励、资信评估等公司不可控制的活动。这些偶发事件发生的时间、频率，公司事先难以预测，由指挥中心与属地教师协商后公开发布信息，同时通知各公司对照检查执行。

此外，市场各种因素的变动也会给公司经营活动造成影响。如各个市场的客户在产品品种、价格、需求量、质量要求、供货时间、客户消费偏好等方面都可能存在变化；市场供应的原材料和设备可能存在短缺，供应公司供货可能不及时；供应公司与贸易公司破产变故等。这些变化有的是可以预测的，有的则难以预料。公司决策时要考虑这些不可控因素，以适应复杂多变的市场环境。

四、财务规则

公司财务规则主要包括会计制度规范、公司全面预算规则、公司筹资规则、投资规则、税务规则、账簿设置与会计核算程序规则、会计核算规则等，各公司必须按照本规则的各项规定组织会计核算，进行财务管理。

（一）会计制度规范

所有仿真机构必须根据《中华人民共和国会计法》《企业会计准则》《小企业会计准则》《中华人民共和国预算法》《政府会计准则》《企业内部控制基本规范》《企业内部控制应用指引》等的规定，结合本公司的实际情况，制定适合本单位的会计核算制度和会计管理制度，要求各个单位财务制度健全。

1. 制定会计核算制度

主要包括会计核算的基本原则、会计核算账务处理程序、会计核算方法等公司会计核算制度。

2. 制定财务管理制度

主要包括制定岗位责任制度、预算管理制度、实物资产管理制度、原始记录管理制度、财产清查制度、计量验收制度、财务收支审批制度、成本核算制度、内部牵制制度、稽核制度、会计档案管理制度等财务管理制度。

3. 制定内部控制制度

主要包括资金管理控制制度、销售与收款控制制度、采购与付款控制制度、实物资产管理控制制度、投资与筹资控制制度、成本与费用开支控制制度、担保控制制度、合同管理控制制度等内部控制制度。

4. 制定内部审计制度

主要内容包括内部审计机构的设置，内部审计人员的委派、任务和职责权限，内部审计的工作程序、审计方法、审计工作计划、审计报告及审计档案等方面的统一要求和具体规定等。

（二）公司全面预算规则

制造公司实行全面预算管理制度，要求各个公司在对本公司进行战略规划、年度计划的基础上，实行严格的预算管理制度。根据公司组织架构，各个部门首先编制部门预算，财务部门负责汇总部门预算；公司专门召开预算工作会议，修正、调整部门预算，财务部门综合汇总部门预算后，编制现金预算，提出筹资预案。

公司进行预算所需要的工具由各公司自行开发设计。

（1）编制部门预算。包括销售预算、生产预算、采购预算、人工预算、制造费用预算、生产成本预算、期间费用预算、投资预算等各种业务预算和专门预算等。

（2）编制现金预算。包括现金收入预算、现金支出预算等。

（3）编制报表预算。包括预计资产负债表、预计利润表和预计现金流量表等。

（三）公司筹资规则

公司的发展壮大需要一定的资金支持。仿真公司可以根据公司的发展规划和资金需求情况，寻求合适的筹资方式和筹资渠道，筹集公司生产经营所需资金；同时，还要确定合理的资金结构，努力降低资金成本，实现股东权益最大化。

公司根据财务部门的筹资预案进行充分论证，并考虑合理的资金结构，做出科学的筹资决策。公司在筹集资金时，必须考虑筹资方式与筹资渠道的合理配合。

1. 筹资方式

各个制造公司在现阶段可以采用的筹资方式主要包括吸收直接投资、银行借款、租赁筹资、发行债券等，其他筹资方式待将来条件成熟时再予以考虑。

2. 筹资渠道

制造公司在现阶段可以利用的筹资渠道比较有限，主要包括银行信贷资金、非银行金融机构资金、其他公司资金、公司自有资金和社会公众资金等，其他筹资渠道待条件成熟时再予以考虑。

3. 筹资程序

公司向金融机构筹集资金，需要按照一定的程序办理筹资业务，包括借款业务和租赁业务。

（1）向金融机构提交书面申请报告，同时提交金融机构需要的其他资料。

（2）金融机构对公司提交的申请报告进行可行性论证并审批。

（3）签订贷款合同或者租赁合同。

（4）办理贷款业务或者租赁业务。

4. 筹集资金额度限制

公司采用何种筹资方式，可以筹集多少资金，由公司与资金供给方谈判，双方协商确定。

5. 贷款种类

金融机构可以提供的贷款主要有流动资金贷款和固定资产贷款两大类。流动资金贷款只能用于生产周转；固定资产贷款只能用于购建固定资产，不得用于生产周转。贷款利率、期限、额度等由金融机构公告相关信息。

6. 发行债券

制造公司可以发行公司债券，但不是每一家制造公司都可以随时发行债券的，只有达到发行条件的公司，才能发行债券。

根据《中华人民共和国公司法》的规定和模拟市场现状，模拟市场制造公司发行债券的具体条件规定如下。

（1）股份有限公司上年末的净资产额不低于人民币 3000 万元，有限责任公司上年末的净资产额不低于人民币 4000 万元。

（2）累计债券总额不超过公司上年末净资产额的 40%。

（3）最近三年平均可分配利润足以支付公司债券一年的利息。

（4）筹集的资金投向符合国家产业政策，模拟政府规定募集资金投向必须是技术含量较高的产品。

（5）债券的利率不得超过国家限定的利率水平，模拟政府规定债券利率不得超过同期银行贷款利率的 2 倍。

（6）申请发行债券上一年的公司财务报告已经委托模拟市场注册会计师事务所审计并出具无保留意见。

（7）连续两年盈利，且上年公司经营成果在本行业中排名为前四名。

（8）发行公司债券筹集的资金，必须用于审批机关批准的用途（只能用于 P3、P4 产品的研发和生产），不得用于弥补亏损和非生产性支出。

（9）发行公司债券的其他事宜，请各个公司向模拟市场代理发行债券的机构咨询。

（四）投资规则

模拟制造公司可以对外投资，也可以进行内部投资。本规则规定，制造公司对外投资主要包括购买国库券、金融债券和公司债券，以及少量的交易性金融资产投资。

1. 对外投资

制造公司对外投资主要是债券投资和少量的有价证券投资。债券投资的种类、期限、利率等信息可以参考债券代售机构即银行公布的相关信息。

银行每年限量代售国库券、金融债券和公司债券等，需要投资购买的公司，请提前做好规划，提前向银行申请。相关信息请向银行咨询。

公司从第八个年度第二季度起，可以在投资银行的辅导下进行股份制改造，达到一定条件后可以公开发行股票上市。具体规定可咨询投资银行。

2. 内部投资

公司内部投资主要是固定资产投资，包括生产线与装配线等设备投资、厂房与仓库等不动产投资等。公司固定资产可以一次性付款购买，也可以分期自建或者分期付款购买，还可以采用租赁方式租入使用。具体采用什么方式取得固定资产，由制造公司自行决定。具体规则请各个制造公司咨询资产供应公司。

对于内部投资项目，制造公司内部使用单位必须提出书面申请，提供可行性论证报告，经公司总经理审核批准后，才能实施该投资方案。

（五）税务规则

制造公司所从事的生产经营活动，涉及多个税种，各个公司应该就其从事的业务种类和业务性质，主动到税务机关申报纳税，按时缴税，争当诚实纳税优秀公司。

1. 办理税务登记

制造公司的新管理层接手企业，在市场监督管理局进行登记后，到税务局进行税务变更登记，得到企业的税务登记证。

2. 日常纳税申报及缴纳税款

在税收征收期内，按照制造公司的经营情况，填制纳税申报表，带齐相关的会计账簿、报表在税务部门规定的征收期内到税务部门办理纳税申报业务，得到税务部门开出的税收缴款书，并到银行缴纳税款。

纳税申报时所涉及的税种主要依据国家税收法规的规定及制造公司实际经营情况来确定，实行纳税自主、上门申报，集中征收。依税务部门规定，申报纳税以"季"为周期（实际工作中以月为申报周期），即每季申报纳税一次。每年的第一季度为征收期，进行上年度的纳税申报。

如遇特殊情况，可向税务部门申请延期申报纳税。

3. 进行税务检查

纳税人要定期进行自查，并按照税务部门的要求，配合税务部门做好税务检查的各项工作，积极为税务检查人员提供有关纳税资料和凭证。纳税人对税务检查的处理决定要依法执行。有异议的，可在规定期间内向上级税务部门（楚财集团）提出复议诉讼。

4. 发票使用的管理与监督

制造公司对公司各种发票的使用进行管理和监督，并制定发票的使用制度和发票管理登记簿。

5. 提出公司合理节税的方案及思路

制造公司的财税人员，应该维护公司的合法利益，主动为公司进行税收筹划，设计合理节税的方案，并付诸实施。

（六）账簿设置与会计核算程序规则

仿真公司按照《中华人民共和国会计法》《企业会计准则》《会计基础工作规范》等法律规范以及公司会计制度规定来组织会计核算。请各公司按要求设置各种账簿，选择账务处理程序，组织会计核算。

1. 账簿设置

各个公司都必须根据《企业会计准则》的规定设置本单位的会计科目和会计核算账户。总分类账户按照财政部统一规定一级会计科目设置；明细分类账户根据各单位生产经营特点设置。

（1）设置总分类账簿。各个仿真公司必须根据《中华人民共和国会计法》《企业会计准则》等的规定，设置总分类账簿，并指派专人负责登记总账。

（2）设置明细分类账簿。各个仿真公司必须根据《中华人民共和国会计法》《企业会计准则》等的规定，设置明细分类账簿，并指派专人负责登记各种明细账。

（3）设置日记账。各个仿真公司必须根据《中华人民共和国会计法》《企业会计准则》等的规定，设置现金、银行存款日记账簿，并指派专人负责登记日记账。

2. 凭证类别

记账凭证分为收款凭证、付款凭证和转账凭证或者现金收款凭证、现金付款凭证、银行收款凭证、银行付款凭证和转账凭证，具体分类由公司自行决定。

3. 会计核算程序

根据《企业会计准则》的规定，各公司以权责发生制作为记账基础。制造公司会计核算基本程序如下。

（1）填制或取得原始凭证。任何一项经济业务发生，必须及时填制或取得相应的原始凭证，要求要素齐全、手续完整、责任明确。

（2）审核原始凭证。审核原始凭证的合法性、真实性、完整性。会计人员发现原始凭证不合法，需要书面报告单位负责人及其指导教师，知情不报，将承担相应责任。会计人员发现原始凭证不完整、有错误，可以责成经手人补充完整或者重新开具后再予以办理。

（3）填制并审核记账凭证。会计人员根据审核无误的原始凭证及时填制记账凭证。仿真公司可以使用通用记账凭证，也可以使用专用记账凭证，即记账凭证分为收款凭证、付款凭证和转账凭证；会计人员根据经济业务类型正确选择并填制记账凭证。记账凭证必须审核，审核人负责审核记账凭证的合法性、正确性和完整性。记账凭证的审核人与填制人不能为同一人。

（4）登记日记账。根据审核无误的收付款凭证，由出纳人员逐日逐笔登记日记账。

（5）登记明细账。会计人员根据审核无误的记账凭证及时登记各类明细分类账簿。

（6）登记总账。会计人员根据本单位选定的账务处理程序，对本会计期间的全部记账凭证进行汇总处理，并根据处理结果登记总分类账簿。具体登记时间取决于各个公司选定的会计核算形式。

（7）期末账项调整。按照权责发生制原则处理跨期业务。

（8）对账与结账。要求各个制造公司及时组织会计核算，按时记账、对账和结账。本规则要求各个制造公司采用季结方法组织对账并进行结账。

（9）编制财务报告。财务部门在正确组织会计核算的基础上，要及时反映公司经营业绩，按期编制财务报告。

年终结账必须按时完成，不得随意拖延。仿真综合实训规则规定，各个制造公司的年度财务报告必须在经营年度结束后的次年第一季度末前上报。

4. 实施会计信息化、管理数字化

各个制造公司首先必须规范手工会计核算，健全会计核算制度和会计管理制度，在此基础上，实施会计信息化甚至管理数字化。如果公司按照 ERP 先进管理理念重构公司组织结构，重组公司工作流程和业务处理流程，实现业务财务一体化，将有助于提升公司管理水平和竞争能力。

实施会计信息化以及管理数字化的公司，按照《企业会计准则》《企业会计信息化工作规范》、《会计信息化发展规划（2021-2025 年）》等规定组织会计核算，提供会计信息。

5. 会计档案

所有会计凭证、会计账簿、财务报告等会计档案应该按年装订成册，并妥善保管，以便查阅。会计档案是记录公司生产经营活动的重要证据，各个公司不得随意销毁。会

计档案是审计部门对公司生产经营活动进行审计的主要证据，各个公司必须主动配合注册会计师事务所的审计工作。

（七）会计核算规则

仿真公司应该按照《中华人民共和国会计法》《企业会计准则》等法律规范、公司会计准则、会计制度的各项规定设置会计账簿，组织会计核算，提供财务报告。

1. 会计核算基本规则

公司会计核算必须以会计凭证为依据。任何一项经济业务发生，必须及时填制或者取得相应的原始凭证，凭证要求要素齐全，手续完整，责任明确；严格按照会计核算程序的要求和步骤组织会计核算；会计日常核算必须按月或者按季度进行，按年编制财务报告。公司必须提交的会计报表为资产负债表和利润表，鼓励公司尽量提交现金流量表。

2. 结算方式

公司可以采用的结算方式包括现金结算方式和银行结算方式，具体规则如下。

（1）现金结算方式。在模拟市场的各项交易活动中，严格限制现金的使用。现金一般只能用于限额为1000元以下的交易，特殊业务除外，如差旅费，可以支付现金。

（2）银行结算方式。具体包括：①支票结算，包括现金支票与转账支票；②商业汇票结算，包括商业承兑汇票和银行承兑汇票；③托收承付结算；④其他银行结算方式暂不使用。

3. 存货计价方式

存货采用实际成本核算；发出存货可以采用先进先出法计价，也可以采用全月一次加权平均法计价或者其他方法计价，具体核算方法由公司自行决定，但必须遵守一贯性原则。

4. 职工薪酬

（1）职工工资。职工工资费用由人力资源部门按月（季）计算，并将计算结果及时报送财务部门，由财务部负责发放；公司不得拖欠职工工资，必须按时足额发放职工工资；职工工资收入应该缴纳个人所得税，个人所得税由职工个人负担，制造公司是职工个人所得税的代扣代缴义务人。

（2）职工福利费。公司职工应该享有正常福利，按照国家规定，企业可以按照当月（季）工资总额的14%计提并税前列支职工福利费；鉴于公司所处的虚拟环境，虚拟职工占公司职工人数的绝大部分，为此，我们特别规定，各个公司不计提职工福利费，发生职工福利费时直接列支为相关费用。

（3）工会经费。按照国家有关规定，公司必须按照当月（季）工资总额的2%提取工会经费。鉴于公司所处的虚拟环境，虚拟职工占公司职工人数的绝大部分，为此，我们特别规定，公司提取的工会经费，每个季度必须使用全年工会经费的20%，全年使用率达到90%以上。公司已经使用的工会经费，由楚财集团（总工会）代为收缴。各个制造公司相关岗位工作人员主动到银行交纳，并取得职工工会经费使用时间、使用金额的证据，以便财务人员及时入账及日后备查。

（4）职工教育经费。为了提高公司职工的水平、素质和能力，公司必须按照当月（季）工资总额的 8%提取职工教育经费，每个季度必须使用全年职工教育经费的 20%左右，全年使用率须达到90%以上。公司提取的职工教育经费用于生产工人技术培训和管理人员素质培训，培训结果体现为生产工人技术级别的提高和管理人员的职称晋升，具体事项由人力资源部门设计培训方案，落实培训计划；财务部门要保证专款专用。

公司经人力资源公司培训已经使用的职工教育经费，由人力资源公司收取；自行培训使用部分以及未使用到90%的部分，由楚财集团代为收取。各个制造公司相关岗位工作人员主动到银行支付，并取得职工教育培训费使用时间、使用金额的证据，以便财务人员及时入账及日后备查。

（5）社会保险费。社会保险是指国家通过立法，多渠道筹集资金，对劳动者在因年老、失业、工伤、生育而减少劳动收入时给予经济补偿，使他们能够享有基本生活保障的一项社会保障制度。公司和职工必须按照规定的数额和期限向社会保险管理机构缴纳社会保险费用。社会保险主要包括"五险"，即养老保险、失业保险、医疗保险、工伤保险和生育保险。鉴于公司所处的虚拟环境，虚拟职工占公司职工人数的绝大部分，为此，我们特别规定，公司和职工只负担缴纳养老保险、失业保险、医疗保险。社会保险费计费依据为上月工资总额，养老保险企业缴费费率为 20%，职工个人费率为 8%；失业保险企业缴费费率为 2%，职工个人费率为 1%；医疗保险企业缴费费率为 6%，职工个人费率为 2%。

（6）住房公积金。住房公积金是职工按规定存储起来的专项用于住房消费支出的个人住房储金，由单位与职工对等缴存。仿真公司与个人缴存比例均为工资总额的10%。

5. 固定资产取得方式与折旧费用计算规则

制造公司的固定资产可以通过自行建造、购买、租赁等方式取得，自行建造厂房、仓库等必须购买建筑材料，按照建筑材料价款的一定比例投入其他建造费用并需要一定的建筑周期才能建造完工，经验收合格办理相应手续的次月才能投入使用。

制造公司自行建造的厂房、仓库，其入账价值包括材料买价、税款、运杂费及其他建造费用。厂房的建造费用按照建筑材料买价的50%计算，仓库的建造费用按照浇筑材料买价的40%计算。

制造公司的生产设备无论以分期付款还是一次性付款方式购买，都需要一定的时间安装，安装完毕验收合格并办理相应手续的次月才能投入生产；制造公司租入的各类设备也必须安装调试才能投产使用，其安装周期与购置设备的安装周期一致，租入设备的安装调试费为所租设备一个月的租赁费。

自有固定资产一律采用直线法计提折旧。固定资产折旧可以按月、按季度、按年度计提，具体何时计提固定资产折旧，应该根据制造成本的计算时间来确定，一般应该按季度计提（实际企业按月计提固定资产折旧）。

各个公司计提固定资产折旧，应该编制"固定资产折旧计算表"，按照固定资产使用部门，将折旧费用计入相应的成本费用中。

6. 设备维修费、维护费

机器设备的日常维护费必须按季支付，不得拖欠；公司的所有修理费用在发生时一次性计入当期损益。

制造公司因为维护保养、修理设备而支付的维护费、维修费，由楚财集团代为收取。各个制造公司相关岗位工作人员主动到银行交纳，并取得设备维修、维护的时间、使用金额的证据，以便财务人员及时入账及日后备查。

7. 固定资产租赁费

固定资产可以向资产供应公司购买，也可以租赁使用，具体方式除特别规定外由公司自行决定。租赁固定资产必须与出租单位签订租赁合同，按照合同约定的租赁期限和租赁价格，按时支付租金。可以租赁的固定资产、租赁期限、租赁价格等参见本章"生产规则"中相关内容，必要时可以向资产供应公司咨询。

固定资产购置费、租金等，公司必须按照合同约定时间支付，不得随意拖欠。

8. 制造费用的归集和分配

生产车间发生的各项间接费用，必须先归集后分配，编制"制造费用分配表"，及时归集，按照合理的分配标准分配制造费用，以便准确计算各种产品的制造成本。

由于仿真实习并没有实物来进行模拟生产，如果没有设立相关标准，很容易造成成本核算失控。出于仿真实习的现实需要，特规定每条生产线都在月初投产与月末下线，不存在在产品。每家制造公司在进行成本核算的时候，月末只需将归集的制造费用全部分配后，加上直接材料成本与直接人工成本，即可得到产品生产成本。

9. 固定资产出售规则

未到期仍可以正常使用的固定资产可以随时出售，出售价为固定资产净值的70%～90%；出售价为固定资产净值的90%，则收款期为4个季度；出售价为固定资产净值的85%，则收款期为3个季度；出售价为固定资产净值的80%，则收款期为2个季度；如果要立即收现，则出售收入为固定资产净值的70%。出售固定资产拆除费用按照其净值的1%计算。

由于固定资产使用年限到期，或者技术进步，或者没有维护保养好，或者没有及时大修理等，固定资产都可能提前报废；报废的固定资产不能出售，只能回收残值。

10. 流动资产购销规则

原材料、产成品等流动资产，原则上不能在制造公司之间进行购销。半成品可以少量在制造公司之间以委外名义进行购销。

制造公司之间、制造公司与供应公司、贸易公司、物流公司、信息资源公司等发生合同纠纷，双方可以协商解决，协商不成的，需提交市场监督管理局仲裁，责任方将缴纳合同额5%的仲裁费；违约责任方的信用评级可能会受影响。

11. 成本计算规则

公司的成本计算包括采购原材料的采购成本、自制半成品生产成本和产成品生产成本。

成本计算的基本方法为品种法，辅助计算方法可以采用定额成本法或者分类法等，

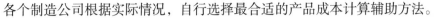

各个制造公司根据实际情况，自行选择最合适的产品成本计算辅助方法。

（1）原材料采购成本可以按采购批次计算，也可以按月（季）计算；采购材料承担的运杂费，需要编制运杂费分配表，计算采购材料的实际采购成本。

（2）自制半成品生产成本可以按批次计算，也可以按月（季）计算；计算自制半成品的成本应该编制"半成品成本计算单"。

（3）产成品生产成本按品种法计算。计算产成品的制造总成本和单位成本，应该编制"产品成本计算单"。品种法计算程序如下：①根据各种产品的物料清单和材料消耗定额，计算直接材料成本。②计算直接人工成本。主要是指基本生产人员的薪酬费用，其中基本生产人员工资按生产工时和小时工资率计算；工资之外的薪酬费用按照相关规定执行。③归集、分配当期制造费用。制造费用包括间接材料费、间接人工费和计入制造费用的折旧费、维护费、大修理费用、动力费等。④其他费用。其他费用主要包括废品损失和停工损失。废品损失按已耗人、财、物计算；停工损失按实际停工时间计算。⑤在完工产品和在产品之间分配当期生产费用。⑥编制产品成本计算单，计算各种产品的总成本和单位成本。

（4）发出存货成本结转时间与发出存货计价方式相关联。发出存货成本计算与结转要求如下：①统计本期销售产品的数量、销售市场、销售价格等资料，编制商品销售情况统计表。②根据一贯性原则，计算已销产品的生产成本。③结转本期已销产品的生产成本。根据发出存货的计价方式，销售成本可以随时结转，也可以期末一次结转。④结转其他销售业务的成本。

12. 贴现和保理规则

公司持有尚未到期的应收票据，可以向银行申请贴现，贴现利率由银行公布；应收账款可以随时要求债务人偿还，不能贴现，但是可以向银行申请保理，签订保理合同，具体办法请咨询商业银行。

如果应收账款不能收回，有确凿证据证明对方无力支付的，应该确认为坏账。

13. 坏账及其坏账损失核算规则

制造公司采用备抵法核算坏账损失。公司对于确实无法收回的应收款项，应当查明原因，追究责任。对于有确凿证据表明确实无法收回的应收账款，如果债务单位已经撤销、破产、资不抵债、现金流量严重不足等，经股东大会或者董事会或者经理办公会等批准作为坏账，确认为坏账损失。

坏账准备按年提取，一般按照年末应收账款余额的 3%～5%提取，具体比例由公司自行确定。

已经确认为坏账的应收款项，并不表明公司放弃收款的权利。如果未来某一时期收回已作为坏账处理的应收款项，应该及时恢复债权，并按照正常收回欠款进行账务处理。

14. 预借或报销差旅费

凡是需要出差办理业务的人员，可以预借差旅费，差旅费可以实行预借报销制度，具体办法由各个仿真公司自行制定。

（1）确定出差行为。公司业务人员办理业务需要出差。出差行为包括：采购各种原材料；购买固定资产；开发市场；销售产品；申请办理 ISO 认证；招聘高级技术工人（6～7级）或者具备高级专业技术职称的职工等。

（2）核定各部门差旅费定额。

（3）出差人员预借差旅费，办理相关手续。

（4）按照规定报销或支付差旅费。差旅费区分为固定差旅费和变动差旅费，上述出差行为除了销售产品需要支付固定差旅费和变动差旅费外，其他出差行为只支付固定差旅费。

（5）固定差旅费标准。销售产品以外的出差行为只支付固定差旅费，固定差旅费不考虑出差地点，一律按照出差人次数计算并在业务完成时进行支付。

（6）差旅费的支付时间。为方便起见，销售产品以外的差旅费不另外单计，具体参照销售规则一并执行处理。

15. 期间费用规则

期间费用包括销售费用、管理费用和财务费用。销售费用和财务费用按照当年实际发生额核算；管理费用除了明确了核算标准的差旅费、业务招待费、人工费等按照规定核算外，其他管理费用分为固定管理费用和变动管理费用两部分，主要包括律师顾问费[①]、审计鉴证费[②]、水电费、物业管理费、办公费等，其他固定管理费用为上年销售额的4%，按月或季度平均开支核算，其他变动管理费用按照当季主营业务收入的5‰计算。

期间费用一般应于发生时立即支付。凡是与公司内外部门发生的期间费用，由往来部门直接收取；凡是没有明确往来部门的，由楚财集团代为收取。各个制造公司相关岗位工作人员主动到银行交付，并取得支付时间、支付金额的证据，以便财务人员及时入账及日后备查。

16. 利息计算

（1）公司购买国债、公司债券、银行存款等，于收到利息时确认利息收入。

（2）国债、公司债券在购买前已经包含的利息应计入"应收利息"或"应计利息"。分期收取利息的，按应该收取的时间确认利息收入；到期一次收取利息的，按计息的时间确认利息收入。

（3）贷款利息一律按照贷款合同约定时间计息和支付。

（4）发行公司债券应支付的利息，按照债券发行时的承诺按时计息和支付。

17. 跨期摊配相关费用

对于跨期摊配业务，制造公司应该按照权责发生制原则进行会计处理。

（1）无形资产摊销。公司拥有的无形资产，摊销期为10年，按账面价值平均摊销。

（2）长期待摊费用摊销。公司产生的长期待摊费用，按规定期限进行摊销。

（3）使用权资产累计折旧。公司租入的各项使用权资产按照合同约定的期限进行平均折旧。

---

① 律师顾问费从固定管理费用中列支，各制造公司与本区律师事务所签约后，该项费用分季度支付给律师事务所，每季度支付金额不得低于年签约额的20%，年底结清。

② 审计鉴证费从固定管理费用中列支，各制造公司与本区会计师事务所签约后，该项费用分季度支付给会计师事务所，每季度支付金额不得低于年签约额的20%，年底结清。

18. 财产清查

为了保证公司财产物资的安全、完整，公司应该每月或者每季度进行财产清查，至少每年进行一次财产清查。

（1）对库存现金盘点，填写现金盘点报告单和账存实存对照表，确认现金长款、短款金额。

（2）获取银行对账单，进行银行对账，编制银行存款余额调节表。

（3）对本公司的流动资产、固定资产等实物资产进行全面盘点，填写盘点报告单和账存实存对照表，确认盘盈、盘亏资产的种类、数量和金额。

（4）核对各种往来款项，确认账实是否相符；每个会计期间，公司应该主动与银行对账，以保证账实相符；双方对不上的账项，要查明原因，分清责任；对于未达账，应该编制银行存款余额调节表。

（5）对账实不符的各项资产进行账务处理。

（6）查明账实不符的原因，报经有关领导批准，分别对盘盈、盘亏资产产生的净收益或净损失进行相应的账务处理。

19. 利润分配

公司实现的利润，应当按照法定程序进行利润分配。利润分配的一般顺序：①结转本会计年度实现的净利润或亏损；②根据公司章程规定，按照本年净利润的10%提取法定盈余公积金；③根据董事会决议，提取任意盈余公积金；④按照公司制定的利润分配政策向投资者分配股利；⑤其他与利润分配相关的业务。

仿真综合实训规则规定，各个制造公司每年应向投资者分配现金股利，分配比例不得低于当年净利润与以前年度未分配利润之和的40%，按持股比例向各投资人分配现金股利（包括本公司管理层的各位持股职工）；公司可以根据实际情况自行决定股票股利的分配政策。

20. 票据管理

公司日常会计核算所需要的原始单据，如果属于公司内部往来的单据，可以自制，也可以购买；如果需要开具给外单位的票据，必须使用统一、正规的票据（仿真实习统一使用）。所有票据的存根联必须保管好，备查。

发票等票据在税务部门购买；支票等票据在银行购买。

发票、收据等主要用于公司之间往来的统一票据，用完后的存根联应该整本交回税务部门，才能购买相应的新票据。

21. 内部审计

制造公司需要设置内部审计工作岗位，由专业人员或者相关专业人员担任内部审计负责人。内部审计制度由本公司自行制定。

内部审计职责主要有：①对本公司的各项收支进行审计，对违规收支项目，预先不予通过；已经发生的违规收支项目，要向公司董事会提交书面处理意见。②制定本公司绩效评价指标体系和考核办法，对公司每年的生产经营情况进行综合考评。

22. 报表审计

模拟市场各个制造公司的经营成果都必须委托注册会计师事务所进行审计，在每个会计年度结束以后，主动委托会计师事务所审计公司的年度财务报告，以保证会计信息的真实性和完整性，为会计信息使用者提供可靠的会计信息。

具备下列情形之一的制造公司，必须委托会计师事务所进行年度审计并出具无保留意见：①拟发行公司债券公司；②拟发行股票上市公司；③拟参加模拟市场中由市场监督管理局每年度举办的"诚实守信，合法经营"评选活动的公司；④拟参加模拟实习经营期"最佳经营成果奖"评选活动的公司。

第二节　基础财务数据

制造公司新的管理层从第八年起开始正式经营本公司。原来的管理层基本已经建立各项制度，但还需要进一步完善。在产品研发、市场开发，以及生产设施建设方面，原来的管理层已经奠定了一定的基础，公司具有一定的发展实力。但是，原来的管理层也存在某些疏漏和不足，在公司发展战略上存在一定的失误，需要新一届管理层吸取经验教训。目前公司的财务状况良好，加上新一届管理层的进入，公司有着美好的发展前景。公司第七年基本经营情况通过解读资产负债表和利润表可以了解和判断。

一、报表数据

公司目前财务状况良好，资金比较充足；资产负债率在 35% 左右，偿债能力较强，未来盈利空间比较大，具有良好的发展前景。

（一）资产负债表

模拟制造公司第七年年末资产规模达到 6545 万元，其中流动资产 1680 万元，非流动资产 4865 万元。第七年年末，制造公司负债总额为 2290 万元，资产负债率在同行业中处于较低水平，其中流动负债 870 万元，长期借款 1420 万元；第七年年末所有者权益达到 4255 万元，占资产总额的 65.01%。

模拟制造公司资产负债表如表 4-35 所示。

表 4-35　资产负债表

会工 01 表

编制单位：模拟制造公司　　　　　第七年 12 月 31 日　　　　　单位：万元

资产	行次	年初数	期末数	负债及所有者权益	行次	年初数	期末数
流动资产：				流动负债：			
现金及银行存款	1		777.70	短期借款	25		350.00
其他货币资金	2		100.00	交易性金融负债	26		
应收票据	3		180.00	应付票据	27		

续表

资产	行次	年初数	期末数	负债及所有者权益	行次	年初数	期末数
应收账款	4		280.00	应付账款	28		200.00
预付账款	5			预收账款	29		
应收利息	6		55.00	应付职工薪酬	30		80.00
应收股利	7			应交税费	31		80.00
其他应收款	8			应付利息	32		
存货	9		287.30	应付股利	33		60.00
一年内到期的非流动资产	10			其他应付款	34		
其他流动资金	11			一年内到期的非流动负债	35		100.00
流动资产合计			1680.00	其他流动负债	36		
非流动资产：				流动负债合计			870.00
可供出售金融资产	12			非流动负债：			
债权投资	13		1100.00	长期借款	37		1420.00
长期应收款	14			递延所得税负债	38		
长期股权投资	15			其他非流动负债	39		
投资性房地产	16			非流动负债合计			1420.00
固定资产	17		2645.00	负债合计			2290.00
在建工程	18		410.00				
工程物资	19			所有者权益			
固定资产清理	20			实收资本	40		3325.00
无形资产	21		700.00	资本公积	41		603.00
长期待摊费用	22		10.00	盈余公积	42		80.00
递延所得税资产	23			未分配利润	43		247.00
其他非流动资产	24			所有者权益合计			4255.00
非流动资产合计			4865.00				
资产总计			6545.00	负债和所有者权益总计			6545.00

报表项目说明如下。

（1）现金及银行存款中库存现金0.7万元，银行存款777.00万元。

（2）应收利息为债权投资的利息，应于计息后尽快收取。

（3）应收账款中本地市场贸易公司1（A1/A2区分别对应 ABD11/ABD21）欠款为150万元，本地市场贸易公司2（A1/A2区分别对应 ABD12/ABD22）的欠款为130万元。

（4）其他货币资金全部为在投资银行开立的证券账户中的存出投资款，须于实习开始时从A股市场购入某上市公司股票作为交易性金融资产（该上市公司由各机构以真实市场交易前一日收盘价作为后续核算依据）。

（5）应收票据系本地市场贸易公司 3（A1/A2 区分别对应 ABD13/ABD23）第七年年末签发的商业承兑汇票（利息 3.6%，期限 6 个月）。

（6）长期待摊费用需要在 5 年内摊销完毕（已摊销 4 年）。

（7）债权投资系第六年年末购入的银行发行的 3 年期债券（面值 1100 万元，票面利率 5%，到期一次归还本金，按年计算并支付利息）。

（8）无形资产系公司第七年年末取得的某技术专利，该无形资产摊销年限为 7 年。

（9）短期借款为第七年 10 月 1 日向银行借入的一年期流动资金，年利率为 6.5%，每半年计算并支付利息一次。

（10）长期借款为第五年年初借入的到期还本分期付息的固定资产贷款，5 年期，每半年计算并付息一次，年利率为 6%。

（11）应付账款为欠原材料供应公司的材料款，应付账款详细数据如表 4-36 所示（以 A 区为例，其他区依次类推）。

表 4-36　应付账款详细数据　　　　　　单位：万元

各公司资产负债表中应付账款	金额	各公司资产负债表中应付账款	金额
A11 公司应付供应公司 AYL01	200	A21 公司应付供应公司 AYL02	200
A12 公司应付供应公司 AYL01	200	A22 公司应付供应公司 AYL02	200
A13 公司应付供应公司 AYL01	200	A23 公司应付供应公司 AYL02	200
A14 公司应付供应公司 AYL01	200	A24 公司应付供应公司 AYL03	200
A15 公司应付供应公司 AYL01	200	A25 公司应付供应公司 AYL03	200
A16 公司应付供应公司 AYL01	200	A26 公司应付供应公司 AYL03	200
A17 公司应付供应公司 AYL02	200	A27 公司应付供应公司 AYL03	200
A18 公司应付供应公司 AYL02	200	A28 公司应付供应公司 AYL03	200

（12）应付职工薪酬中 64 万元为职工教育经费，16 万元为工会经费；应交税费中 52.47 万元为所得税，27.53 万元为增值税。

（13）一年内到期的非流动负债为一项 3 个月内到期的分期付息到期还本的长期借款，年利率为 6%，每半年计算并付息一次。

（14）股本共计 3325 万元，其中投资人 A 投入无形资产 640 万元，占 19.25% 的股权；投资人 B 投入厂房，价值 310 万元，投入资金 330 万元，占 19.25% 的股权；投资人 C 投入资金 320 万元，占 9.62% 的股份；法人控股股东投资 1725 万元，占 51.88% 的股份。

（15）在仿真综合实训开始时，公司原股东需按比例分担，将总股本 40% 的份额转让给中层管理人员，这些中层管理人员组建新一届管理层的领导班子，股份如何分配，由公司自行选择标准决定。

（16）应付股利 60 万元中应付投资人 A 24 万元，应付投资人 B 24 万元，应付投资人 C 12 万元。应于下年度 3 月底前支付。

（二）利润表

本公司经过七年的发展，已经积累了一定的创业经验，P1产品在本地市场上已经被消费者认可，市场份额较大，市场占有率达到25%以上，未来主营业务收入可能将持续增长。

第七年实现主营业务收入1500万元，比上年增长20%，主营业务利润达到394.50万元，较上年增长18.5%，实现营业利润194.00万元，比上年增长16.5%，全年税后利润达到106.53万元，比上年增长15.5%。

模拟制造公司利润表如表4-37所示。

表4-37　利润表

编制单位：模拟制造公司　　　　第七年12月　　　　　　　　会工02表
　　　　　　　　　　　　　　　　　　　　　　　　　　　　单位：万元

项目	行次	本月数	本年累计数
一、主营业务收入	1	280.00	1500.00
减：主营业务成本	2	201.60	1080.00
税金及附加	3	5.00	25.50
二、主营业务利润	4	73.40	394.50
加：其他业务利润	5	20.00	110.00
减：销售费用	6	10.00	100.00
管理费用	7	25.00	160.00
财务费用	8	15.00	50.50
三、营业利润（亏损以"—"填列）	9	43.40	194.00
加：投资收益（损失以"—"填列）	10	0.00	0.00
补贴收入	11	0.00	0.00
营业外收入	12	20.00	125.00
减：营业外支出	13	10.00	160.00
四、利润总额（亏损以"—"填列）	14	53.40	159.00
减：所得税费用	15	17.62	52.47
五、净利润（净亏损以"—"填列）	16	35.78	106.53

二、实物资产信息

（一）固定资产信息

制造公司第七年年末拥有主要的固定资产，包括行政大楼、厂房、4条生产线、动力设备、仓库、运输设备等，基本能够满足目前生产P1产品的要求。

第七年固定资产基本信息如表 4-38 所示。

表 4-38　第七年固定资产基本信息

固定资产名称	使用部门	原值/万元	残值/万元	使用年限/年	已用年限/年	已提折旧/万元	备注	数量	原值/万元	累计折旧/万元	净值/万元
行政大楼	行政部等	1100	100	40	7	175	自有 1 栋	1	1100	175	925
办公设备 1	行政部等	410	10	10	1	40	自有 1 套	1	410	40	370
办公设备 2	行政部等	295	15	10	0	0	自有 1 套	1	295	0	295
甲厂房	生产部	310	10	20	2	30	自有 1 间	1	310	30	280
手工加工线	生产部	205	5	5	2	80	自有 2 条	2	410	160	250
半自动加工线 1	生产部	410	10	10	7	280	自有 1 条	1	410	280	130
半自动加工线 2	生产部	410	10	10	0	0	在建 1 条	1	410	0	410
动力设备	生产部	220	20	10	2	40	自有 1 套	1	220	40	180
原材料仓	物流部	105	5	20	4	20	自有 1 个	1	105	20	85
产成品仓	物流部	110	10	20	4	20	自有 1 个	1	110	20	90
小卡车	物流部	12	1	5	0	0	自有 2 辆	2	24	0	24
中卡车	物流部	16	1	5	0	0	自有 1 辆	1	16	0	16
大卡车	物流部	18	1	5	0	0	自有 0 辆	0	0	0	0
合计									3820	765	3055

注：①甲厂房可以安装 4 条生产线（装配线），手工加工线与半自动加工线均安装在甲厂房。②运输设备：小卡车载重量为 5 吨，中卡车载重量为 8 吨，大卡车载重量为 10 吨

（二）存货信息

公司目前主要拥有 P1、R1、R2 三种存货。第七年年末，公司存货价值为 287.3 万元，占公司流动资产的 17.10%。

第七年年末各项存货基本信息如表 4-39 所示。

表 4-39　第七年年末各项存货基本信息

存货名称	单位	存货数量	单位成本/元	金额/元	存放地点	属性
P1 产品	件	1 000	2 633	2 633 000	产成品仓	销售
R1 原材料	个	800	150	120 000	原材料仓	采购
R2 原材料	个	600	200	120 000	原材料仓	采购
合计	—	—	—	2 873 000	—	—

三、职员信息

公司目前生产规模较小，职工人数比较少。第七年年末，共有职工 335 人，其中车间基本生产工人 260 人，辅助生产人员 15 人，行政管理人员 25 人，销售人员 20 人，其他人员 15 人。

1. 公司在册职工人数

根据生产相关规则和人力资源相关规则，公司第七年年末拥有 2 条手工加工线，2 条半自动加工线。其中 2 条手工加工线已经使用 2 年，还可以再使用 3 年；1 条半自动加工线已经使用 7 年，再使用 3 年就该报废了；另一条半自动加工线是第七年年末刚购买的全新生产线，使用期限为 10 年。根据制造公司的生产设备种类和数量，需要配备相应的各类职工才能正常生产。根据仿真实习规则的具体要求，本公司原有 3 条生产线的各类人员已经配足，新增加的生产线增加了一部分所需员工，不足职工可以通过招聘解决。

根据公司目前的生产经营状况，第七年年末公司在册职工人数为 335 人，其中基本生产人员 260 人。第七年年末在册职工信息如表 4-40 所示。

表 4-40　第七年年末在册职工信息

职工类别	人数/人	比重/%
基本生产人员	260	77.61
辅助生产人员	15	4.48
行政管理人员	25	7.46
销售人员	20	5.97
其他人员	15	4.48
合计	335	100.00

注：①销售人员中，销售主管 1 人，销售经理 1 人，业务人员 18 人。②比重指各类职工人数占职工总人数的结构比例

2. 职工技术级别和职称分布情况

第七年年末公司在册职工人数为 335 人，其中基本生产人员 260 人，行政管理人员 25 人，基本生产人员的技术级别和行政管理人员的职称情况如表 4-41 所示。

表 4-41　职工技术级别和职称分布情况　　　　单位：人

技术级别	基本生产人员	职称级别	行政管理人员
1	160	初级职称	6
2	80	中级职称	5
3	20	无职称	14
合计	260	合计	25

注：①表中未列示的其他人员没有技术级别或者职称要求；②中级职称人员中未包括 2 名销售管理人员，其中 1 名销售主管，1 名销售经理

第五章 贸易公司

制造公司产品的所有购买者（即贸易公司）组成了客户市场。贸易公司均从事商品贸易业务，平行分布于本地市场1、本地市场2、国内国际市场。所有贸易公司都必须遵守市场交易规则，可以自主决策购买制造公司生产的P1、P2、P3、P4产品。

贸易公司基本信息一览表如表5-1所示。

表5-1 贸易公司基本信息一览表

所属市场	公司名称	代码	银行账号	税务登记号
本地零售A1市场	本地A1区零售贸易公司1	ABD11		
	本地A1区零售贸易公司2	ABD12		
	本地A1区零售贸易公司3	ABD13		
本地零售A2市场	本地A2区零售贸易公司1	ABD21		
	本地A2区零售贸易公司2	ABD22		
	本地A2区零售贸易公司3	ABD23		
国内批发市场 国际外贸市场	A区国内国际大宗贸易公司1	AGN01		
	A区国内国际大宗贸易公司2	AGN02		
	A区国内国际大宗贸易公司3	AGN03		

注：①贸易公司需重新进行工商登记、税务登记，并取得营业执照、税务登记号、银行账号才可正式营业；②零售贸易公司主要从事商品零售业务，不参与国内国际市场竞争；③大宗贸易公司主要从事国内商品批发业务，待制造公司开发国际市场后，还可以与另一实习区大宗贸易公司从事跨境商贸业务。大宗贸易公司不参与本地市场竞争

第一节 基本运作规则

贸易公司模拟业务规则以两个本地市场各3家公司以及国内国际市场3家公司构成的经销商市场为设计基础，是模拟市场各贸易公司开展业务经营活动的行业规则。现在每一家经销商的准备工作已经就绪，请各贸易公司的所有经营管理者认真研读本行业的业务规则，并在经营活动过程中遵照执行。

一、组织架构

各家贸易公司根据实际情况自行设置组织架构与职位，并制定各个岗位的工作职责，由于贸易公司基本不存在生产业务，可以不用设置生产部。其他岗位设置与人员分工可参考本教材【制造公司—基本运作规则—组织架构】中的相关内容。

二、经营规则

贸易公司必须按照本规则组织公司的商贸活动，严格按照本规则的各项规定规范公司的经营行为，制定公司的各项规章制度，开拓消费品市场，经销新商品；签订购销合同；制订经营计划和经营方针；制定各项经营决策，高效运营，协调公司运作；组织会计核算，提供财务信息。

（一）建立购销业务关系规则

每家贸易公司都可以购买仿真市场中制造公司出售的任何产品，与本市场所有购销产成品的公司建立业务关系，但是否是某一公司的客户，还需要销售方公司投入一定的客情费，在此基础上双方谈判协商，并以签订购销合同为准。

贸易公司必须尽力满足消费市场的商品需求，在消费者代表发布下一年度市场需求信息后，贸易公司可根据市场需求预测、公司发展战略和公司经营条件制订采购计划，自主决策采购品种、数量、价格、时间及其他采购要求，与制造公司或其他贸易公司自由谈判，签订购销合同，实现商品的采购。同时，贸易公司还应做好年度销售计划。消费者代表（个人）随时向零售贸易公司提供销售机会，消费者代表（机构）每五天向大宗贸易公司提供一次集中销售机会。

（二）市场经营规则

贸易公司的商品主要销往本区的消费者代表。6 家零售贸易公司除了采取传统的门店零售方式外，还可以通过开设网店、直播带货①等新零售方式销售商品（销售量比重不低于 40%）；3 家大宗贸易公司除了从事国内市场批发业务外，在制造公司开发了国际市场后，还可以从事国际市场的外贸业务。

（三）商品采购规则

贸易公司的商品采购规则与制造公司的商品销售规则重合部分须保持一致，遵循有规可依、有规必依、执规必严、违规必改的原则。

本地市场贸易公司原则上只能向本地的 8 家制造公司采购商品。

大宗贸易公司可以向本实习区 16 家制造公司采购商品。如果另一实习区有制造公司开发了国际市场，则可以从事商品进口业务，即从另一实习区的制造公司手中采购商品，销售给本实习区的消费者代表。

为了活跃市场，贸易公司在开支了相关客情费后，可向其他贸易公司少量采购商品。

仿真市场每年年初召开一次商品交易洽谈会，为交易各方提供多方接触、集中交流的机会，所有制造公司和贸易公司必须参加。会议期间发布当年产成品市场供求的基本信息，制造公司推介产品与企业，贸易公司发布采购意向。

---

① 零售贸易公司采取非传统门店方式销售可以额外获得不低于10%的销售收入，为实习方便起见，该部分收入直接由楚财集团代为承付。

除商品交易洽谈会发布的当年产成品市场供求的基本信息外，制造公司和贸易公司的供求信息可随时发布，贸易公司与制造公司、贸易公司之间的洽谈签约可随时进行。

（四）仓储与运输规则

1. 仓储规则

贸易公司采购的产品一般需要时间不等地储存，公司除利用自有仓库储存商品外，也可租用物流公司仓位。采购产品到货时必须办理入库手续，销售时必须办理出库手续。

贸易公司自有仓库仓储费标准如表 5-2 所示。

表 5-2 贸易公司自有仓库仓储费标准

指标		零售贸易公司	大宗贸易公司
最大容量（单位）		5000	5000
仓储费	元/（单位·天）	0.20	0.23
	元/（单位·月）	5.5	6.5

贸易公司若委托物流公司储存商品，可参考物流公司有关报价，双方协商洽谈，签订合同，并以此为执行依据。

2. 运输规则

贸易公司向消费者代表销售商品时，需要负责运输或承担运输费用。

零售贸易公司从事传统门店销售业务，可不考虑其销售运输费用，若采取电商渠道销售，则需由物流公司提供快递业务，单笔快递费用 10～20 元（具体价格标准由物流公司制定）。

大宗贸易公司可利用自有运输工具，也可委托仿真市场物流公司完成运输。大宗贸易公司若委托物流公司承担运输，可参考物流公司有关报价，双方协商洽谈，签订运输合同，并以此为执行依据。

大宗贸易公司自行运输费用标准如表 5-3 所示。

表 5-3 贸易公司自行运输费用标准

运输区段	所需时间/天	零担/[元/（单位·千米）]		整车/[元/（车·千米）]					
		P1、P2	P3、P4	P1、P2			P3、P4		
				小卡车	中卡车	大卡车	小卡车	中卡车	大卡车
A—O	1	0.100	0.150	15	21	27	17	23	30
B—O	1	0.095	0.100	14.5	20	26	16	22	28
C—O	1	0.090	0.095	13.5	19	25	15.5	21	27
O—D	2	0.085	0.090	13	17.5	23	13.5	20	25

注：①小卡车可以容纳 150 单位产成品，中卡车可以容纳 225 单位产成品，大卡车可以容纳 270 单位产成品；②各制造公司、贸易公司位置分布见图 8-1、图 8-2

大宗贸易公司必须与本区物流公司签约，将国际物流业务外包给物流公司。不同实习区大宗贸易公司之间每次从事进出口业务时，需由出口方委托签约物流公司完成运输，需要承担该次交易的相关运输费用。另外，大宗贸易公司每季度会发生出口商品固定运输费用为 8 万元，变动运输费用为进口销售总额的 0.1%（以合同金额为准），分季度汇总支付给签约物流公司。

（五）商品销售规则

1. 建立商品购销关系

1）商品的销售

贸易公司购进商品的销售对象一般是需要这些产品的个人消费者和机构消费者，该销售对象在实习中是由楚财集团代理的虚拟消费者代表。销售品种、数量、价格主要取决于市场供求情况，不保证贸易公司采购的商品均能实现销售，实现销售的程度与市场供求、贸易公司的经营决策水平有直接关系。[①]

除商品交易洽谈会发布的当年产成品市场供求的基本信息外，指挥中心通过楚财集团还将定期发布消费者代表的需求信息，其中，本地市场每十天发布一次，国内国际市场每 15 天发布一次，需求信息内容包括消费者代表需求的品种、数量、价格和交货条件。

2）销售商品与市场

（1）销售的商品。公司可自主决策，销售市场上需要且本公司已完成购入的 P1、P2、P3、P4 中的任何产品。

（2）销售的市场。公司可在市场调研和预测的基础上，自主选择销售市场，可在本地市场、国内市场与国际市场中进行决策和组合。

如果 A 区有制造公司开发了国际市场，大宗贸易公司还可以从事商品出口业务，即从本实习区的制造公司手中采购产品，将其销售给另一实习区的消费者代表。[②]

贸易公司与本区消费者代表之间销售商品只需签订简易销售合同，具体销售价格以消费者代表发布市场需求信息为基准，充分考虑贸易公司的市场份额、市场投入、交货条件等因素确定。

贸易公司之间销售商品必须签订销售合同，销售价格必须符合市场对该产品或半成品的价格预期；正式的销售合同应报区税务局备案。产成品的销售双方需签订购销合同。不得采购 P1 半成品销售给制造公司。贸易公司只能根据有效销售合同销售产品，买卖双方可随时洽谈签约。

[①] 为了保证仿真实习各组织机构工作量的饱和度，特规定贸易公司的销售总量需达到消费者代表市场需求总量的 80%。

[②] 考虑到不同的学校在进行仿真实习时，有可能只开启一个实习区，另外考虑到政企运作仿真综合实训平台中各实习区之间的相对独立性，特对大宗贸易公司进出口业务规则实行一定的变通，即大宗贸易公司只从事商品出口业务，在其从本实习区的制造公司手中采购产品并将其销售给另一实习区的消费者代表时，由本实习区消费者代表代为进行商品交接和外币货款结算。

3）客情费

贸易公司向虚拟消费市场销售商品，除需要按年开支客情费外，还需要开支广告费。

客情费往往是一种生活性消费活动，不同于业务招待费，不能抵扣进项税额。客情费不得以现金方式支付给客户单位或个人，故开支时分季度支付给本实习区消费者代表。

贸易公司客情费标准如表 5-4 所示。

表 5-4　贸易公司客情费标准

内容	计量单位	本地市场	国内市场	国际市场
客情费	万元/年	15	8	13（需折算为另一实习区货币）

2. 影响商品销售的主要因素

制造公司产成品的销售量和销售价格主要受到以下因素的影响：市场需求、销售价格、广告费、预计的市场偏好、销售人员数量、产品生命周期、投入市场的其他费用等。

公司在进行销售预测、制订销售计划和实施策略时重点考虑以下因素。

1）市场需求

虚拟消费市场需求决定贸易公司的销售。贸易公司应首先对未来各市场的需求情况做出预测。各种产品未来几年的市场需求情况可以参见本教材【信息资源公司—基本运作规则—业务规则—公共信息服务项目及收费标准—产成品市场预测信息】中的相关内容。

2）销售价格

虚拟消费市场的销售价格，在合理价格区间内由指挥中心确定具体单价后指示消费者代表公开发布。指挥中心定价时应充分考虑虚拟市场供求关系、市场规模、市场竞争等因素，定价是否合理，对销售甚至整个仿真实习都会产生很大影响。

（1）同一种商品的基本销售价格是一样的。公司要在对未来价格预测的基础上，首先确定拟销售商品的基本价格。在基本价格之上，综合考虑专利技术开发、ISO 认证、广告宣传投入等因素的影响。

（2）商品销售价格一律为不含税价，增值税税率为 13%，计算并缴纳增值税。销售商品需要开具增值税专用发票。

3）广告费

贸易公司每年需投入一定的广告宣传费用，以提高公司的知名度、美誉度，维持和促进商品销售。公司每年投入的广告宣传费用数额及财务核算，应遵循国家税法有关规定。税务部门在计税时，也应按相关规定执行。市场监督管理局应对公司的广告活动进行监督管理，有权查处公司的违规行为。

（1）公司每年投入的广告宣传费不得低于上年销售额的 1%。公司每个季度必须投入全年广告费的 20%，全年必须使用完毕。公司须与本区传媒资源公司签约，双方自行约定广告费用的支付方式。在此前提下，可自主决定广告宣传费用的投入总额及在不同季度、不同市场的分配。

（2）从历史统计数据看，公司所属的电子行业广告宣传费用一般占销售额的 1%～4%。

（3）广告宣传对商品销售具有促进作用。每年年初订货会上，公司要发布当年广告宣传投入情况（包括总额、投放地区和时间）、广告宣传的主要内容及诉求重点。传媒资源公司根据广告投入和广告宣传内容评选出"市场推广优秀公司"，获得"市场推广优秀公司"的贸易公司在其后一个年度内所有销售商品基本价格可自动提高 0.5%。

（4）由于广告宣传效果的滞后性，每一季度广告宣传实际投入将影响下一季度销售情况。本规则将两者的关系规定为：公司某季度的广告宣传费用若高于同期行业在广告投入的平均水平的 1%，下一季度销售量在合同交易量的基础上可自动提高 0.5%；高于2%，销售量提高 1.5%；高于 3%，销售量提高 2%。当然，公司有权放弃这部分自动提高的销售量。

4）销售人员

公司有自己的销售人员，他们承担联系客户、沟通信息、签约销售等工作。人数适度的销售队伍是提高销售量的积极因素。

销售人员所能承担的最高业务量有一定的限制。一个销售人员在同一市场可销售一种或多种产品。销售一种产品时，每人的销售量不得超过规定的该产品的最高业务量；销售多种产品时，不得超过所销售产品最高业务量的平均值。因此，公司如果要扩大在某一市场的销售量（或占有率），就必须相应增加销售人员。制造公司可以根据"销售人员的确定标准"和公司年度销售计划，确定所需的销售人员数量及其工作定额。

各贸易公司销售人员的确定标准参照本教材【制造公司—基本运作规则—经营规则—人力资源管理规则—销售人员的确定标准】中的相关规定执行。

5）其他销售费用

公司在开展销售业务中，除上述销售人员报酬、广告费、客情费以外，还会发生其他销售费用，主要有差旅费、业务招待费、市场调研费、促销费等。这些费用的开支标准及对销售量的影响，具体规定如下。

（1）差旅费。各贸易公司遵照本教材【制造公司—基本运作规则—商品销售规则—影响商品销售的主要因素—其他销售费用—差旅费】中相关规定执行。

（2）业务招待费。年度总招待费应不低于上年营业收入的 1%。该项费用每个季度至少支付预计全年总额的 20%，由体旅资源公司收取该项费用（贸易公司与本区体旅资源公司必须签约），年底结清。

（3）市场调研费。贸易公司必须进行市场调研，每年最低市场调研费开支为：零售贸易公司为 5 万元，大宗贸易公司为 11.5 万元。各公司自行决定年度总市场调研费在每季度的投入额，全年必须使用完毕。此项费用一律支付给信息资源公司作为提供调研项目报告以及有偿市场信息的费用，但不得用于委托其他有偿服务项目的费用。贸易公司与本区信息资源公司必须签约，双方自行约定该项费用支付方式。

（4）促销费。贸易公司每季度至少开展一次促销活动，每次促销活动投入的费用为：本地市场 3 万元，国内市场 4 万元，国际市场 5 万元。在此基础上，促销费每增加 1%，该贸易公司本季度销售量将在本月签约销售量的基础上增加 0.8%，贸易公司可自行决定是否增加促销活动费用。

3. 销售产品的交易规则

公司在销售产品时，必须了解和遵守市场交易规则。

4. 商品交接与货款结算

零售贸易公司与虚拟消费市场交易可以随时交货；大宗贸易公司则实行集中交货。销售主管要将发货信息及时传送至物流部，由物流部具体执行，并将执行结果反馈市场部。

贸易公司与虚拟消费市场交易主要采用现款结算方式，商品销售完成后立即付现。

（六）人力资源管理规则

贸易公司组织经营活动，需要采购业务员、销售业务员、管理人员、财务人员等各类员工通力合作，才能完成生产任务，实现公司经营管理目标。公司员工管理规则参见本教材【制造公司—基本运作规则—人力资源管理规则—人力资源规划—员工管理规则】中的对应部分内容。

1. 贸易公司人员与工资信息

同类型贸易公司初始的人员和工资信息完全相同。

（1）本地某一家零售贸易公司全体职工第七年 12 月的工资信息如表 5-5 所示。

表 5-5　第七年 12 月零售贸易公司人员与工资信息

人员岗位	数量/人	人均基本工资/（元·月）	人均奖金与提成/（元·年）
公司总经理	1	10 000	20 000
公司副总经理	2	8 000	15 000
销售部经理	1	5 000	15 000
采购部经理	1	5 000	11 000
财务总监	1	5 000	11 000
销售主管	2	4 000	13 000
行政秘书	1	2 500	6 000
销售业务员	15	2 000	13 000
采购业务员	5	2 000	8 000
仓库管理员	1	2 000	4 000
会计/出纳	2	2 500	5 000
其他人员	2	2 000	4 000
合计	34	—	—

（2）某一家大宗贸易公司全体职工第七年12月的工资信息如表5-6所示。

表5-6 第七年12月大宗贸易公司人员与工资信息

人员岗位	数量/人	人均基本工资/（元·月）	人均奖金与提成/（元·年）
公司总经理	1	20 000	30 000
公司副总经理	2	15 000	20 000
销售部经理	2	11 000	20 000
采购部经理	2	10 000	15 000
财务总监	1	10 000	15 000
销售主管	3	10 000	15 000
采购主管	1	10 000	13 000
行政秘书	1	5 000	10 000
销售业务员	30	4 000	20 000
采购业务员	13	3 500	15 000
报关业务员	3	3 500	15 000
仓库管理员	2	2 000	4 000
会计/出纳	2	4 000	10 000
其他人员	4	2 000	4 000
合计	67	—	—

2. 业务员及其相关人员的配比规则

为了保证公司生产的正常进行，员工岗位和人数必须跟年销售额维持一个均衡的比重。从第八年起，贸易公司在第七年销售额的基础上，每增加200万元，需增加销售业务员1人；销售额每增加400万元，需增加采购业务员1人；业务员每增加2人，需增加其他人员1人；业务员每增加10人，另外还需增加主管1名，销售主管和采购主管依次交替增加。

企业各类人员的基本工资每年应根据公司经营情况适当加以调整，奖金与提成应与公司净利润增长率保持一致。

3. 员工招聘规则

贸易公司员工招聘遵照本教材【制造公司—基本运作规则—人力资源管理规则—员工招聘规则】的相关规定执行。

4. 员工培训规则

贸易公司员工培训遵照本教材【制造公司—基本运作规则—人力资源管理规则—员工培训规则】的相关规定执行。

三、财务规则

贸易公司财务核算与制造公司等同要求，其财务规则遵照本教材【制造公司—基本运作规则—财务规则】的相关规定严格执行。

四、订货洽谈会规则

（一）一般原则

每年年初召开由所有制造公司和贸易公司参加的产品订货洽谈会，给供需双方提供了一个广泛交流的机会。订货洽谈会基本程序与规则如下。

（1）确定订货洽谈会召开时间，必须在规定时间开始、结束，不得无故拖延。

（2）参加订货洽谈会的公司需按规定支付差旅费。

（3）所有制造公司的销售主管、贸易公司法人代表按时到会。

（4）各制造公司销售主管同时提交本公司本年度广告费用、业务招待费、市场调研费投入计划表，在订货洽谈会路演没有结束之前，不得公开公布。

（5）各制造公司市场部主管发布本公司广告，介绍公司及产品。

（6）贸易公司发布本公司广告，介绍公司及产品需求意向。

（7）贸易公司根据订货洽谈会销售费用投入和广告宣传内容投票评出四家制造公司为"市场推广优秀公司"。

（8）市场推广优秀公司有签约优先权，即两个（包括两个）以上的制造公司与同一贸易公司洽谈签约，在交易条件相同的情况下，贸易公司必须与市场推广优秀公司签订购销合同。

（9）当两个（包括两个）以上制造公司都是（或都不是）市场推广优秀公司，在与同一贸易公司协商的交易条件相同的情况下，广告宣传费用投入多的制造公司有签约优先权。若客户拒绝执行，可提请市场监督管理局仲裁。

（10）两个（包括两个）以上贸易公司与同一制造公司洽谈，在协商的交易条件相同的情况下，广告宣传费用投入多的贸易公司有签约优先权。若对方拒绝执行，可提请市场监督管理局仲裁。

（11）除年初订货洽谈会外，购销双方还可在规定办理业务的时间内随时开展交易活动，一年内的交易次数不限。

（12）第八年第二季度后，制造公司可能完成 P2、P3、P4 等产品的开发，这些产品将陆续上市。为保证市场交易有序进行，年初订货洽谈会允许制造公司宣传本公司正在开发的新产品，公司需为此支付广告费，待开发成功后，可随时与贸易公司签约销售。

（13）楚财集团（消费者代表）联合体旅资源公司召开产品订货洽谈会。制造公司和贸易公司均有权利与义务参加订货洽谈会，并遵守模拟实习规则中有关产成品市场交易的各项规定和实施细则。

（14）由于第八年年初，各制造公司尚未开发国内市场和国际市场，需要分别在年初召开只针对本地市场的交易会，第三季度初召开本地市场、国内市场和国际市场的交易会，以后年度只在年初召开一次针对所有市场的交易会。不需要进行路演的订货洽谈会按季度由指挥中心根据年度交易情况和预测信息不定期召开。

订货洽谈会销售费用投入表如表 5-7 所示。

表 5-7　订货洽谈会销售费用投入表　　　　　　单位：万元

公司编码		公司名称			投入时间		
广告费					业务招待费	市场调研费	总费用（合计）
产品类别	本地市场	国内市场	国际市场	合计			
P1							
P2							
P3							
P4							
合计							

（二）实施细则

为保证仿真市场商品交易活动的有序进行，维护交易双方正当经营利益，需要制定实施细则。订货洽谈会基本程序和执行要求如下。

（1）参加订货洽谈会的各方需按时到会，报到登记并缴纳差旅费。差旅费以现金或者现金支票缴纳，楚财集团派人到现场办理代收差旅费并开具发票。

订货洽谈会差旅费标准如表 5-8 所示。

表 5-8　订货洽谈会差旅费标准

项目	本地市场	国内市场	国际市场
差旅费/（元·人）	1000	2000	5000

（2）由消费者代表发布当次交易会各市场产品需求信息。

（3）贸易公司对消费者代表发布的产品需求制订销售计划，并进入跨专业综合仿真平台抢占需求，然后将需求制作成多张产成品采购订单，这些采购订单将通过系统向市场制造公司招标采购。

（4）各制造公司在系统中填写市场投入表确定参加产品交易会。市场推广费用包括广告费（年度广告费总额不得低于上年销售总额的 3%）、业务招待费和市场调研费。其中公司广告费可以用于自制广告和外包给广告公司、传媒资源公司制作广告，有广告外包且参评广告设计获得奖项的制造公司，可增加该公司上年总销售量10%的采购需求

（该需求不包含在原消费者代表发布的需求中）。

仿真市场会在第八年第一季度初、第八年第三季度初、第九年年初各召开一次产品交易会，制造公司在每次参加交易会前均须按订货会销售费用投入表投入。相关费用支付方式参见本教材【制造公司—基本运作规则—财务规则】中的相关规定。

（5）各制造公司必须严格执行"交易会路演公约"开展路演活动，宣传本公司文化、制度建设、团队合作精神、产能、技术水平、成本控制、质量认证、环保认证、产品定位与特色。消费者代表、贸易公司、制造公司市场总监对此评分（去掉一个最高分和一个最低分再计算平均得分为路演得分）。

（6）制造公司对贸易公司发布的采购订单招标信息进行投标。投标后系统按照以下公式计算各投标生产商的综合得分，指标和权重信息在当季信息资源公司发布会上进行确认或作变更说明。

综合得分 = 该市场该产品的广告费标准分×16%+该市场该产品业务招待费标准分×2%+该市场该产品市场调研费标准分×2%+路演得分标准分×10%+该投标单报价标准分×70%

其中，标准分计算方法：

标准分 = [（实际值 − 最不满意值）/（最满意值 − 最不满意值）]× 40 + 60

系统要求贸易公司确认中标制造公司必须遵守以下原则：一是综合得分最高者优先为中标公司；二是在综合得分相等时由贸易公司决定中标公司。

（7）确定广告投入对各制造公司销售量的贡献。

上次产品交易会各个公司的广告费等将对本次产品交易会销售产生一定的影响。

本次某制造公司某市场某产品广告费综合值=本次某市场某产品广告费 ×（1+上次本市场本产品广告费高于平均水平的百分比×10%）

由于仿真市场交易谈判的特殊性，不易体现制造公司的广告投入对其销售量产生积极、合理影响的效果，需要一定程度的行政干预。因此，特别规定制造公司销售产成品时，一定比例的销售量直接取决于广告投入。每年消费者代表的需求量依据各制造公司投入的广告费的情况分配给制造公司，每次产品交易会分配一次。各制造公司可获得的计划订单数量分配比例的计算公式为

某制造公司某产品在某市场可获得计划订单数量的比例 = 本次该公司该产品在该市场的广告费综合值 / 本次该市场该产品所有制造公司广告费综合值总额 ×100%

各制造公司可分配获得的订单数量计算公式为

某制造公司某次交易会某产品在某市场可获得的订单量=该交易会该市场该产品的消费者代表的需求总量×该公司可获得计划订单数量的比例

对每次交易会获得的计划订单数量，制造公司自主决定可接受的数量，某公司获得的实际可销售数量可低于计划订单数量。

本条规定仅保证制造公司能够依据广告投入等从而获得相应的订单数量，但不保证

制造公司一定能够实现该部分订单数量的销售。是否实现销售取决于制造公司与贸易公司就数量、价格、付款条件、交货期、资质、综合得分等交易条件的协商洽谈。

（8）订货洽谈会后，买卖双方可随时洽谈签约。

（9）贸易公司有权利也有义务在洽谈或签订购销合同前要求制造公司出示新市场、新产品成功开发的证明，制造公司不得以任何理由拒绝。在未完成开发的市场销售产品、销售未完成开发的产品均为违规行为，所签购销合同无效，并按相关规则处以罚款。

（10）所有洽谈交易条件、结果必须以购销合同为执行依据，其他形式的协议无效。

（11）购销合同必须经仿真市场律师事务所审核确认后方可使用。购销合同执行过程中如有异议，甲乙双方均有权利向市场监督管理局提出仲裁要求，市场监督管理局不得拒绝受理。若甲乙双方对市场监督管理局的仲裁意见不服，可委托仿真市场律师事务所通过法律途径解决。

（12）仿真实习指挥中心拥有对本实施细则的解释权。

第二节　基础财务数据

一、零售贸易公司

一个本地市场共有 3 家贸易公司。第七年年末，3 家贸易公司的经营条件完全相同（即第八年本地市场 3 家贸易公司基本处于同样的经营起点）。以下是一家零售贸易公司第七年年末的基础信息。

（一）报表数据

零售贸易公司第七年及其以前的财务信息，可以通过分析资产负债表和利润表判断。

1. 资产负债表

零售贸易公司第七年年末资产规模达到 2991.12 万元，其中流动资产 2031.72 万元，非流动资产 959.40 万元。第七年年末，零售贸易公司负债总额为 1607.15 万元，资产负债率为 53.73%，表明公司经营比较稳健。

零售贸易公司资产负债表如表 5-9 所示。

表 5-9　资产负债表（一）

会商 01 表

编制单位：零售贸易公司　　　　第七年 12 月 31 日　　　　单位：万元

资产项目	金额	负债及所有者权益项目	金额
库存现金	0.88	短期借款	100.00
银行存款	200.00	应付账款	1200.00
其他货币资金	100.00	应付职工薪酬	16.95
应收账款	1515.00	应交税费	75.80

续表

资产项目	金额	负债及所有者权益项目	金额
应收利息	10.00	应付利息	0
存货①	241.20	长期借款	214.40
商品进销差价（贷）	35.36	实收资本	800.00
固定资产原值	1331.00	资本公积	118.00
累计折旧（贷）	371.60	盈余公积	200.00
固定资产净值	959.40	未分配利润	265.97
资产总计	2991.12	权益总计	2991.12

注：①其他货币资金全部为在投资银行开立的证券账户中的存出投资款，须于实习开始时从 A 股市场购入某上市公司股票作为交易性金融资产（该上市公司由各机构以真实市场交易前一日收盘价作为后续核算依据）。②应收账款系模拟市场外某商业企业欠款，可记在楚财集团账上，需在第八年第一季度清偿。③应付职工薪酬中 13.56 万元为职工教育经费，3.39万元为工会经费；应交税费为当年欠交，其中欠所得税 20.39 万元，欠增值税 55.41 万元，欠交税款应在下年初缴纳。④零售贸易公司短期借款、应付款项、长期借款如表 5-10 所示。⑤实收资本股东系 A、B、C 三位投资人，其中股东 A 投资额240 万元，占 30%的股份；股东 B 投资额 408 万元，占 51%的股份，股东 C 投资额 152 万元，占 19%的股份。⑥在仿真综合实训开始时，公司原股东需按比例分担，将总股本 40%的份额转让给中层管理人员，这些中层管理人员组建新一届管理层的领导班子，股份如何分配，由公司自行选择标准决定

表 5-10　零售贸易公司短期借款、应付款项、长期借款

企业名称	科目名称	金额/万元	科目明细信息
ABD11 ABD21	短期借款	100.00	第七年 10 月 1 日借入的一年期贷款 100 万元，贷款合同约定利率4.5%，每半年计息并支付一次
	应付款项	1200.00	应付本地 8 家制造公司每家 150 万元×8 家=1200 万元
	长期借款	214.40	第六年 6 月 30 日借入的到期一次还本付息三年期贷款，本金 200万元，利率 4.8%，每半年计息一次
ABD12 ABD22	短期借款	100.00	第七年 10 月 1 日借入的一年期贷款 100 万元，贷款合同约定利率4.5%
	应付款项	1200.00	（1）应付本地 8 家制造公司欠款每家 130 万元×8 家=1040 万元 （2）应付资产供应公司 AZC01 与 AZC02 公司购置办公设备和营业设备欠款各 62 万元 （3）应付物流公司 12×3=36 万元
	长期借款	214.40	第六年 6 月 30 日借入的到期一次还本付息三年期贷款，本金 200万元，利率 4.8%，每半年计息一次
零售贸易公司 3 的往来调整为以下数据，请同时修改资产负债表中的数据			
		调整前	调整后	调整后的明细

ABD13 ABD23	调整前	调整后	调整后的明细
	短期借款 100 万元	短期借款 74.4万元	第七年 10 月 1 日借入的一年期贷款 74.4 万元，贷款合同约定利率4.5%，每半年计算并支付一次利息
	应付款项 1200 万元	应付票据 1440万元	第七年年末给本地 8 家制造公司每家签发商业汇票，合计 180 万元×8=1440 万元
	长期借款 214.40 万元	长期借款 0	无

---

① 仿真实习要求零售贸易公司库存商品核算采用售价金额核算法。

2. 利润表

本公司经过七年的发展，已经有了一定的规模，经销的 P1 产品在本地市场上已经被消费者认可，未来主营业务收入可能将持续增长。

第七年实现营业收入 1940.65 万元，比上年增长 17.90%；实现营业利润 79.28 万元，比上年增长 16.04%；全年税后利润达到 61.15 万元，比上年增长 41.71%。

零售贸易公司利润表如表 5-11 所示。

表 5-11 利润表（一）

编制单位：零售贸易公司　　　第七年 12 月　　　会商 02 表

单位：万元

项目	行次	本年数	上年数
一、营业收入	1	1940.65	1645.96
减：营业成本	2	1591.33	1352.87
税金及附加	3	103.82	88.06
减：销售费用	4	108.85	85.65
管理费用	5	58.98	47.66
财务费用	6	16.50	18.38
加：投资收益（损失以"—"填列）	7	18.11	14.98
二、营业利润（亏损以"—"填列）	8	79.28	68.32
加：营业外收入	9	12.56	19.75
减：营业外支出	10	10.30	23.67
三、利润总额（亏损以"—"填列）	11	81.54	64.40
减：所得税费用	12	20.39	21.25
四、净利润（亏损以"—"填列）	13	61.15	43.15

（二）实物资产信息

1. 固定资产信息

第七年年末零售贸易公司固定资产基本信息如表 5-12 所示。

表 5-12 第七年年末零售贸易公司固定资产基本信息

固定资产名称	原值 /万元	残值 /万元	使用年限 /年	已用年限 /年	已提折旧 /万元	备注
行政与营业大楼	830	30	40	7	140	自有 1 栋
办公设备	108	5	10	4	41.2	自有 1 台
营业设备	208	8	10	4	80	自有 1 台

固定资产名称	原值/万元	残值/万元	使用年限/年	已用年限/年	已提折旧/万元	备注
产成品仓	110	10	20	16	80	自有 1 个
大卡车	18	1	5	1	3.4	自有 1 辆
中卡车	16	1	5	3	9	自有 2 辆
商务车 A	25	2	8	3	9	自有 1 辆

注：①产成品仓容量为 5000 单位；②运输设备：大卡车载重量为 10 吨，中卡车载重量为 8 吨

2. 存货信息

第七年年末零售贸易公司存货基本信息如表 5-13 所示。

表 5-13　第七年年末零售贸易公司存货基本信息

存货名称	存货数量/件	单位进价/元	单位售价/元	存放地点	属性
P1	320	2870	3350	产成品仓	零售销售
P1	400	2850	3350	产成品仓	零售销售

二、大宗贸易公司

目前国内国际市场共有 3 家大宗贸易公司。第七年年末，3 家公司的经营条件完全相同（即第八年 3 家公司基本处于同样的经营起点）。以下是一家大宗贸易公司第七年年末的基础信息。

（一）报表数据

大宗贸易公司第七年及其以前的财务信息，可以通过分析资产负债表和利润表判断。

公司目前的财务状况良好，资金比较充足；资产负债率在 38% 左右，偿债能力较强，未来盈利空间比较大，具有良好的发展前景。

1. 资产负债表

大宗贸易公司第七年年末资产规模达到 4901.31 万元，其中流动资产 2472.01 万元，非流动资产 2429.30 万元。第七年年末，大宗贸易公司负债总额为 1886.48 万元，资产负债率在同行业中处于较低水平，其中流动负债 2472.01 万元，长期负债 560 万元；第七年年末所有者权益达到 3014.83 万元，占资产总额的 61.51%。

大宗贸易公司资产负债表如表 5-14 所示。

表 5-14　资产负债表（二）

会商 01 表

编制单位：大宗贸易公司　　　　　第七年 12 月 31 日　　　　　单位：万元

资产项目	金额	负债及所有者权益项目	金额
库存现金	0.98	短期借款	320.00
银行存款	1176.14	应付账款	710.68
其他货币资金	100.00	应付职工薪酬	47.54
应收账款	585.00	应交税费	234.25
应收利息	35.00	应付利息	14.01
存货①	574.89	长期借款	560
其他流动资产	0	实收资本	2100
固定资产原值	4613.00	资本公积	486.40
累计折旧（贷）	2183.70	盈余公积	211
固定资产净值	2429.30	未分配利润	217.43
资产总计	4901.31	权益总计	4901.31

注：①其他货币资金全部为在投资银行开立的证券账户中的存出投资款，须于实习开始时从 A 股市场购入某上市公司股票作为交易性金融资产（该上市公司由各机构以真实市场交易前一日收盘价作为后续核算依据）。②应收账款系某商业企业欠款 585 万元，第八年第一季度由楚财集团代为偿付。③应付职工薪酬中 38.032 万元为职工教育经费，9.508 万元为工会经费；应交税费为当年欠交，其中欠所得税 135.97 万元，欠增值税 98.28 万元，欠交税款应在下年初缴纳。④短期借款系第七年 10 月 1 日借入的一年期贷款，贷款合同约定利率 4.5%，每半年计息并支付一次。⑤应付账款包含向资产供应公司 AZC01、AZC02 公司购置办公设备和营业设备欠款各 110 万元和应付楚财集团的货款 490.68 万元。⑥长期借款有两笔：其中 180 万元系第六年 6 月 30 日借入的到期还本分期付息的三年期贷款，贷款合同约定利率 4.8%，每半年计算并支付利息一次；另外 380 万元系第五年 12 月 31 日借入的到期还本分期付息的三年期贷款，贷款合同约定利率 5.1%，每半年计算并支付利息一次。⑦实收资本系 A、B、C 投资人于公司成立时的一次性投资，其中股东 A 投资额 378 万元，占 18%的股份；股东 B 投资额 630 万元，占 30%的股份，股东 C 投资额 1092 万元，占 52%的股份。⑧在仿真综合实训开始时，公司原股东需按比例分担，将总股本 40%的份额转让给中层管理人员，这些中层管理人员组建新一届管理层的领导班子，股份如何分配，由公司自行选择标准决定

2. 利润表

本公司经过七年的发展，已经有了一定的规模，经销的 P1 产品在国内市场上已经被消费者认可，并已做好进入国际市场的准备。公司未来主营业务收入可能将持续增长，发展前景较好。

公司第七年实现营业收入 6365.46 万元，比上年增长 12.36%；实现营业利润 524.87 万元，比上年增长 38.38%；全年税后利润达到 407.93 万元，比上年增长 49.8%。

大宗贸易公司利润表如表 5-15 所示。

---

① 仿真实习要求大宗贸易公司库存商品核算采用数量进价金额核算法。

表 5-15　利润表（二）

编制单位：大宗贸易公司　　　第七年 12 月　　　　　　　单位：万元

项目	行次	本年数	上年数
一、营业收入	1	6365.46	5665.12
减：营业成本	2	4901.4	4444.98
税金及附加	3	345.68	307.67
减：销售费用	4	356.46	314.86
管理费用	5	269.53	242.05
财务费用	6	44.95	40.3
加：投资收益（损失以"—"填列）	7	77.43	64.04
二、营业利润（亏损以"—"填列）	8	524.87	379.3
加：营业外收入	9	97.54	75.5
减：营业外支出	10	78.51	78.34
三、利润总额（亏损以"—"填列）	11	543.9	376.46
减：所得税费用	12	135.97	104.14
四、净利润（亏损以"—"填列）	13	407.93	272.32

（二）实物资产信息

1. 固定资产信息

第七年年末大宗贸易公司固定资产基本信息如表 5-16 所示。

表 5-16　第七年年末大宗贸易公司固定资产基本信息

固定资产名称	原值/万元	残值/万元	使用年限/年	已用年限/年	已提折旧/万元	备注
行政与营业大楼	3100	200	40	20	1450	自有 1 栋
办公设备 A	150	10	10	5	70	自有 1 台
办公设备 B	285	15	10	5	135	自有 1 台
营业设备 A	280	20	10	5	130	自有 1 台
营业设备 B	320	10	10	5	155	自有 1 台
产成品仓 A	105	5	20	16	80	自有 1 个
产成品仓 B	105	5	20	10	50	自有 1 个
产成品仓 C	115	5	20	8	44	自有 1 个
大卡车 1	18	1	5	4	13.6	自有 1 辆
大卡车 2	18	1	5	3	10.2	自有 1 辆

续表

固定资产 名称	原值 /万元	残值 /万元	使用年限 /年	已用年限 /年	已提折旧 /万元	备注
中卡车 1	16	1	5	3	9	自有 1 辆
中卡车 2	16	1	5	4	12	自有 1 辆
小卡车	12	1	5	2	4.4	自有 1 辆
商务车 A	26	2	8	4	12	自有 1 辆
商务车 B	21	1	8	1	2.5	自有 1 辆
商务车 C	26	2	8	2	6	自有 1 辆

注：①产成品仓容量为 5000 单位。②运输设备：大卡车载重量为 10 吨，中卡车载重量为 8 吨，小卡车载重量为 5 吨

2. 存货信息

第七年年末大宗贸易公司存货基本信息如表 5-17 所示。

表 5-17 第七年年末大宗贸易公司存货基本信息

存货名称	存货数量/件	单位成本/元	金额/万元	存放地点	属性
P1（一批次）	580	2880	167.04	产成品仓	批发销售
P1（二批次）	400	2850	114.00	产成品仓	批发销售
P2（一批次）	210	9200	193.20	产成品仓	批发销售
P2（二批次）	110	9150	100.65	产成品仓	批发销售

第六章 原材料供应公司

仿真市场的原材料供应公司是指向制造公司销售其所需原材料的经营单位。原材料供应公司可以是工贸企业，也可以是商贸企业。仿真市场上有 3 家原材料供应公司。

原材料供应公司基本信息如表 6-1 所示。

表 6-1 原材料供应公司基本信息

所属市场	公司名称	代码	经营范围	银行账号	税务登记号
本地市场 国内市场 国际市场	A 区原材料供应公司 1	AYL01	R 系列（R1/R2/ R31/R32/ R41/R42）		
	A 区原材料供应公司 2	AYL02			
	A 区原材料供应公司 3	AYL03	柴油、汽车零配件		

注：所有原材料供应公司需进行工商登记、税务登记，并取得营业执照、税务登记号、银行账号才可正式营业

第一节 基本运作规则

原材料供应公司模拟业务规则以 3 家公司构成的材料供应市场为设计基础，是模拟市场原材料供应公司开展业务经营活动的行业规则。现在每一家材料供应公司的准备工作已经就绪，请各公司的所有经营管理者认真研读本行业的业务规则，并在经营活动过程中遵照执行。

一、组织架构

各家原材料供应公司根据实际情况自行设置组织架构与职位，并制定各个岗位工作职责，由于原材料供应公司可能会存在部分生产业务，其岗位设置与人员分工可以参考本教材【制造公司—基本运作规则—组织架构】的相关规定。

二、经营规则

原材料供应公司的宗旨是守法、公平、合作、竞争、双赢、高效地与制造公司开展购销业务。原材料供应公司是自主经营、独立核算、自负盈亏的法人单位，具有自主决定原材料供应品种、数量和价格的权利。

原材料供应公司应遵守行业规范，与同行公平竞争；不得违背商业伦理与市场规律，严禁垄断经营行为。原材料供应公司必须按照本规则组织公司的生产和商贸活动，严格按照本规则的各项规定规范公司的经营行为，制定公司的各项规章制度，开拓市场，生

产并销售产品；签订购销合同；制订经营计划和经营方针；制定各项经营决策，高效运营，协调公司运作；组织会计核算，提供财务信息。

原材料供应公司的原材料的供给量与销售报价受本实习区经济发展水平、固定资产投资规模及供求关系的影响。

（一）建立购货业务关系规则

仿真市场每个原材料供应公司已经与所有制造公司建立了购销业务关系，可以销售本公司经营范围内的 R 系列原材料，有权决定第八年与哪些制造公司继续发生业务往来。若继续保持业务关系，原材料供应公司还需要每年向保持业务关系的制造公司投入一定的客户维护费用，直至双方交易关系终止，在此基础上双方谈判协商，并以签订购销合同为准。

原材料供应公司只与制造公司进行原材料的购销，必须尽量满足制造公司所需的原材料及时、充足的供应。

原材料供应公司与制造公司不进行半成品交易；原材料供应公司之间不存在交易关系，不允许互相买卖原材料。

仿真市场每个原材料供应公司还与实行自营运输的相关公司建立了购销业务关系，可以销售本公司经营范围内的燃油与汽车零配件，其业务规则参考 R 系列原材料执行。

（二）采购业务规则

原材料供应公司可根据原材料市场供求、公司发展战略和公司经营条件制订采购计划，自主决策采购品种、数量、价格、时间及其他采购要求，与供货商（虚拟）自由谈判，签订购销合同，实现原材料的采购。

仿真市场每年年初召开一次由全体制造公司和贸易公司参加的商品交易洽谈会，原材料供应公司除通过商品交易洽谈会发布的有关信息预测当年原材料市场需求外，仿真市场还将定期发布供货商（虚拟）的供货信息，其中，原材料供货信息每月发布一次。供货信息内容包括品种、数量、价格和交货条件。

原材料供应公司应做好中长期采购计划。上游虚拟供货商（楚财集团）每月只能向每个原材料供应公司提供一次集中供货机会和一次补充供货机会。原材料供应公司在采购业务中，应及时支付货款。

出于仿真实习的需要，原材料供应公司从上游虚拟供货商采购的定价贯彻薄利多销的原则，采取简易从量定额计酬方式，即单件货物的毛利额保持固定不变。

采购原材料价格的计算方式为

单件原材料固定毛利额 = 基准价格 × 市场平均毛利率

每批原材料采购单价 = 该批原材料销售单价 − 单件原材料固定毛利额

说明如下：①基准价格由信息资源公司年初进行市场供求预测得出，经市场监督管理局（物价局职能）备案核准后发布；②市场平均毛利率由信息资源公司年初进行市场供求预测得出，经指挥中心核准后发布。

（三）仓储与运输规则

原材料供应公司采购的原材料一般需要时间不等的储存。原材料的存储，公司除利用自有仓库外，也可租用物流公司仓位。采购到货时必须办理入库手续，销售时必须办理出库手续。

原材料供应公司若委托物流公司储存原材料，可参考物流公司有关报价，双方协商洽谈，签订合同，并以此为执行依据。

原材料供应公司自有仓库仓储费标准如表 6-2 所示。

表 6-2　原材料供应公司自有仓库仓储费标准

类别	计量单位	费用
原材料	元/（100 单位·月）	250
	元/（100 单位·天）	8.7

原材料供应公司销售原材料时，需要负责运输或承担运输费用。原材料供应公司可利用自有运输工具，也可委托物流公司完成运输。

原材料供应公司自行运输原材料的费用标准如表 6-3 所示。

表 6-3　原材料供应公司自行运输原材料费用标准

运输区段	所需时间/天	零担/[元/（单位·千米）]	整车/[元/（车·千米）]		
			5 吨	8 吨	10 吨
A—O—D	3	0.060	13	18	20
B—O—D	3	0.055	11	16	19
C—O—D	3	0.050	10	15	18

注：小卡车可以容纳 200 单位原材料；中卡车可以容纳 300 单位原材料；大卡车可以容纳 400 单位原材料。各制造公司、贸易公司位置分布见图 8-1、图 8-2

原材料供应公司若委托物流公司承担运输，可参考物流公司有关报价，双方协商洽谈，签订运输合同，并以此为执行依据。

（四）销售业务规则

原材料供应公司的销售规则与制造公司的材料采购规则重合部分须保持一致，遵循有规可依、有规必依、执规必严、违规必改的原则。

1. 建立材料购销关系

1）销售货物与市场

原材料供应公司的销售对象是同一仿真市场的制造公司，即制造公司需要采购本公司从上游虚拟供应商（楚财集团）处购入或自行生产的 R1、R2、R31、R32、R41、

R42 等原材料。销售品种、数量、价格会受到市场供求的影响，原材料供应公司须尽力满足制造公司的采购需求。

每年第一季度，仿真市场信息资源公司将发布当年原材料需求的指导性信息。制造公司可随时发布原材料需求信息，原材料供应公司与制造公司之间原材料的交易也可随时进行，洽谈签订购销合同并以此为执行依据。

2）客情费

公司已与市场上所有的制造公司建立了购销关系，无须再产生新的客户关系开发费。若公司今后有意与这些制造公司继续保持业务往来，需按规定核算支出客户关系维护费。

需要说明的是，原材料供应公司某年未与已建立交易关系的制造公司发生销售业务，可以不支出客户关系维护费，但以后年度如要与该制造公司签约销售材料，必须重新开发，开支客户关系开发费。

客情费往往是一种生活性消费活动，不同于业务招待费，不能抵扣进项税额。客情费不得支付给客户单位或个人，故开支时由楚财集团代为收取。

客情费标准如表 6-4 所示。

表 6-4　客情费标准

客情费内容	计量单位	本地市场	国内市场	国际市场
客户关系开发费	万元/家	3	5	10
客户关系维护费	万元/家	1	3	5

注：原材料供应公司客情费开支多少由制造公司开发的市场决定，依据就高不就低原则，不累计计算

3）供货提前期与供货率

参考本教材【制造公司—基本运作规则—经营规则—材料采购规则—采购业务规则—采购提前期与供货率规则】的相关规定执行。

2. 影响货物销售的主要因素

原材料供应公司货物的销售量和销售价格主要受到以下因素的影响：市场需求、销售价格、广告费、预计的市场偏好、销售人员数量、产品生命周期、投入市场的其他费用等。

公司在进行销售预测、制订销售计划和实施策略时重点考虑以下因素。

1）市场需求与供给预测

制造公司市场需求决定原材料供应公司的销售。原材料供应公司应首先对未来各市场的需求情况做出预测。各种原材料未来几年的市场需求情况可以参见本教材【信息资源公司—基本运作规则—业务规则—公共信息服务项目及收费标准—原材料市场预测信息】的内容。

原材料供应公司可以通过信息资源公司取得各种原材料市场供给的量价预测信息。

2）销售价格

原材料供应公司与制造公司在产品价格预期的基础上，均有定价自主权。公司定价时供求关系、商业折扣、市场竞争等因素，定价是否合理，对销售会有很大影响。成交价格由买卖双方洽谈确定，以购销合同为执行依据。

（1）同一种货物的基本销售价格是一样的。公司要在对未来价格预测的基础上，首先确定拟销售货物的基本价格。在基本价格之上，综合考虑专利技术开发、ISO 认证、广告宣传投入等因素影响。

（2）商品销售价格一律为不含税价，增值税税率为 13%，计算并缴纳增值税。销售商品需要开具增值税专用发票。

3）广告费

原材料供应公司每年需投入一定的广告宣传费用，以提高公司的知名度、美誉度，维持和促进商品销售。公司每年投入的广告宣传费用数额及财务核算，应遵循国家税法的有关规定。税务部门在计税时，也应按相关规定执行。市场监督管理局应对公司的广告活动进行监督管理，有权查处公司的违规行为。

（1）公司每年投入的广告宣传费不得低于上年销售额的 2%。公司每个季度必须投入全年广告费的 20%，全年必须使用完毕。公司须与本区传媒资源公司签约，双方自行约定广告费用的支付方式。在此前提下，可自主决定广告宣传费用的投入总额及在不同季度、不同市场的分配。

（2）从历史统计数据看，公司所属的半导体行业广告宣传费用一般占销售额的 2%～4%。

（3）广告宣传对商品销售具有促进作用。每年年初订货会上，公司要发布当年广告宣传投入情况（包括总额、投放地区和时间）、广告宣传的主要内容及诉求重点。传媒资源公司根据广告投入和广告宣传内容评选出"市场推广优秀公司"，获得"市场推广优秀公司"的原材料供应公司在其后一个年度内所有销售商品基本价格可自动提高0.5%。

（4）由于广告宣传效果的滞后性，每一季度的广告宣传实际投入将影响下一季度的销售情况。本规则将两者的关系规定为：公司某季度的广告宣传费用若高于同期行业在广告投入的平均水平的 1%，下一季度销售量在合同交易量的基础上可自动提高 0.5%；高于 2%，销售量提高 1.5%；高于 3%以上，销售量提高 2%。当然，公司有权放弃这部分自动提高的销售量。

4）销售人员

公司有自己的销售人员，他们承担联系客户、沟通信息、签约销售等工作。人数适度的销售队伍是提高销售量的积极因素。

（1）销售人员工作定额。各原材料供应公司参照本教材【制造公司—基本运作规则—人力资源管理规则—销售人员的确定标准】中的相关规定。

（2）销售人员数量与销售量。销售人员所能承担的最高业务量有一定的限制。一个销售人员在同一市场可销售一种或多种产品。销售一种商品时，每人的销售量不得超过规定的该商品的最高业务量；销售多种产品时，不得超过所销售商品最高业务量的平均值。因此，公司如果要扩大在某一市场的销售量（或占有率），就必须相应增加销售人员。原材料供应公司可以根据"销售人员的确定标准"和公司年度销售计划，确定所需的销售人员数量及其工作定额。

5）其他销售费用

公司在开展销售业务中，除上述销售人员报酬、广告费、客情费以外，还会发生其他的销售费用，主要有差旅费、业务招待费、市场调研费等。这些费用的开支标准及对销售量的影响，具体规定如下。

（1）差旅费。各原材料供应公司有关人员外出洽谈业务，需要开支差旅费。差旅费分为固定差旅费和变动差旅费两部分。固定差旅费一般按出差人次数计算，应于每次出差时支付；变动差旅费一般按营业收入计算，应于年内分期支付。出于仿真实习的需要，也为了便于各原材料供应公司之间财务数据横向比较，特规定全年差旅费总额按照当年营业收入总额的1.1%开支。差旅费每个季度使用全年预计总额的20%以上，由楚财集团按季度代为收取，年底结清。

（2）业务招待费。年度总招待费应不低于上年营业收入的1%。该项费用每个季度至少支付预计全年总额的20%，由体旅资源公司收取该项费用（各原材料供应公司与本区体旅资源公司必须签约），年底结清。

（3）市场调研费。原材料供应公司必须进行市场调研，每年最低市场调研费为15万元。各公司自行决定年度总市场调研费在每季度的投入额，全年必须使用完毕。此项费用一律支付给信息资源公司作为提供调研项目报告以及有偿市场信息的费用，但不得用于委托其他有偿服务项目的费用。原材料供应公司与本区信息资源公司必须签约，双方自行约定该项费用的支付方式。

3. 销售产品的交易规则

公司在销售产品时，必须了解和遵守市场交易规则。

4. 商品交接与货款结算

各原材料供应公司遵照本教材【制造公司—基本运作规则—经营规则—材料采购规则】的相关规定执行。

（五）人力资源管理规则

原材料供应公司组织经营活动，需要销售业务员、采购业务员、管理人员、财务人员等各类员工通力合作，才能完成经营任务，实现公司经营管理目标。公司员工管理规则参见本教材【制造公司—基本运作规则—人力资源管理规则—人力资源规划—员工管理规则】中对应部分。

1. 原材料供应公司人员与工资信息

3家原材料供应公司初始的人员和工资信息完全相同。某一家原材料供应公司全体职工第七年12月的人员与工资信息如表6-5所示。

表 6-5 第七年 12 月原材料供应公司人员与工资信息

人员岗位	数量/人	人均基本工资/（元·月）	人均奖金与提成/（元·年）
公司总经理	1	10 000	20 000
公司副总经理	2	8 000	15 000
销售部经理	1	5 000	15 000
采购部经理	1	5 000	11 000
财务总监	1	5 000	11 000
销售主管	1	3 500	13 000
行政秘书	1	2 500	6 000
销售业务员	10	2 000	13 000
采购业务员	3	2 000	8 000
仓库管理员	1	2 000	4 000
会计/出纳	2	2 500	5 000
其他人员	2	2 000	4 000
合计	26	—	—

2. 业务员及其相关人员的配比规则

为了保证公司生产的正常进行，员工岗位和人数必须跟年销售额维持一个均衡的比重。从第八年起，原材料供应公司在第七年销售额的基础上，每增加 400 万元，需增加销售业务员与其他人员各 1 人；业务员每增加 10 人，另外还需增加销售主管 1 名。

企业各类人员的基本工资每年应根据公司经营情况适当加以调整，奖金与提成应与公司净利润增长率保持一致。

3. 员工招聘规则

原材料供应公司员工招聘遵照本教材【制造公司—基本运作规则—人力资源管理规则—员工招聘规则】的相关规定执行。

4. 员工培训规则

原材料供应公司员工培训遵照本教材【制造公司—基本运作规则—人力资源管理规则—员工培训规则】的相关规定执行。

三、财务规则

原材料供应公司财务核算与制造公司等同要求，其财务规则遵照本教材【制造公司—基本运作规则—财务规则】相关规定严格执行。

第二节　基础财务数据

一、报表数据

原材料供应公司第七年及其以前的财务信息，可以通过分析资产负债表和利润表判断。

（一）资产负债表

原材料供应公司第七年年末资产规模达到3111.25万元，其中流动资产2149.85万元，非流动资产961.40万元。第七年年末，原材料供应公司负债总额为1915.45万元，资产负债率为61.57%，虽然偏高，但公司流动资产较为充足，财务风险不大。

原材料供应公司资产负债表如表6-6所示。

表6-6　资产负债表

编制单位：原材料供应公司　　　　　　第七年12月31日

会企01表
单位：万元

资产项目	金额	负债及所有者权益项目	金额
库存现金	0.50	短期借款	200.00
银行存款	800.00	应付账款	800.00
其他货币资金	100.00	应付职工薪酬	10.75
应收账款	1200.00	应交税费	85.50
应收利息	26.25	应付利息	19.20
存货	23.10	长期借款	800.00
其他流动资产	0.00	实收资本	800.00
固定资产原值	1600.00	资本公积	118.45
累计折旧（贷）	638.60	盈余公积	148.40
固定资产净值	961.40	未分配利润	128.95
资产总计	3111.25	权益总计	3111.25

注：①其他货币资金全部为在投资银行开立的证券账户中的存出投资款，须于实习开始时从A股市场购入某上市公司股票作为交易性金融资产（该上市公司由各机构以真实市场交易前一日收盘价作为后续核算依据）。②应收账款系制造公司欠款。AYL01公司分别应收A11~A16公司材料款各200万元，共1200万元；AYL02公司分别应收A17和A18，A21~A23材料款各200万元，共1000万元，另有应收某公司其他款项200万元（由楚财集团代为支付）；AYL03公司分别应收A24~A28公司材料款各200万元，共1000万元，另有应收其他某公司流动资产200万元（由楚财集团代为支付）。③短期借款系第七年10月1日借入的一年期贷款，贷款合同约定利率4.5%，每半年计息并支付一次。④应付职工薪酬中8.60万元为职工教育经费，2.15万元为工会经费；应交税费为当年欠交，其中欠所得税25.50万元，欠增值税60万元，欠交税款应在下年初缴纳。⑤应付账款系原材料供应公司采购货款，由楚财集团承付。⑥长期借款系第六年7月1日借入的到期还本分期付息的三年期贷款，贷款合同约定利率4.8%，每半年计算并支付利息一次。⑦实收资本股系A、B投资人，其中股东A投资额560万元，占70%股份；股东B投资额240万元，占30%股份。⑧在仿真综合实训开始时，公司原股东需按比例分担，将总股本40%的份额转让给中层管理人员，这些中层管理人员组建新一届管理层的领导班子，股份如何分配，由公司自行选择标准决定

（二）利润表

原材料供应公司经过七年的发展，已经有了一定的规模，经销的 M 系列原材料品种在市场上已经制造公司广泛认可，未来主营业务收入仍将持续增长。

第七年实现营业收入 2693.66 万元，比上年增长 13.64%；实现营业利润 92.97 万元，比上年增长 52.91%；全年税后利润达到 76.48 万元，比上年增长 66.12%。

原材料供应公司利润表如表 6-7 所示。

表 6-7 利润表

编制单位：原材料供应公司　　　　第七年 12 月

会企 02 表
单位：万元

项目	行次	本年数	上年数
一、营业收入	1	2693.66	2370.42
减：营业成本	2	2113.87	1860.21
税金及附加	3	178.15	156.77
减：销售费用	4	130.71	115.03
管理费用	5	112.69	120.16
财务费用	6	76.95	67.72
加：投资收益（损失以"—"填列）	7	11.68	10.27
二、营业利润（亏损以"—"填列）	8	92.97	60.80
加：营业外收入	9	33.15	29.17
减：营业外支出	10	24.14	21.24
三、利润总额（亏损以"—"填列）	11	101.98	68.73
减：所得税费用	12	25.50	22.69
四、净利润（亏损以"—"填列）	13	76.48	46.04

二、实物资产信息

（一）固定资产信息

第七年年末原材料供应公司固定资产基本信息如表 6-8 所示。

表 6-8　第七年年末原材料供应公司固定资产基本信息

固定资产名称	原值/万元	残值/万元	使用年限/年	已用年限/年	已提折旧/万元	备注
行政与营业大楼	1200	100	40	20	550	自有
办公设备	80	5	10	2	15	自有
营业设备	150	8	10	2	28.4	自有

续表

固定资产 名称	原值 /万元	残值 /万元	使用年限 /年	已用年限 /年	已提折旧 /万元	备注
原材料仓	110	10	20	4	20	自有1个
大卡车	18	1	5	3	10.2	自有1辆
中卡车	16	1	5	3	9	自有1辆
商务车	26	2	8	2	6	自有1辆

注：①原材料仓容量为 5000 单位；②运输设备：中卡车载重量为 8 吨，大卡车载重量为 10 吨

（二）存货信息

第七年年末原材料供应公司存货基本信息如表 6-9 所示。

表 6-9　第七年年末原材料供应公司存货基本信息

存货名称	存货数量/件	单位成本/元	金额/万元	存放地点	属性
R1	820	145	11.89	原材料仓	销售
R2	590	190	11.21	原材料仓	销售

第七章 资产供应公司

仿真市场的资产供应公司是指向其他仿真机构提供所需各种不动产、经营管理用设备、运输工具等资产的经营单位。资产供应公司既从事商贸业务，也从事租赁业务。仿真市场上有 2 家资产供应公司。

资产供应公司基本信息如表 7-1 所示。

表 7-1　资产供应公司基本信息

所属市场	公司名称	代码	经营范围	银行账号	税务登记号
本地市场 国内市场 国际市场	A 区资产供应公司 1	AZC01	厂房、仓库、 机器设备、运输工具		
	A 区资产供应公司 2	AZC02			

注：所有资产供应公司需进行工商登记、税务登记，并取得营业执照、税务登记号、银行账号才可正式营业

第一节　基本运作规则

资产供应公司模拟业务规则以 2 家公司构成的资产供应市场为设计基础，是模拟市场资产供应公司开展业务经营活动的行业规则。现在每一家资产供应公司的准备工作已经就绪，请各公司的所有经营管理者认真研读本行业的业务规则，并在经营活动过程中遵照执行。

一、组织架构

根据资产供应公司在仿真实习环境中的业务运行模式，资产供应公司组织结构如图 7-1 所示。

图 7-1　仿真资产供应公司组织结构

二、经营规则

资产供应公司的宗旨是守法、公平、合作、竞争、双赢、高效地与制造公司开展购

销业务。资产供应公司是自主经营、独立核算、自负盈亏的法人单位，具有自主决定资产供应方式、品种、数量和价格的权利。

资产供应公司应遵守行业规范，与同行公平竞争；不得违背商业伦理与市场规律，严禁垄断经营行为。资产供应公司必须按照本规则组织公司的销售和租赁活动，严格按照本规则的各项规定规范公司的经营行为，制定公司的各项规章制度，开拓市场，销售或租赁；签订购销合同或销售合同；制订经营计划和经营方针；制定各项经营决策，高效运营，协调公司运作；组织会计核算，提供财务信息。

资产供应公司资产的供给量与交易报价受本实习区经济发展水平、固定资产投资规模及供求关系的影响。

（一）建立经营业务关系规则

仿真市场每个资产供应公司已经与其他所有相关仿真机构建立了经营业务关系，可以销售或租赁本公司经营范围内的资产。

资产供应公司主要与制造公司进行资产的购销和租赁，必须尽量满足制造公司所需的资产及时、充足的供应。资产供应公司与非制造公司主要进行仓库和运输工具的交易。

制造公司的自有厂房、仓库以及设备等资产，可以且只能出租或出售给资产供应公司，不能自行出租给其他仿真公司进行公司之间的租赁。资产供应公司租入制造公司的自有厂房、仓库以及设备等资产，租赁价格为本公司同类资产租赁价格的80%。

资产供应公司之间不存在交易关系，不允许互相买卖资产。

（二）采购业务规则

资产供应公司可根据资产市场供求、公司发展战略和公司经营条件制订采购计划，自主决策采购品种、数量、价格、时间及其他采购要求，与虚拟供货商（楚财集团）自由谈判，签订购销合同，实现资产的采购。

仿真市场每年年初召开一次由全体制造公司和贸易公司参加的商品交易洽谈会，资产供应公司除通过商品交易洽谈会发布的有关信息预测当年资产市场需求外，仿真市场还将定期发布虚拟供货商（楚财集团）的供货信息。

资产供应公司应做好中长期采购计划。上游虚拟供货商（楚财集团）随时向每个资产供应公司提供采购机会。由于第八年经营中制造公司主要采取租赁方式获取资产，资产供应公司集中采购量较多，而且受资产价格高昂以及租赁回款漫长等因素影响，资金压力巨大。

为解决这个问题，出于仿真实习顺利进行的需要，资产供应公司从上游虚拟供货商（楚财集团）采购时采取以出定入、区别定价、远期结算的方式进行，即资产供应公司必须先就现有的资产进行销售或出租交易，库存资产在没有出清之时，不得进行采购。公司须在签订销售或租赁业务合同后，再随时或者定期集中向上游虚拟供货商（楚财集团）进行采购。具体需要确定两个方面的问题。

1. 资产采购的定价策略

出于仿真实习的需要，资产供应公司从上游虚拟供货商采购的定价贯彻薄利多销的原则，采取简易从量定额计酬方式，即单件货物的毛利额保持固定不变。

采购资产价格的计算方式为

单件资产固定毛利额 = 基准价格 × 市场平均毛利率

每批资产采购单价 = 该批资产销售单价 – 单件资产固定毛利额

说明如下：①基准价格由信息资源公司年初进行市场供求预测得出，经市场监督管理局（代理物价局职能）备案核准后发布；②市场平均毛利率由信息资源公司年初进行市场供求预测得出，经指挥中心核准后发布。

2. 资产采购的结算方式

一律采用延期付款的方式进行。对于实现销售的资产，收到全部销售货款后当月必须向上游虚拟供货商（楚财集团）偿付资产采购款；对于实现租赁的资产，作为长期应付款直接挂在楚财集团的账上，实习期内不用偿还，也不产生利息。

（三）仓储与运输规则

资产供应公司销售或租赁设备只能委托仿真市场物流公司完成运输，运输费用由销售方承担，以购销合同的相关条款为执行依据。设备只能使用自有仓库储存，物流公司不提供设备仓储服务。

对于用于销售的资产，采购到货时必须办理入库手续，销售时必须办理出库手续。对于用于租赁的资产，直接由物流公司从虚拟资产制造商发送到承租方指定地点即可。

资产供应公司的设备仓库每年固定发生仓储费用 2 万元。

（四）销售业务规则

1. 建立供货业务关系规则

仿真市场每个资产供应公司已经与其他所有仿真机构建立了购销业务关系，可以直接销售本公司经营范围内的机器设备和运输工具，或者代理建造（出售）厂房和仓库。资产供应公司一般不产生客情费。

销售品种、数量、价格主要取决于市场供求情况，不保证资产供应公司采购的产品均能实现销售，实现销售的程度与市场供求、资产供应公司的经营决策水平有直接关系。

设备和运输工具，厂房、仓库、生产线与装配线只能采取租赁的方式进行交易。自第九年起，所有资产的交易则不再受任何限制。

2. 影响资产销售的主要因素

资产供应公司货物的销售量和销售价格主要受到以下因素的影响：市场需求、销售价格、广告费、预计的市场偏好、销售人员数量、产品生命周期、投入市场的其他费用等。

公司在进行销售预测、制订销售计划和实施策略时重点考虑以下因素。

1）市场需求与供给预测

资产供应公司应首先对未来各市场的需求情况做出预测，可以通过信息资源公司取得各种资产市场供给的量价预测信息。

各种资产未来几年的市场需求情况可以参见本教材【信息资源公司—基本运作规则—业务规则—公共信息服务项目及收费标准—资产市场预测信息】的内容。

2）销售价格

资产供应公司与制造公司在资产价格预期的基础上，均有定价自主权。公司定价时供求关系、商业折扣、市场竞争、结算方式等因素，定价是否合理，对销售会有很大的影响。成交价格由买卖双方洽谈确定，以购销合同为执行依据。

同一种资产的基本销售价格是一样的。公司要在对未来价格预测的基础上，首先确定拟销售货物的基本价格。在基本价格之上，综合考虑专利技术开发、ISO 认证、广告宣传投入等因素的影响。

出售生产设备基本信息如表 7-2 所示；出售运输设备基本信息如表 7-3 所示。

表 7-2　出售生产设备基本信息

设备类型	一次性付款 /万元	分期付款 /（万元·季）	安装周期 /月	安装费用 /（万元·月）	残值 /万元	使用年限 /年
手工加工线	205	55	0	5	5	5
手工装配线	205	55	0	5	5	5
半自动加工线	410	105	2	5	10	10
半自动装配线	410	105	2	5	10	10
全自动加工线	730	187.5	4	5	30	10
全自动装配线	730	187.5	4	5	30	10
柔性加工线	1050	270	4	5	50	10
柔性装配线	1050	270	4	5	50	10
动力设备	220	60	2	5	20	10

注：①分期付款购买生产设备，支付款项的时间为 4 个季度，如果支付款项时间超过 4 个季度，则分期付款价格需要与供应公司协商谈判确定，并签订分期付款购销合同；②无论分期付款还是一次性付款价格，均为不含税价；③本公司出售各类设备的价格为第八年的预售价，设备售价受宏观经济环境、通货膨胀和供求关系的影响；④本公司提供设备的规模随着本实习区经济的增长和需求量的增加可能扩大

表 7-3　出售运输设备基本信息

设备类型	一次性付款 /万元	分期付款 /（万元·季）	付款期数 /季度	附加费用 /万元	残值 /万元	折旧年限 /年
大卡车	18	4.8	4	1	1	5
中卡车	16	4.5	4	0.5	1	5
小卡车	12	3.3	4	0.5	1	5

注：①无论分期付款还是一次性付款价格，均为不含税价；②本公司出售的运输设备数量有限，第八年预计可以出售各类运输设备 10～15 辆，以后每年新增各类运输设备 5%～15%；③本公司的代理出售各类设备的价格为第八年的预售价，设备售价受宏观经济环境、通货膨胀和供求关系的影响；④本公司提供设备的规模随着本实习区经济的增长和需求量的增加可能扩大

3）广告费

资产供应公司每年需投入一定的广告宣传费用，以提高公司的知名度、美誉度，维持和促进商品销售。公司每年投入的广告宣传费用数额及财务核算，应遵循国家税法有关规定。税务部门在计税时，也应按相关规定执行。市场监督管理局应对公司的广告活动进行监督管理，有权查处公司的违规行为。

公司每年投入的广告宣传费不得低于上年营业收入的 3‰。公司每个季度必须投入全年广告费的 20%，全年必须使用完毕。公司须与本区传媒资源公司签约，双方自行约定广告费用的支付方式。

4）差旅费

各资产供应公司有关人员外出洽谈业务，需要开支差旅费。差旅费分为固定差旅费和变动差旅费两部分。固定差旅费一般按出差人次数计算，应于每次出差时支付；变动差旅费一般按营业收入计算，应于年内分期支付。出于仿真实习的需要，也为了便于各资产供应公司之间财务数据横向比较，特规定全年差旅费总额按照当年营业收入总额的1.1%开支。差旅费每个季度使用全年预计总额的 20%以上，由楚财集团按季度代为收取，年底结清。

5）业务招待费

年度总招待费应不低于上年营业收入的 0.3%。该项费用每个季度至少支付预计全年总额的 20%，由体旅资源公司收取该项费用（各资产供应公司与本区体旅资源公司必须签约），年底结清。

6）市场调研费

资产供应公司必须进行市场调研，每年市场调研费最低为 15 万元。各公司自行决定年度总市场调研费在每季度的投入额，全年必须使用完毕。此项费用一律支付给信息资源公司作为提供调研项目报告以及有偿市场信息的费用，但不得用于委托其他有偿服务项目的费用。资产供应公司与本区信息资源公司必须签约，双方自行约定该项费用的支付方式。

（五）租赁业务规则

1. 建立租赁业务关系规则

资产供应公司可以用于租赁的资产包括不动产（厂房、仓库等）与动产（生产设备、运输工具等）。仿真实习对于第八年不同资产的租赁期限，专门作了具体的规定。

资产供应公司租赁业务规则与本教材【制造公司—基本运作规则—经营规则—生产规则—建筑物取得规则/生产设备投资、租赁规则】需保持一致，如有异议，以制造公司相关规定为准。

第八年资产租赁规定相关信息如表 7-4 所示。

表 7-4　第八年资产租赁规定相关信息

资产类型	租赁期限	租赁性质	出租人会计科目		承租人会计科目
			出租前	出租后	
厂房	≥2 年（按年）	经营租赁	库存商品或固定资产	投资性房地产	使用权资产
仓库（整租）	≤1 年（按季）	短期租赁或低值租赁	库存商品或固定资产	投资性房地产	无
仓库（仓位）	按天	短期租赁或低值租赁	库存商品或固定资产	固定资产	无
生产线/装配线	≥使用年限×3/4（按年）	融资租赁	库存商品或固定资产或融资租赁资产	无	使用权资产
运输工具	≤1 年（按月）	短期租赁或低值租赁	库存商品或固定资产	固定资产	无

1）厂房租赁信息

租赁公司提供各类厂房租赁，凡是需要租赁厂房的制造公司，需向租赁公司提交书面申请，双方协商一致后，签订租赁合同。租赁公司出租厂房到期收回后可以继续出租，但是每年新增厂房数量有限，可供出租的现房也会有一定的限制，受市场供求关系和本实习区经济发展速度的影响较大。

各类厂房出租的基本信息如表 7-5 所示。

表 7-5　厂房出租基本信息

厂房类型	容量/条	价值/万元	残值/万元	折旧年限/年	租赁价格/（万元·年）
甲厂房	4	310	10	20	40～50
乙厂房	4	300	10	20	38～48
丙厂房	4	320	10	20	42～52

注：①上述信息为第七年年末的市场信息，未来价格的变化受宏观经济环境和供求关系的影响。②本公司的厂房按年出租，按季度收取租金。签订租赁合同时直接收取两个季度的租金（收一押一）。③本公司可以租入制造公司的自有厂房，租赁价格为本公司同类厂房租赁价格的 80%。④第八年所有厂房两年起租，租金价格在指导范围内双方协商确定；第九年租赁方式和租赁期限不作限制。⑤如果本实习区经济发展速度较快，经济增长速度达到 5%以上，则厂房的租赁价格将上涨，甚至超过上限租赁价格

2）仓库租赁信息

租赁公司提供各类仓库经营性租赁，凡是需要租赁仓库的制造公司，需向租赁公司提交书面申请，双方协商一致后，签订租赁合同。租赁公司出租仓库到期收回后可以继续出租，但是每年新增仓库数量有限，可能受市场供求关系和本实习区经济发展速度的影响较大。

各类仓库出租的基本信息如表 7-6 所示。

表 7-6 仓库出租基本信息

仓库类型	容量/单位	价值/万元	残值/万元	折旧年限/年	租赁价格/（万元·季）
原材料仓	10 000	105	5	20	8～12
半成品仓	5 000	85	5	20	7～10
产成品仓	5 000	110	10	20	8～10

注：①上述信息为第七年年末的市场信息，未来价格的变化受宏观经济环境和供求关系的影响；②第八年本公司的仓库按季度或者年度出租，租金价格在指导范围内双方协商确定，签订租赁合同后，每季度初收取租金；③仓库租金分为基本租金和浮动租金，基本租金为根据上下限计算的平均价格，租赁期不同，租赁价格不同；④租赁期一般不超过一年，属于短期租赁，不收保证金；⑤如果本实习区经济发展速度较快，经济增长速度达到5%以上，则仓库的租赁价格将上涨，甚至超过上限租赁价格

3）设备租赁信息

租赁公司提供各类生产设备、运输设备的租赁，凡是需要租赁设备的制造公司，请向本公司提交书面申请，双方协商达成一致意见后，需要签订租赁合同。租赁公司出租设备到期收回后可以继续出租，但是每年新增设备数量有限，可能受市场供求关系和本实习区经济发展速度的影响较大。

各类生产设备和动力设备出租基本信息如表 7-7 所示。

表 7-7 生产设备和动力设备出租基本信息

设备类型	价值/（万元·条）	残值/万元	折旧年限/年	融资租赁价格/（万元·年）
手工加工线	205	5	5	50～60
手工装配线	205	5	5	50～60
半自动加工线	410	10	10	65～70
半自动装配线	410	10	10	65～70
全自动加工线	730	30	10	125～130
全自动装配线	730	30	10	125～130
柔性加工线	1050	50	10	145～150
柔性装配线	1050	50	10	145～150
动力设备	220	20	10	30～40

注：①上述信息为第七年年末的市场信息，未来价格的变化受宏观经济环境和供求关系的影响，预计以后各年将新增出租设备5%～15%。②第八年本公司的生产设备按年度出租，租赁期不短于尚可使用年限的大部分，可以按季度收取租金，但只能按年度开具增值税发票。③设备租金分为基本租金和浮动租金。基本租金为根据上下限计算的平均价格，供求关系不同，租赁价格不同。④如果本实习区经济发展速度较快，经济增长速度达到5%以上，则生产设备的租赁价格将上涨，甚至超过上限租赁价格。⑤出租生产设备的运输费用由本公司承担。⑥本公司负责出租设备的安装调试，但要单独收取设备安装调试费

运输设备出租基本信息如表 7-8 所示。

表 7-8 运输设备出租基本信息

设备类型	价值/（万元·辆）	残值/万元	折旧年限/年	租赁价格/（元·天）
大卡车	18	1	5	150～300
中卡车	16	1	5	120～280
小卡车	12	1	5	100～260

注：①大卡车载重量为 10 吨，中卡车载重量为 8 吨，小卡车载重量为 5 吨；②卡车载重量与运输货物单位的换算执行物流公司制定的标准；③第八年本公司的卡车按月度或者天数出租

2. 融资租赁

1）业务规则

（1）租赁物由承租人（制造公司）提出要求购买或由承租人直接从资产供应公司那里选定，出租人（资产供应公司）在较长的合同期内（占尚可使用寿命的大部分，即≥75%）租赁给承租人使用。

（2）承租人负责检查验收资产供应公司所提供的租赁物，出租人不对该租赁物的质量与技术条件向承租人做出担保。

（3）出租人保留租赁物的所有权，承租人在租赁期间支付租金而享有使用权，并负责租赁期间租赁物的管理、维修和保养。

（4）租赁合同一经签订，在租赁期间双方均无权单方面撤销合同，无故毁约则要支付较高的违约金。

（5）租赁期满，双方按事先约定的方法处理租赁物，包括退租、续租或留购。如果选择留购，双方需约定租期届满时设备的交易价格（≤资产余值的 5%）；如果约定退租，双方需约定租期届满时设备的担保余值。

（6）融资租赁需支付保证金。保证金按一个季度的租金确定，租赁双方单独签订一份保证金协议。

（7）租金由租赁双方在仿真实习指导价范围内协商确定，依据租期越长租金越低的原则执行。资产供应公司的租金报价类似于等额本息。

（8）计算租赁内含利率。租赁内含利率是指在租赁开始日，使最低租赁收款额的现值与未担保余值的现值之和等于租赁资产公允价值与出租人初始直接费用之和的折现率。租赁内含利率可用插值法计算。

2）业务流程

（1）选定设备。承租人从资产制造商或资产供应公司选定设备，并与资产供应公司谈妥设备的规格、交货条件及价格等，达成购买意向。

（2）申请融资租赁。承租人向出租人（资产供应公司）提出委托申请，填写租赁申请表，详细说明拟租赁设备的品种、型号、价格、设备供应公司、交货时间、租赁期限、支付租金资金来源以及时间安排等。租赁申请表后需附以下资料：法人代表身份证复印件；营业执照复印件；税务登记复印件；银行开户许可证复印件。

（3）尽职调查。资产供应公司对承租人的申请进行审核，并对承租人的资信情况作

调查，审核同意后，在租赁申请表上签字盖章，表明正式接受委托。

（4）签订租赁合同。资产供应公司与承租人签订租赁合同，合同需注明：租赁物件、租赁物所有权、租赁期限、租金及其支付时间、租赁双方的权利和义务、租赁期满租赁物处理方式（退租、续租或留购）、争议仲裁等内容。

（5）交货及售后服务。资产供应公司按照购货合同规定，将设备交给承租人（具体采用哪种方式取决于双方商务谈判的结果）。承租人向资产供应公司出具"租赁设备验收清单"，作为承租人已收到租赁设备的书面证明。资产供应公司应派工程技术人员到承租人处进行安装调试，由承租人验收。

（6）租金结算。资产供应公司根据承租人出具的设备收据开始计算起租日，承租人按照租赁合同规定，按时支付租金。

（7）租期届满资产处置。租赁期满，双方按照租赁合同规定，对租赁物进行处置。资产供应公司可以收回设备；可以按名义价格将设备所有权转让给承租人；也可以收取少量租金继续出租。

若转让设备所有权，则资产供应公司必须向承租人签发"租赁设备所有权转让书"，证明该租赁设备的所有权已归属承租人所有。

3. 经营租赁

1）业务规则

（1）资产供应公司根据市场需求选定租赁物，租赁物由公司持有或控制，直接出租给承租人。

（2）承租人不负责检查验收租赁物的状态，出租人对该租赁物的质量与技术条件向承租人做出担保。

（3）出租人保留租赁物的所有权，承租人在租赁期间支付租金而享有使用权，租赁期间租赁物的管理、维修和保养由出租人负责。

（4）租赁合同一经签订，在租赁期间双方均无权单方面撤销合同。只有在租赁物毁坏或被证明为已丧失使用价值的情况下方能中止执行合同，无故毁约则要支付较高的违约金。

（5）经营租赁的目的主要是满足承租人日常经营中短期、临时或季节性的需要，租赁期一般较短。租赁期满，出租方收回租赁物的使用权。

（6）经营租赁需要交保证金。针对不同类型的租赁物，需要在签订租赁合同时，预收一部分租金。

（7）租金由租赁双方在仿真实习指导价范围内协商确定，依据租期越长租金越低的原则执行。资产供应公司的租金报价类似于等额本息。

2）业务流程

（1）申请经营租赁。承租人向出租人（资产供应公司）提出经营租赁申请，填写租赁申请表，详细说明租赁物的品种、型号、价格、交货时间、租赁期限、支付租金资金来源以及时间安排等。租赁申请表后需附以下资料：法人代表身份证复印件；营业执照复印件；税务登记复印件；银行开户许可证复印件。

（2）尽职调查。资产供应公司对承租人的申请进行审核，并对承租人的资信情况作调查，审核同意后，在租赁申请表上签字盖章，表明正式接受申请。

（3）签订租赁合同。资产供应公司与承租人签订租赁合同，合同需注明：租赁物件基本信息、租赁物所有权、租赁期限、租金及其支付时间、租赁双方的权利和义务、争议仲裁等内容。合同签订后，资产供应公司可以按照合同规定，预收一部分租金。

（4）交付租赁物并收取租金。资产供应公司按照租赁合同规定，将租赁物交付给承租人使用，并按期收取租金，租赁期间，由出租人提供租赁物的维修服务。

（5）收回租赁物。租赁期满，出租人收回租赁物，以备后续出租。

4. 售后租回（回租）

1）业务规则

（1）售后租回业务主要用于已使用过的资产，资产所有者（制造公司）可将大部分出售资产所获得的资金用于其他投资，把资金用活，而少部分用于缴纳租金。售后租回实质上是一种融资业务。

（2）售后租回的优点在于：它使资产所有者（出售人/承租人）在保留资产使用权的前提下获得所需的资金，同时又为出租人（资产供应公司）提供有利可图的投资机会。

（3）在售后租回业务交易过程中，出售人/承租人（制造公司）对资产所有权的转让不涉及设备实物的转移，出售人/承租人可以在整个交易过程中，毫不间断地使用资产。

（4）售后租回业务中涉及的各种契约执行成本，如修理费、保险费以及相关税金等，均由出售人/承租人承担。

（5）出售人/承租人可以从售后租回业务中得到减少相关税费的财务利益。

（6）出售人/承租人申请售后租回，需签售后租回合同，按回租类型分别执行融资租赁或者经营租赁相关规则。

2）业务流程

（1）申请售后租回。承租人就某项自有资产（租赁物）向出租人（资产供应公司）提出售后租回申请，填写租赁申请表，详细说明租赁物的品种、型号、价格、租赁期限、租金支付方式及安排等。租赁申请表后需附以下资料：法人代表身份证复印件；营业执照复印件；税务登记证复印件；银行开户许可证复印件。

（2）尽职调查。资产供应公司对承租人的申请进行审核，并对承租人的资信情况作调查，审核同意后，在租赁申请表上签字盖章，表明正式接受申请。

（3）签订租赁合同。资产供应公司与承租人签订租赁合同，并在合同中注明相关条款。

（4）交付租赁物。进行售后租回的租赁物一般正在被承租人控制并使用，因此不存在运输等手续，承租人只需向资产供应公司出具租赁物接受确认书，作为承租人已收到租赁物的书面证明。

（5）租金结算。承租人按照租赁合同规定，按期支付租金，在租赁期限内如有租金变动，资产供应公司需向承租人出具租赁条件变更通知书，承租人据此支付租金。

（6）租期届满资产转让或续租。

（六）代办业务规则

资产供应公司主营销售、融资租赁、经营租赁与售后租回业务，同时兼营代办业务，主要为各个制造公司代办自建厂房、仓库相关手续等业务。凡是需要自建厂房、仓库的制造公司，均需向资产供应公司提交书面申请和可行性论证报告，由资产供应公司代办各种审批手续。凡是自购建筑材料自行建造厂房、仓库的公司，需要在提交申请后的 1～2 季度内购买全部材料。

制造公司自建厂房完工以后，需要向资产供应公司提交相关凭证，由资产供应公司代办各种完工手续，对达到标准和要求的自建厂房，发给交付使用证明。

同时资产供应公司代售房地产开发商建好的现房，购买现房的制造公司需要一次性交付房款。无论自建还是购买厂房、仓库，建造价格、购买价格一律为不含税价。

建造（出售）厂房基本信息如表 7-9 所示；建造（出售）仓库基本信息如表 7-10 所示。

表 7-9　建造（出售）厂房基本信息

厂房类型	容量/条	一次购付款/万元	建筑材料买价/（万元·季）	建造周期/季度	残值/万元	折旧年限/年
甲厂房	4	380	60	4	10	20
乙厂房	4	370	58	4	10	20
丙厂房	4	390	62	4	10	20

注：①厂房建筑材料出售价格和一次性付款出售价格为第八年的预计价格，未来价格变动受宏观经济环境、通货膨胀和供求关系的影响。②建筑材料和现房出售价格均为不含税价，制造公司购买建筑材料建造厂房按照建筑材料买价的50%发生其他建筑费用。③资产供应公司代理出售现房数量有限。预计第八年代理出售的现房为 A、B、C 厂房各 3～5 栋，第九年将建成新厂房 3～5 栋以后各年增长速度可能与本实习区经济增长速度保持一致。④本公司代理出售的建筑材料有限。预计第八年代理出售的建筑材料能够建成 A、B、C 厂房各 3～5 栋，以后每年新增各类建筑材料 5%～10%。⑤出售厂房建筑材料的运输费用由资产供应公司承担。⑥本公司提供厂房或者厂房建筑材料的规模随着本实习区经济的增长和需求量的增加可能扩大，但是其规模受本实习区经济发展速度影响较大

表 7-10　建造（出售）仓库基本信息

仓库类型	容量/单位	一次购付款/万元	建筑材料买价/（万元·季）	建造周期/季度	残值/万元	折旧年限/年
原材料仓	10 000	157	55	2	5	20
半成品仓	5 000	145	50	2	5	20
产成品仓	5 000	158	55	2	10	20

注：①仓库建筑材料出售价格和一次性付款出售价格为第八年的预计价格，未来价格变动受宏观经济环境、通货膨胀和供求关系的影响。②建筑材料和现房出售价格均为不含税价，制造公司购买建筑材料建造仓库按照建筑材料买价的 40%发生其他建筑费用。③本公司代理出售现房数量有限。预计第八年代理出售的现房为原材料仓 4～6 个，半成品仓 5～8 个，产成品仓 5～8 个，以后每年新增各种仓库 5%～10%。④本公司代理出售的建筑材料有限。预计第八年代售的建筑材料能够建造原材料仓共计 3～5 个，半成品仓 5～8 个，产成品仓 5～8 个，以后每年新增各类建筑材料 5%～15%。⑤出售仓库建筑材料的运输费用由本公司承担（运输单价参考原材料运价标准）。⑥本公司提供仓库或者仓库建筑材料的规模随着本实习区经济的增长和需求量的增加可能扩大，但是其规模受本实习区经济发展速度影响较大

（七）资产回收规则

资产供应公司可以积极向制造公司收购所有经营范围内的闲置资产，回收价格由交易双方自行协商确定。回收资产可用于销售、出租，也可出售给上游虚拟供应商（楚财集团）赚取差价。

（八）人力资源管理规则

资产供应公司组织经营活动，需要销售业务员、采购业务员、租赁业务员、管理人员、财务人员等各类员工通力合作，才能完成经营任务，实现公司经营管理目标。公司员工管理规则参见本教材【制造公司—基本运作规则—人力资源管理规则—人力资源规划—员工管理规则】中的对应部分。

1. 资产供应公司人员与工资信息

2 家资产供应公司初始的人员和工资信息完全相同。某一家资产供应公司全体职工第七年 12 月的人员与工资信息如表 7-11 所示。

表 7-11　第七年 12 月资产供应公司人员与工资信息

人员岗位	数量/人	人均基本工资/（元·月）	人均奖金与提成/（元·年）
公司总经理	1	15 000	20 000
公司副总经理	2	10 000	15 000
销售部经理	1	10 000	15 000
采购部经理	1	10 000	11 000
租赁部经理	1	10 000	15 000
财务总监	1	10 000	11 000
行政秘书	1	5 000	8 000
销售业务员	5	7 000	13 000
采购业务员	3	7 000	11 000
租赁业务员	5	7 000	13 000
仓库管理员	1	5 000	8 000
会计/出纳	3	5 000	8 000
其他人员	2	3 000	4 000
合计	27	—	—

2. 业务员及其相关人员的配比规则

为了保证公司生产的正常进行，员工岗位和人数必须与年营业额维持一个均衡的比重。从第八年起，资产供应公司在第七年营业额的基础上，每增加 800 万元，需增加租赁业务员 1 人；每增加 1600 万元，需增加销售业务员 1 人；业务员每增加 2 人，需增加其他人员 1 人；业务员每增加 10 人，另外还需增加业务经理或主管 1 名，租赁主管和销售主管依次交替增加。

企业各类人员的基本工资每年应根据公司经营情况适当加以调整，奖金与提成应与公司净利润增长率保持一致。

3. 员工招聘规则

资产供应公司员工招聘遵照本教材【制造公司—基本运作规则—人力资源管理规则—员工招聘规则】相关规定执行。

4. 员工培训规则

资产供应公司员工培训遵照本教材【制造公司—基本运作规则—人力资源管理规则—员工培训规则】相关规定执行。

三、财务规则

资产供应公司财务核算与制造公司等同要求，其财务规则遵照本教材【制造公司—基本运作规则—财务规则】相关规定严格执行。

第二节　基础财务数据

一、报表数据

资产供应公司第七年及其以前的财务信息，可以通过分析资产负债表和利润表判断。

（一）资产负债表

资产供应公司第七年年末资产规模达到 83 043.78 万元，负债总额为 60 736.19 万元，资产负债率为 73.14%，公司流动资产较为充足，财务风险不大。

资产供应公司资产负债表如表 7-12 所示。

表 7-12　资产负债表

会企 01 表

编制单位：资产供应公司　　　　第七年 12 月 31 日　　　　单位：万元

资产项目	金额	负债及所有者权益项目	金额
库存现金	1.30	短期借款	19 150.00
银行存款	67 323.86	应付账款	1 260.90
其他货币资金	100.00	应付职工薪酬	216.95
应收账款	476.50	应交税费	455.50
应收利息	302.92	应付利息	1 797.84
存货	4 347.50	长期借款	37 855.00

续表

资产项目	金额	负债及所有者权益项目	金额
固定资产（出租）	8 950.00	实收资本	20 900.00
固定资产（自用）	2 442.00	资本公积	511.35
累计折旧（贷）	900.30	盈余公积	624.36
固定资产净值	1 241.70	未分配利润	271.88
资产总计	83 043.78	权益总计	83 043.78

注：①其他货币资金全部为在投资银行开立的证券账户中的存出投资款，须于实习开始时从 A 股市场购入某上市公司股票作为交易性金融资产（该上市公司由各机构以真实市场交易前一日收盘价作为后续核算依据）。②应收账款系零售贸易公司 ABD12、ABD22 各欠款 62 万元，物流公司 3×7.5=22.5 万元，大宗贸易公司 AGN01、AGN02 和 AGN03 公司各 110 万元。③应付职工薪酬中 173.56 万元为职工教育经费，43.39 万元为工会经费；应交税费为当年欠交，其中欠所得税 379.37 万元，欠增值税 76.13 万元，欠交税款应在下年初缴纳。④短期借款系第七年 10 月 1 日借入的一年期贷款，贷款合同约定利率 4.5%，每半年计息并支付一次。⑤应付账款系欠资产供应公司（虚拟）采购货款，由楚财集团在第八年第一季度代为收取。⑥长期借款两笔：800 万元系第六年 1 月 1 日借入的到期还本分期付息的三年期贷款，贷款合同约定利率 4.8%，每半年计算并支付利息一次；37 055 万元系第六年 1 月 1 日借入的到期还本分期付息的三年期贷款，贷款合同约定利率 4.8%，每年计算并支付利息一次。⑦实收资本由 A、B、C 投资人与法人股东构成，其中投资人 A 投资 2090 万元，占 10% 的股权；投资人 B 投资 4180 万元，占 20% 的股权；投资人 C 投资 4180 万元，占 20% 的股权；法人股东投资 10 450 万元，占 50% 的股权。⑧在仿真综合实训开始时，公司原股东需按比例分担，将总股本 10% 的份额转让给中层管理人员，这些中层管理人员组建新一届管理层的领导班子，股份如何分配，由公司自行选择标准决定

（二）利润表

资产供应公司经过七年的发展，已经有了一定的规模，资产品种在市场上已经得到制造公司的广泛认可，未来主营业务收入仍将持续增长。

第七年实现营业收入 11 878.88 万元，比上年增长 9.88%；全年税后利润达到 1138.11 万元，比上年增长 9.34%。

资产供应公司利润表如表 7-13 所示。

表 7-13　利润表

会企 02 表

编制单位：资产供应公司	第七年 12 月		单位：万元
项目	行次	本年数	上年数
一、营业收入	1	11 878.88	10 810.55
减：营业成本	2	9 012.9	8 006.77
税金及附加	3	743.84	734.45
减：销售费用	4	147.38	140.5
管理费用	5	236.98	231.9
财务费用	6	128.68	136.12

续表

项目	行次	本年数	上年数
加：投资收益（损失以"—"填列）	7	−118.92	−94.98
二、营业利润（亏损以"—"填列）	8	1 490.18	1 465.83
加：营业外收入	9	110.5	17.85
减：营业外支出	10	83.2	95.8
三、利润总额（亏损以"—"填列）	11	1 517.48	1 387.88
减：所得税费用	12	379.37	346.97
四、净利润（亏损以"—"填列）	13	1 138.11	1 040.91

二、实物资产信息

（一）固定资产信息

第七年年末资产供应公司自用固定资产基本信息如表 7-14 所示；第七年年末资产供应公司出租用固定资产基本信息如表 7-15 所示。

表 7-14 第七年年末资产供应公司自用固定资产基本信息

固定资产名称	原值 /万元	残值 /万元	使用年限 /年	已用年限 /年	已提折旧 /万元	备注
营业大楼	1200	100	40	20	550	自有 1 栋
行政楼	420	20	20	7	140	自有 1 栋
职工宿舍	200	10	40	4	19	自有（1 栋）
办公设备 1	80	5	10	2	15	自有（1 套）
办公设备 2	80	5	10	6	45	自有（1 套）
营业设备	120	6	10	2	22.8	自有（1 套）
设备仓库	200	10	20	5	47.5	自有（1 套）
中卡车	16	1	5	3	9	自用（1 辆）
商务车 1	26	2	8	3	6	自有（1 辆）
商务车 2	100	8	8	4	46	自有（2 辆）
合计	2442				900.3	

注：设备仓库能容纳卡车 60 辆，生产线 20 条，动力设备 20 套

表7-15 第七年年末资产供应公司出租用固定资产基本信息

资产名称		库存量/间	单位成本/万元	总价值/万元	属性
厂房	甲厂房	5	310	1550	出租
	乙厂房	14	300	4200	出租
	丙厂房	10	320	3200	出租

注：①厂房出租后资产供应公司（出租人）依据《企业会计准则第3号——投资性房地产》进行会计处理，制造公司（承租人）依据《企业会计准则第21号——租赁 》进行会计处理；②资产供应公司第八年从事租赁业务时，需先将现有厂房全部出租完毕，方能从上游虚拟供应商采购新厂房以用于继续开展租赁业务

（二）存货信息

第七年年末资产供应公司存货基本信息如表7-16所示。

表7-16 第七年年末资产供应公司存货基本信息

存货名称		单位	库存量	单位成本/万元	总价值/万元	属性
仓库	原材料仓	个	10	105	1050	销售
	半成品仓	个	10	85	850	销售
	产成品仓	个	8	110	880	销售
运输设备	大卡车（第1批）	辆	1	17.1	17.1	销售
	大卡车（第2批）	辆	10	18	180	销售
	中卡车（第1批）	辆	2	15.2	30.4	销售
	中卡车（第2批）	辆	20	16	320	销售
	小卡车	辆	20	12	240	销售
生产设备	半自动加工线	条	1	390	390	销售
	半自动装配线	条	1	390	390	销售
合计					4347.50	

注：该部分仓库和设备不是必须用于出售，第八年开始后公司可以根据市场需求转为出租，出租时需重分类为投资性房地产（仓库）、固定资产（运输设备）或融资租赁资产（生产设备），然后依据对应的具体会计准则规定进行核算

第八章　物流公司

仿真市场的物流公司是指向其他仿真机构提供所需各种物流服务的经营单位。仿真市场上有 3 家物流公司。

物流公司基本信息如表 8-1 所示。

表 8-1　物流公司基本信息

所属市场	公司名称	代码	经营范围	银行账号	税务登记号
本地市场 国内市场 国际市场	A 区物流公司 1	AWL01	运输服务 仓储服务		
	A 区物流公司 2	AWL02			
	A 区物流公司 3	AWL03			

注：所有物流公司需进行工商登记、税务登记，并取得营业执照、税务登记号、银行账号才可正式营业

第一节　基本运作规则

物流公司模拟业务规则以 3 家公司构成的物流服务市场为设计基础，是模拟市场物流公司开展业务经营活动的行业规则。现在每一家物流公司的准备工作已经就绪，请各公司的所有经营管理者认真研读本行业的业务规则，并在经营活动过程中遵照执行。

一、组织架构

物流公司初期有 3 个物流网点，包括 1 个总部和 2 个物流区域节点。

每个实习区有 3 家物流公司，初期每一家物流公司的组织机构包括 1 个公司总部及 2 个区域物流网点（分公司），物流公司总部和网点分公司都配备了各自的办公大楼、仓库和车辆，网点分公司服从公司总部的统一调度指挥。物流公司由下列部门组成：综合管理部、仓储业务部、运输业务部、代理报关业务部。

物流公司注册开业后，可以根据实际情况自主设置公司组织结构。物流公司至少需要设有销售部、仓储与运输部、财务部以及人力资源部等。其中销售部门负责客户开拓、合同签订等业务；仓储与运输部负责仓储业务与运输业务运营；财务部负责财务结算；人力资源部负责员工招聘与调度等工作。

二、经营规则

（一）机构位置分布示意图

在仿真实习中，存在着本地市场、国内市场和国际市场，相应地有零售客户、批发与外贸客户。制造公司与贸易公司分布于不同的地理位置。

1. 本地市场机构位置分布

同一本地市场中的 8 家制造公司、物流公司、供应公司及贸易公司的位置分布情况如图 8-1 所示。

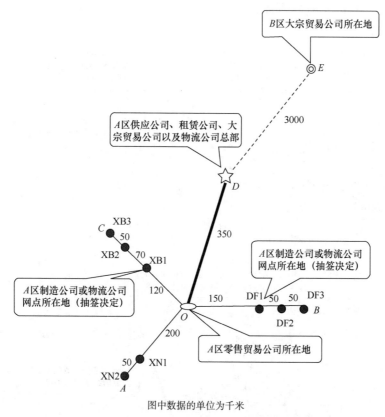

图中数据的单位为千米

图 8-1　本地 A 市场仿真机构位置分布示意图

1）图中各符号的意义解释细则

椭圆（O 点）代表零售贸易公司所在地，五角星（D 点）代表供应公司、租赁公司、大宗贸易公司以及物流公司总部所在地，同心圆（E 点）代表另一实习区大宗贸易公司所在地。圆点代表 8 家制造公司或物流网点分公司所在地，通过抽签分布在 O—A，O—B，O—C 三条线上。

图 8-1 中的 8 个圆点分别是表示东方的 DF1、DF2、DF3，表示西北方向的 XB1、XB2、XB3，以及表示西南方向的 XN1、XN2。

2）各制造公司、物流公司网点分公司分布位置的确定

校内仿真实习正式开始前，由物流公司属地教师或者物流专业线教师负责组织抽签，确定各制造公司及物流网点分公司具体地理位置。

（1）先由本地市场的 8 家制造企业抽签决定其制造公司的所在地。

（2）然后由物流公司抽签决定其网点分公司的所在地。抽签结束后，按照抽签的结果，决定其公司在仿真实习期间的所在地位置，并将各公司位置信息予以公告，以方便其他相关业务单位后续业务的开展。

2. 国内市场机构位置分布

两个基本一样的本地市场的所有机构组成了国内市场，国内市场机构位置分布情况如图 8-2 所示。

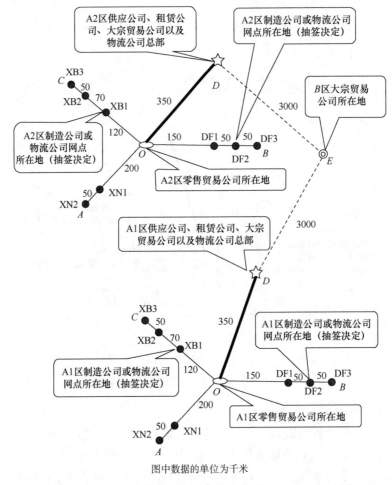

图 8-2　国内市场仿真机构位置分布示意图（以 A/B 区为例）

（二）建立物流服务业务关系规则

物流公司在本地市场、国内市场和国际市场提供物流（含快递）相关服务，并提供

仓储、运输和代理报关服务。

（1）物流公司可面向仿真市场的所有企业提供仓储服务。

（2）物流公司面向仿真市场的所有企业提供运输服务。物流公司在本地市场只提供公路运输服务，在国内和国际市场同时提供公路、铁路、水路运输服务供需求方选择。

（3）物流公司面向仿真市场的所有企业提供代理报关服务。物流公司受理委托报关，为委托公司代办报关手续，包括报关单录入时的备案数据下载协议、报关单审核委托书、报关单申报委托书或报关单审核申报和申报确认委托书。并向海关出具委托单位的报关委托书。

（4）随时受理物流服务需求。物流公司在规定办理业务的时间内，随时受理供应公司、制造公司、贸易公司委托的物流相关服务，交易次数不限。

（5）物流服务的交易双方应在平等协商的基础上达成协议。每一次交易必须签订合同（协议），合同（协议）为确认交易的唯一有效证明。未写入合同的口头、文字协议无效。如有争议，以合同（协议）为执行标准。无法解决争议时，可提请市场监督管理部门仲裁。

（6）物流服务的交易双方必须严格执行合同的每项条款。由于违约造成的经济损失，由违约方承担或赔偿。如有争议，可提请市场监督管理部门仲裁。合同签订后如需修改，必须经双方协商同意，可以重新签订合同。

（7）物流公司要及时、如实、完整记录和分析物流执行情况。有义务向信息资源公司提供行业公共信息。做好每一次运输计划表、成本表等相关信息表格，供相关机构核查。

（8）物流公司需满足客户合理的物流需求。物流公司不能以运力不够等原因随意拒绝客户的物流要求，当公路运输运力不足时，可以向企业推荐铁路或水路运输，同时积极拓展物流网点。顾客满意度是物流公司绩效的重要评价指标。

（三）物流服务报价规则

下述列表中的所有报价均为管理团队接手公司之前的物流公司各项业务报价，新一届管理团队接手物流公司后，可根据物流公司自身运营的实际情况及成本费用综合考虑，自行决策报价，应以市场机制为导向，上下浮动价格。

1. 仓储服务报价

物流公司的仓库可储存原材料（R 系列）、半成品和产成品（P 系列），实行按天或按月标准服务报价。

仓储服务报价如表 8-2 所示。

表 8-2　仓储服务报价

类别	计量单位	本地仓库	国内仓库	国际仓库
原材料	元/（100 单位·月）	300	300	300

类别	计量单位	本地仓库	国内仓库	国际仓库
半成品	元/（100单位·月）	600	600	600
产成品	元/（100单位·月）	750	900	1050

注：①不足100单位时按100单位计算；②按天标准服务报价按每月30天进行折算

2. 运输服务报价

物流公司可提供公路运输、铁路运输和水路运输三种运输方式，接受制造公司、供应公司和贸易公司[①]的委托，承运原材料、产成品、生产设备等。

1）公路运输报价

本公司可提供不同区段的原材料、产成品和设备的公路运输服务。

公路运输标准服务报价分别如表8-3、表8-4、表8-5、表8-6所示。

表8-3　原材料公路运输报价（一）

运输区段	所需时间/天	零担/[元/（单位·千米）]	整车/[元/（车·千米）]		
			5吨	8吨	10吨
A—O—D	4	0.055	11	15	16.2
B—O—D	4	0.05	10	13.5	14.5
C—O—D	4	0.045	9	12	13

表8-4　原材料公路运输报价（二）

运输区段	所需时间/天	零担/[元/（单位·千米）]	整车/[元/（车·千米）]		
			5吨	8吨	10吨
A—O	2	0.038	8	10.5	11.5
B—O	2	0.035	7	9.5	10.2
C—O	2	0.032	6.3	8.5	9.1

表8-5　产成品公路运输报价

运输区段	所需时间/天	零担/[元/（单位·千米）]		整车/[元/（车·千米）]					
		P1、P2	P3、P4	P1、P2			P3、P4		
				5吨	8吨	10吨	5吨	8吨	10吨
A—O	2	0.095	0.1	14	20	23	15	21	24
B—O	2	0.09	0.095	13.5	19	21.5	14	20	23

① 物流公司与零售贸易公司之间的快递服务收费遵照本教材中【贸易公司—基本运作规则—经营规则—仓储与运输规则】相关规定执行。

续表

运输区段	所需时间/天	零担/[元/（单位·千米）]		整车/[元/（车·千米）]					
		P1、P2	P3、P4	P1、P2			P3、P4		
				5 吨	8 吨	10 吨	5 吨	8 吨	10 吨
C—O	2	0.085	0.09	12.5	18	20	13.5	19	21.5
O—D	2	0.08	0.085	12	16.5	18.5	12.5	18	20

注：①小卡车可以容纳 400 单位原材料或 300 单位产成品；②中卡车可以容纳 600 单位原材料或 450 单位产成品；③大卡车可以容纳 720 单位原材料或 550 单位产成品

表 8-6 设备公路运输报价

运输区段	所需时间/天	手工线/（元·条）	半自动线/（元·条）	全自动线/（元·条）	柔性线/（元·条）	动力设备/（元·套）
资产供应公司—制造公司	7	10 000	20 000	30 000	50 000	10 000

注：①设备的运费除了考虑重量和包装外，还要考虑装卸、防震等特殊运输要求，同时考虑价值。②设备只能用 10 吨卡车运输，每车可装载 10 条半自动或者全自动或者柔性设备，每车可装载 20 条手工设备，每车可装载 5 套动力设备。不同设备可拼车，但设备与原材料、产成品不可拼车

2）铁路运输报价

本公司可提供不同区段的原材料和产成品铁路运输服务。

铁路运输标准服务报价如表 8-7、表 8-8 所示。

表 8-7 原材料铁路运输报价

运输区段	所需时间/天	零担/[元/（单位·千米）]	5.6 吨集装箱/[元/（箱·千米）]	10 吨集装箱/[元/（箱·千米）]
O—D	3	0.05	8	15

表 8-8 产成品铁路运输报价

运输区段	所需时间/天	零担/[元/（单位·千米）]		5.6 吨集装箱/[元/（箱·千米）]		10 吨集装箱/[元/（箱·千米）]	
		P1、P2	P3、P4	P1、P2	P3、P4	P1、P2	P3、P4
O—D	3	0.07	0.08	9.5	11	18	20

注：①5.6 吨集装箱可以容纳 380 单位原材料或 280 单位产成品；②10 吨集装箱可以容纳 720 单位原材料或 540 单位产成品

3）水路运输报价

本公司可提供不同区段的原材料和产成品水路运输服务。

水路运输标准服务报价如表 8-9、表 8-10 所示。

表 8-9 原材料水路运输报价

运输区段	所需时间/天	零担 /[元/（单位·千米）]	20 英尺集装箱 /[元/（箱·千米）]	40 英尺集装箱 /[元/（箱·千米）]
O—D	5	0.04	9.5	20
D—E	18	0.04	9.5	20

表 8-10 产成品水路运输报价

运输区段	所需时间 /天	零担 /[元/（单位·千米）]		20 英尺集装箱 /[元/（箱·千米）]		40 英尺集装箱 /[元/（箱·千米）]	
		P1、P2	P3、P4	P1、P2	P3、P4	P1、P2	P3、P4
O—D	5	0.065	0.07	12	13	25	28
D—E	18	0.065	0.07	12	13	25	28

注：①20 英尺集装箱可以容纳 450 单位原材料或 370 单位产成品；②40 英尺集装箱可以容纳 1100 单位原材料或 800 单位产成品

3. 代理报关收费标准

（1）出口商品的制造公司须向物流公司申请报关并支付报关费用。

（2）陆运出口每票 80 元；海运出口每票 120 元。以上收费标准可上浮最高不超过 20%。

4. 价格浮动规则

本公司上述报价为标准报价，除代理报关收费外，实际成交价格可上下浮动不超过 50%，由各公司根据市场需求灵活制定与商议。注意，物流公司不能恶意结盟造成价格垄断，若被举报查证属实，将承担相应的法律责任。

（四）物流服务外包关系规则

物流公司有资格为所有物流服务需求方提供仓储、运输和代理报关服务，但是否与某一需求方发生业务往来，还需双方谈判协商，并以签订仓储合同、运输合同、代理报关委托书和委托报关协议为准。

商品出口公司向物流公司提交出口购销合同，经审核后，物流公司代理完成报关业务。其后，应向出口公司提交经海关审核的出口货物报关单，以便出口公司进行出口退税。若在合同约定期限内，未向出口公司提交经海关审核的出口货物报关单，物流公司需向出口公司支付违约金，违约金额为该单出口货物出口退税额的 1.5 倍。

（五）物流业务实施规则

1. 固定资产取得规则

物流公司日常运营需要仓库、运输工具等固定资产，后期经营规模扩大需要增设新的营业网点的同时还需要有网点办公楼。公司的固定资产可以自行建造，也可以从资产供应公司购买或租用，到底采用什么方式获取固定资产等，公司具有自主决策权。

固定资产取得规则遵照本教材【资产供应公司—基本运作规则】中相关规定执行。

1）网点办公楼、仓库取得规则

与制造公司取得厂房、仓库规则相同，参照本教材【制造公司—基本运作规则—生产规则—建筑物取得规则】相关规定执行。

2）运输工具取得规则

参照本教材【制造公司—基本运作规则—经营规则—仓储及运输规则—运输规则—运输设备取得规则】中的相关规定执行。

2. 业务外包费用

物流公司仅自营公路运输。铁路和水路运输则通过接单外包的方式进行。

物流公司的铁路运输成本主要表现为租赁集装箱并交由铁路集团进行运送的相关成本。这一部分实际上是物流公司对外支付的铁路运输总费用。

物流公司的铁路运输成本（外包成本）如表8-11所示。

表8-11　物流公司的铁路运输成本（外包成本）

运输品种类		运输方式		备注
		零担	集装箱	
原材料		0.02 元/（单位·千米）	0.01 元/（单位·千米）	零担、5.6吨集装箱、10吨集装箱的费用还要分别加上8%、4%、3%的管理费
产成品	P1、P2	0.025 元/（单位·千米）	0.02 元/（单位·千米）	
	P3、P4	0.035 元/（单位·千米）	0.03 元/（单位·千米）	

物流公司的水路运输成本主要表现为向水路运输公司订舱并交由水路运输公司进行运输的相关成本。这一部分实际上是物流公司对外支付的水路运输总费用。

物流公司的水路运输成本如表8-12所示。

表8-12　物流公司的水路运输成本

运输品种类		运输方式		备注
		零担	集装箱	
原材料		0.02 元/（单位·千米）	0.01 元/（单位·千米）	零担、20英尺集装箱、40英尺集装箱的费用还要分别加上8%、4%、3%的管理费
产成品	P1、P2	0.03 元/（单位·千米）	0.02 元/（单位·千米）	
	P3、P4	0.04 元/（单位·千米）	0.03 元/（单位·千米）	

3. 其他作业相关成本

物流公司自有仓库的主要作业包括出入库、验货、场所管理、日常养护与管理、备货、装卸搬运、流通加工等。

物流公司自有仓库相关成本如表 8-13 所示。

表 8-13　物流公司自有仓库相关成本

成本项目	计量单位	单价	工作量
材料费用	元/月	1	100 单位原材料
		1.5	100 单位半成品
		2	100 单位产成品
水电费用	万元/（仓·年）	5	—

注：仓储人员配备要求：每个仓库至少配备三名工作人员，一名账目管理人员、一名分拣员、一名搬运工

物流公司自营公路运输的相关作业成本包括燃油费、车辆维修保养费、车辆保险费、车船税、养路费以及运输人员的人工费等。车辆耗用的柴油与汽车零配件从原材料供应公司购买。

相关成本信息如表 8-14、表 8-15 所示。

表 8-14　物流公司自营公路运输相关成本

成本项目	计量单位	单价
车辆维修保养费	元/（车·年）	6000 左右
车辆保险费、车船税、养路费等	元/（车·年）	2000～3000

注：①车辆维修保养费用以消耗等额汽车零配件价值来进行折算，即每辆卡车每年必须维修保养两次，每次消耗一套汽车零配件（不计工时费）；②车辆保险费、车船税、养路费等发生时支付给楚财集团

表 8-15　不同车辆油耗情况

车辆型号	运行时长/天	燃油价格/（元/升）	每年平均运行天数/天	油耗	
				空载	重载
小卡车	15	依实时价格（网络查柴油价格）	300	15 升/100 千米	20 升/100 千米
中卡车	15		300	20 升/100 千米	25 升/100 千米
大卡车	15		300	25 升/100 千米	30 升/100 千米

注：①市场价格请关注信息资源公司发布的相关信息。②司机配备要求：每台车出车期间必须配备 2 名司机。③全部物流业务必须考虑车辆回程相关费用，若回程为空载，须计算空载相关费用

4. 广告宣传费

物流公司每年需投入一定的广告宣传费用，以提高公司的知名度、美誉度，维持和促进商品销售。公司每年投入的广告宣传费用数额及财务核算，应遵循国家税法有关规定。税务部门在计税时，也应按相关规定执行。市场监督管理局应对公司的广告活动进行监督管理，有权查处公司的违规行为。

（1）公司每年投入的广告宣传费不得低于上年营业额的 3%。公司每个季度必须投

入全年广告宣传费的 20%，全年必须使用完毕。公司须与本区传媒资源公司签约，双方自行约定广告宣传费用的支付方式。在此前提下，可自主决定广告宣传费用的投入总额及在不同季度的分配。

（2）从历史统计数据看，物流行业广告宣传费用一般占营业额的 3%～7%。

（3）广告宣传对经营业绩具有促进作用，这种促进作用主要体现在广告宣传积分对公司最大运力的发挥上以及额外获取外围市场交易物流订单上。

广告宣传积分主要来自以下三个方面。①物流公司广告投入获取的积分，权重 60%。②物流公司订货会期间开展路演宣传活动获取的积分，权重 40%。路演成绩由经营主体（供应商、制造商和经销商）的物流部门负责人打分，按平均得分进行排序计算积分。③传媒资源公司对物流公司的正面或负面新闻报道，将增加或减少广告宣传积分。

物流公司广告宣传积分计算标准及其对经营业绩的影响，由物流专业线教师跟物流公司负责人协同制定并贯彻执行。

5. 差旅费

各物流公司有关人员外出洽谈业务，需要开支差旅费。差旅费分为固定差旅费和变动差旅费两部分。固定差旅费一般按出差人次数计算，应于每次出差时支付；变动差旅费一般按营业收入计算，应于年内分期支付。出于仿真实习的需要，也为了便于各物流公司之间财务数据横向比较，特规定全年差旅费总额按照当年营业收入总额的 1.1% 开支。差旅费每个季度使用全年预计总额的 20% 以上，由楚财集团按季度代为收取，年底结清。

6. 业务招待费

年度总招待费应不低于上年营业收入的 1%。该项费用每个季度至少支付预计全年总额的 20%，由体旅资源公司收取该项费用（各物流公司与本区体旅资源公司必须签约），年底结清。

7. 市场调研费

物流公司必须进行市场调研，每年市场调研费最低为 5 万元。各公司自行决定年度总市场调研费在每季度的投入额，全年必须使用完毕。此项费用一律支付给信息资源公司作为提供调研项目报告以及有偿市场信息的费用，但不得用于委托其他有偿服务项目的费用。物流公司与本区信息资源公司必须签约，双方自行约定该项费用的支付方式。

（六）人力资源管理规则

物流公司组织经营活动，需要司机、业务员、管理人员、财务人员等各类员工通力合作，才能完成经营任务，实现公司经营管理目标。公司员工管理规则参见本教材【制造公司—基本运作规则—人力资源管理规则—人力资源规划—员工管理规则】中对应部分。

1. 物流公司人员与工资信息

3 家物流公司初始的人员和工资信息完全相同。某一家物流公司全体职工第七年 12 月的工资信息如表 8-16 所示。

表 8-16　第七年物流公司人员与工资信息

职工类别	职工数量/人	人均基本工资/（元·月）	人均奖金与提成/（元·年）
高层管理人员	1	10 000	15 000
中层管理人员	3	5 000	10 000
基层管理人员	6	3 000	8 000
业务员	10	2 500	6 000
司机	25	1 800	2 000
其他人员	5	2 000	5 000
合计	50	—	—

注：①如果公司每年行车总里程超过 25 万千米，还应按 15 元/100 千米给全体司机发放超额津贴（下年度发放）；②司机用工量按车辆运行时间计算（公路运输平均时速 50 千米）

2. 司机、业务员及其相关人员的配比规则

为了保证公司生产的正常进行，员工岗位和人数必须跟年营业额维持一个均衡的比重。从第八年起，物流公司在第七年营业额的基础上，每增加 30 万元，需增加业务员 1 人；业务员每增加 10 人，需增加基层管理人员 1 人。物流公司应扩大经营规模的需要，每增加卡车一辆，需增配司机 2 人；每增加仓库一个，需增加其他人员 3 人。新增人员每达到 20 人，需增加中层管理人员 1 人。

企业各类人员的基本工资每年应根据公司经营情况适当加以调整，奖金与提成应与公司净利润增长率保持一致。

3. 员工招聘规则

物流公司员工招聘遵照本教材【制造公司—基本运作规则—人力资源管理规则—员工招聘规则】相关规定执行。

4. 员工培训规则

物流公司员工培训遵照本教材【制造公司—基本运作规则—人力资源管理规则—员工培训规则】相关规定执行。

（七）扩大经营规模规则

（1）物流公司可根据业务要求，自行决定是否扩大经营规模。在仿真结束前每家物流公司须至少增加一个营业网点。网点增加数量将是影响物流公司企业绩效的一个指标。

（2）物流公司扩大经营规模所需要的仓库和运输设备，可以通过自建、购置或租赁方式解决。

（3）公司当年向投资者分配后的净利润的 40%～60%可用于购置仓库和车辆。

（4）公司可用自有仓库抵押贷款，贷款额度和期限与银行协商确定。

三、财务规则

物流公司财务核算与制造公司等同要求，其财务规则遵照本教材【制造公司—基本运作规则—财务规则】相关规定严格执行。

第二节　基础财务数据

一、报表数据

物流公司第七年及其以前的财务信息，可以通过分析资产负债表和利润表判断。

（一）资产负债表

物流公司第七年年末资产规模达到 2179.61 万元，负债总额为 262.14 万元，资产负债率为 12.03%，公司经营相当稳健。

物流公司资产负债表如表 8-17 所示。

表 8-17　资产负债表

会服 01 表

编制单位：物流公司　　　第七年 12 月 31 日　　　单位：万元

资产项目	金额	负债及所有者权益项目	金额
库存现金	0.50	短期借款	100.00
银行存款	55.91	应付账款	15.00
其他货币资金	100.00	应付职工薪酬	15.57
应收账款	24.00	应交税费	8.07
应收利息	2.20	应付利息	2.25
存货	22.80	长期借款	110.04
固定资产原值	2578.00	实收资本	800.00
累计折旧（贷）	703.80	资本公积	254.05
固定资产净值	1874.20	盈余公积	275.00
无形资产	100.00	未分配利润	599.63
资产总计	2179.61	权益总计	2179.61

注：①其他货币资金全部为在投资银行开立的证券账户中的存出投资款，须于实习开始时从 A 股市场购入某上市公司股票作为交易性金融资产（该上市公司由各机构以真实市场交易前一日收盘价作为后续核算依据）。②应收账款系零售贸易公司 ABD12、ABD22 各欠款 12 万元。③无形资产按 10 年进行平均摊销。④短期借款系第七年 6 月 1 日借入的一年期贷款，贷款合同约定利率 4.5%，每半年计息并支付一次。⑤应付账款系第七年向 AZC01、AZC02 公司购置其他物流设备欠款各 7.5 万元。⑥应付职工薪酬中 12.456 万元为职工教育经费，3.114 万元为工会经费；应交税费为当年欠交，其中欠所得税 4.07 万元，欠增值税 4 万元，欠交税费应在下年初缴纳。⑦长期借款系第七年 1 月 1 日借入的三年期贷款，本金为 105 万元，贷款合同约定利率 4.8%，应计利息为 5.04 万元，到期一次还本付息。⑧实收资本股东系 A、B 投资人，其中股东 A 投资额 480 万元，占 60%的股份；股东 B 投资额 320 万元，占 40%的股份。⑨在仿真综合实训开始时，公司原股东需按比例分担，将总股本 40%的份额转让给中层管理人员，这些中层管理人员组建新一届管理层的领导班子，股份如何分配，由公司自行选择标准决定

（二）利润表

物流公司经过七年的发展，已经有了一定的规模，提供的物流服务在市场上已经得到广泛认可，未来主营业务收入仍将持续增长。

公司第七年实现商品销售收入 355 万元，比上年增长 14.52%；全年税后利润达到 25.80 万元，比上年增长 21.09%。

物流公司利润表如表 8-18 所示。

表 8-18　利润表

会服 02 表

编制单位：物流公司　　　　第七年 12 月

单位：万元

项目	行次	本年数	上年数
一、营业收入	1	355.00	310.00
减：营业成本	2	269.80	232.50
税金及附加	3	21.30	18.60
减：销售费用	4	15.00	13.00
管理费用	5	18.50	18.00
财务费用	6	2.50	3.00
加：投资收益（损失以"—"填列）	7	5.20	8.00
二、营业利润（亏损以"—"填列）	8	33.10	32.90
加：营业外收入	9	4.50	5.80
减：营业外支出	10	3.20	6.90
三、利润总额（亏损以"—"填列）	11	34.40	31.80
减：所得税费用	12	8.60	10.494
四、净利润（亏损以"—"填列）	13	25.80	21.306

二、实物资产信息

（一）固定资产信息

物流公司第七年年末主要固定资产包括行政大楼、仓库、运输设备等。

第七年年末固定资产基本信息如表 8-19 所示。

表 8-19　第七年年末固定资产基本信息

固定资产名称	使用部门	原值/万元	残值/万元	使用年限/年	已用年限/年	已提折旧/万元	备注
行政大楼	总公司	510	10	40	4	50	自有 1 幢
网点办公楼	网点分公司	210	10	40	4	20	自有 2 幢
原材料仓	仓储业务部	100	2	20	4	19.6	自有 3 个
半成品仓	仓储业务部	85	5	20	5	20	自有 2 个

续表

固定资产 名称	使用 部门	原值 /万元	残值 /万元	使用年限 /年	已用年限 /年	已提折旧 /万元	备注
产成品仓	仓储业务部	105	5	20	4	20	自有 3 个
大卡车	运输业务部	18	1	5	3	10.2	自有 15 辆
中卡车	运输业务部	16	1	5	4	12	自有 18 辆
小卡车	运输业务部	12	1	5	2	4.4	自有 15 辆
其他物流设备	仓储与运输业务部	125	5	6	1	20	自有

注：①原材料仓容量为 10 000 单位，半成品仓容量为 5000 单位，产成品仓容量为 5000 单位。目前全部仓库均为本地仓库。②运输设备：小卡车载重量为 5 吨，百千米油耗空载时为 15 升，载重时为 20 升；中卡车载重量为 8 吨，百千米油耗空载时为 20 升，载重时为 25 升；大卡车载重量为 10 吨，百千米油耗空载时为 25 升，载重时为 30 升。③其他物流设备包括为完成仓储运输业务所需的全部其他设备。④网点办公楼为网点物流分公司的办公楼，即每个网点物流分公司各自有 1 幢办公楼。⑤第七年年末时，每个网点分公司都各自配有 1 个原材料仓，1 个半成品仓，1 个产成品仓，5 辆大卡车，6 辆中卡车，5 辆小卡车。物流公司总部拥有 1 个原材料仓，1 个产成品仓，5 辆大卡车，6 辆中卡车，5 辆小卡车

（二）存货信息

第七年年末物流公司存货基本信息如表 8-20 所示。

表 8-20　第七年年末物流公司存货基本信息

存货名称	单位	存货数量	单位成本/元	金额/元	存放地点	属性
柴油	升	7 500	8	60 000	原材料仓	自用
汽车零配件	套	56	3 000	168 000	原材料仓	自用

第九章　投　资　银　行

仿真投资银行是在模拟市场根据《中华人民共和国公司法》《中华人民共和国证券法》等相关法规成立的股份制投资银行。根据实习需要，每个实习区开设 2 家投资银行。投资银行基本信息如表 9-1 所示。

表 9-1　投资银行基本信息

所属市场	公司名称	代码	税务登记号	备注
本地市场 国内市场 国际市场	A 区投资银行 1	ATZ01		
	A 区投资银行 2	ATZ02		

注：投资银行需重新进行工商登记、税务登记，并取得营业执照、税务登记号等才可正式营业

第一节　基本运作规则

投资银行模拟业务规则以 2 家投资银行构成的金融服务市场为设计基础，是模拟市场投资银行开展业务经营活动的行业规则。现在每一家投资银行的准备工作已经就绪，请各投资银行的所有经营管理者认真研读本行业的业务规则，并在经营活动过程中遵照执行。

一、组织架构

根据仿真投资银行在仿真实习环境中的业务运行模式，仿真投资银行的组织结构设置可参考图 9-1。

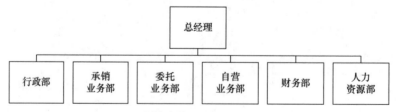

图 9-1　仿真投资银行组织结构参考图

1. 总经理

总经理是仿真投资银行的最高权力机构，也是仿真投资银行的决策者，负责对全行工作的综合管理和领导。

2. 行政部

行政部受总经理直接领导，主要工作职责包括：组织制订公司发展规划和目标；组织对外宣传工作，负责品牌推广工作；组织落实企业文化建设工作，营造企业文化氛围；负责公司的日常管理工作；负责公司对外的信息披露工作和投资者关系管理；负责与外部机构进行联络、沟通等。

3. 承销业务部

承销业务部主要工作职责包括：负责承销与保荐、财务顾问等投资银行业务；推介承销产品，并进行项目产品后期销售活动；组织立项评审及内核工作，监督项目过程、工作底稿及档案的归集与整理；对承销业务进行合规性检查等。

4. 委托业务部

委托业务部主要工作职责包括：负责经纪业务的具体运作，开展营销管理、客户服务、业务支持等工作；负责开展公司资产管理业务的日常运作，根据资产管理合同对客户委托资产进行经营运作，为客户提供证券及其他金融产品的投资管理服务；跟踪国内外理财产品的发展情况，设计资产管理产品；开发资产管理客户，制订推广计划等。

5. 自营业务部

自营业务部主要工作职责包括：负责以公司自有资金通过公司自营账户为公司买卖上市证券，实现公司授权投资的自有资金保值与增值；进行自营业务相关的研究，提供投资决策支持。

6. 财务部

财务部主要工作职责包括：负责公司财务收支计划、预算方案和财务决算方案的拟订；负责公司的财务管理及会计核算工作；负责健全公司财务管理相关的内控制度并组织实施；筹集经营管理所需资金，编制资金计划；合理配置公司资产等。

7. 人力资源部

人力资源部主要工作职责包括：负责制定公司人力资源战略；开展人力资源配置、员工培训、薪酬管理、人力资源服务等工作；建立与维护薪酬激励体系和人力成本控制体系；为实现公司各项战略目标提供人力资源保障。

二、业务内容

（一）证券承销业务

仿真投资银行为符合条件的仿真企业办理证券承销业务，鉴于仿真市场的特殊性，证券承销主要采用包销的方式。仿真企业发行的有价证券主要包括普通股股票、公司债券等。

（二）证券经纪业务

仿真投资银行接受仿真市场各机构的委托，按照客户要求，代理客户买卖各种证券。在仿真实习开始时，投资银行要与客户签订证券买卖代理协议，同时为投资者开立证券交易结算资金账户，经过这两个环节后建立经纪关系。

（三）证券自营业务

仿真投资银行可以开展证券自营业务，即以投资银行自己的名义和资金买卖证券从而获取利润。

（四）资产管理业务

仿真投资银行作为资产管理人，依照有关法律法规的规定与客户签订资产管理合同，根据资产管理合同约定的方式、条件、要求及限制，对客户资产进行经营运作，为客户提供证券及其他金融产品的投资管理。资产管理业务的种类包括：为单一客户办理定向资产管理业务；为多个客户办理集合资产管理业务；为客户办理特定目的的专项资产管理业务。

（五）其他符合规定的业务

仿真投资银行可以经营以下（不限于）其他符合规定的业务。

1. 股权投资业务

仿真投资银行代理证券的兑付和转让，仿真企业持有的政府债券、公司债券都可以在投资银行进行兑付或者转让。

2. 证券投资咨询业务

仿真投资银行为各仿真机构提供投资咨询服务，并收取一定的咨询费用。

3. 并购业务

仿真投资银行可以为仿真企业之间的各种并购提供相关服务。公司并购是指仿真制造公司通过取得股份的方式成为另一家仿真制造公司的控股股东，可以通过投资关系、协议、其他安排的途径成为一个仿真制造公司的实际控制人，也可以同时采取上述方式和途径取得股份公司的控制权。

三、经营规则

（一）IPO 业务规则

1. IPO 的法定条件

为监管 IPO（initial public offering，首次公开发行）按规范要求运作，保护投资者的合法权益和社会公共利益，根据《中华人民共和国公司法》《中华人民共和国证券法》的有关规定，制定以下仿真 IPO 业务应遵循的业务规则。

公司 IPO，应当符合下列条件。

（1）具备健全且运行良好的组织机构。

（2）具有持续经营能力。

（3）最近三年财务会计报告被出具无保留意见审计报告。

（4）发行人及其控股股东、实际控制人最近三年不存在贪污、贿赂、侵占财产、挪用财产或者破坏社会主义市场经济秩序的刑事犯罪。

（5）经国务院批准的证券监督管理机构规定的其他条件。

为响应国家"科技立国，创新兴企"的号召，仿真实习规定 IPO 对象为制造公司（供应公司与贸易公司自行研发增加生产制造业务后，符合条件也可 IPO），非制造公司可以作为战略投资者或者财务投资者购买上市公司股票。

2. IPO 业务流程

仿真投资银行在 IPO 业务中，主要是为仿真制造公司顺利发行股票，并提供承销保荐服务。投资银行 IPO 业务流程如图 9-2 所示。

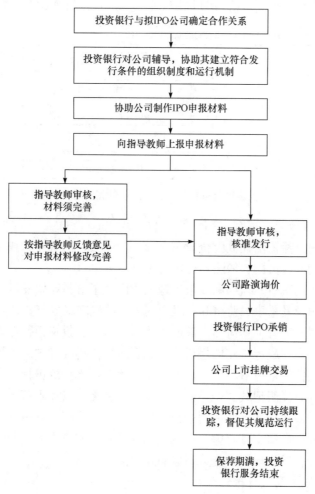

图 9-2 投资银行 IPO 业务流程

3. 具体操作规则

1）制造公司组织机构条件审查

（1）制造公司应当是依法设立且合法存续的股份有限公司。

（2）制造公司的生产经营符合法律、行政法规和公司章程的规定，符合国家产业政策。

（3）制造公司最近1年内主营业务和董事、高级管理人员没有发生重大变化，实际控制人没有发生变更。

（4）制造公司的股权清晰，控股股东和受控股股东、实际控制人支配的股东持有的制造公司股份不存在重大权属纠纷。

2）制造公司业务完整与独立性审查

制造公司应当具有完整的业务体系和直接面向市场独立经营的能力。

仿真投资银行在对拟IPO的公司进行业务完整与独立经营了解时，应对以上几方面尽责审查。投资银行审查制造公司的业务完整与独立性内容如图9-3所示。

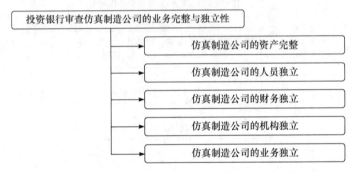

图9-3　投资银行审查制造公司的业务完整与独立性内容

3）制造公司规范运行审查

（1）制造公司已经依法建立健全股东大会、董事会、监事会、独立董事、董事会秘书制度，相关机构和人员能够依法履行职责。

（2）制造公司的董事、监事和高级管理人员已经了解与股票发行上市有关的法律法规，知悉上市公司及其董事、监事和高级管理人员的法定义务与责任。

（3）制造公司不得有下列情形：最近1年内未经仿真投资银行保荐，擅自公开或者变相公开发行过证券；最近1年内违反仿真综合运作市场环境中的市场监督管理、税收规定，受到行政处罚，且情节严重；最近1年内曾向仿真投资银行提出发行申请，但报送的发行申请文件有虚假记载、误导性陈述或重大遗漏；或者不符合发行条件以欺骗手段骗取发行核准；或者伪造、变造制造公司或其董事、监事、高级管理人员的签字、盖章；本次报送的发行申请文件有虚假记载、误导性陈述或者重大遗漏；严重损害投资者合法权益和仿真综合运作环境中公共利益的其他情形。

4）制造公司财务与会计报告审查

（1）制造公司资产质量良好，资产负债结构合理，盈利能力较强，现金流量正常。

（2）制造公司的内部控制在所有重大方面是有效的，并由注册会计师出具了无保留结论的内部控制鉴证报告。

（3）制造公司会计基础工作规范，财务报表的编制符合企业会计准则和相关会计制度的规定，在所有重大方面公允地反映了制造公司的财务状况、经营成果和现金流量，并由注册会计师出具了无保留意见的审计报告。

（4）制造公司应完整披露关联方关系并按重要性原则恰当披露关联交易。关联交易价格公允，不存在通过关联交易操纵利润的情形。

5）制造公司募集资金运用状况审查

（1）募集资金原则上应当用于主营业务。

（2）除金融类企业外，募集资金使用项目不得为持有交易性金融资产和可供出售的金融资产、借予他人、委托理财等财务性投资，不得直接或者间接投资于以买卖有价证券为主要业务的公司。

（3）募集资金数额和投资项目应当与制造公司现有生产经营规模、财务状况、技术水平和管理能力等相适应；应当符合国家产业政策、投资管理、环境保护、土地管理以及其他法律、法规和规章的规定。

（4）制造公司董事会应当对募集资金投资项目的可行性进行认真分析，确信投资项目具有较好的市场前景和盈利能力，有效防范投资风险，提高募集资金使用效益；制造公司应当建立募集资金专项存储制度，募集资金应当存放于董事会决定的专项账户。

4. 仿真投资银行 IPO 承销业务报酬

仿真投资银行根据承销金额的大小，对 IPO 的公司收取承销报酬。IPO 承销业务报酬如表 9-2 所示。

表 9-2 IPO 承销业务报酬

承销金额 n（百万元）	承销费率/%
$n \leqslant 5$	8.00
$5 < n \leqslant 10$	7.00
$10 < n \leqslant 20$	6.00
$20 < n \leqslant 30$	5.00
$30 < n \leqslant 50$	4.50
$n > 50$	4.00

仿真投资银行应于本次发行的全部款项到达其账户之日起 10 个工作日内，将全部募集款项扣除承销费用后一次性划至制造公司指定银行账户。

（二）公司债券代理发行规则

1. 发行公司债的法定条件

公司债券是指仿真公司依照法定程序发行、约定在一年以上期限内还本付息的有价证券。申请发行公司债券，应当符合法律规定的条件，经楚财集团（中国证券监督管理委员会）核准。为了便于仿真实训具体操作，特规定公司债券的发行对象为本区商业银行（不一定是开户银行），商业银行在债券成功发行后及时向债券发行方划拨款项。

发行公司债券，应当符合下列规定。

（1）具备健全且运行良好的组织机构。

（2）最近三年平均可分配利润足以支付公司债券一年的利息。

（3）公司债券票面利率不得低于同期银行贷款利率。

2. 公司债发行业务流程

公司债发行业务流程如图 9-4 所示。

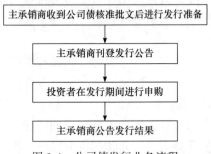

图 9-4　公司债发行业务流程

3. 仿真投资银行公司债券承销业务报酬

公司债券每张面值 100 元，发行价格由仿真公司与保荐承销人通过市场询价确定。公司债券的信用评级，应当委托资信评级机构进行。

发行公司债券，应当由仿真投资银行承销。仿真投资银行根据承销金额的大小，对发行债券的公司收取报酬。承销公司债券的报酬如表 9-3 所示。

表 9-3　承销公司债券的报酬

承销金额 n（百万元）	承销费率/%
$n \leqslant 5$	1.00
$5 < n \leqslant 10$	0.80
$10 < n \leqslant 30$	0.60
$n > 30$	0.50

（三）自营业务规则

（1）必须以仿真投资银行自身名义通过专用自营席位进行，并由非自营业务部门负责自营账户的管理，包括开户、销户、使用登记等。建立健全自营账户的审核和稽核制度，严禁出借自营账户、使用非自营席位变相自营、账外自营。

（2）自营业务资金的出入必须以公司名义进行，禁止以个人名义从自营账户中调入调出资金，禁止从自营账户中提取现金。

（3）自营业务部门只能在确定的自营规模和可承受风险限额内，选择证券进行投资。

（4）建立健全自营业务运作止盈止损机制，止盈止损的决策、执行与实效评估应当符合规定的程序并进行书面记录。

（5）建立严密的自营业务操作流程，投资品种的研究、投资组合的制定和决策以及交易指令的执行应当相互分离并由不同人员负责；交易指令执行前应当经过审核，并强制留痕。同时，应建立健全自营业务数据资料备份制度，并由专人负责管理。

（6）自营业务的清算、统计应由专门人员执行，并与财务部门资金清算人员及时对账，对账情况要有相应记录及相关人员签字。对自营资金实行独立清算制度，自营清算岗位应当与经纪业务、资产管理业务及其他业务的清算岗位分离。

（7）建立防火墙制度，确保自营业务与经纪、资产管理、投资银行等业务在人员、信息、账户、资金、会计核算上严格分离。

（8）自营业务的投资决策、投资操作、风险监控的机构和职能应当相互独立；自营业务的账户管理、资金清算、会计核算等后台职能应当由独立的部门或岗位负责，以形成有效的自营业务前、中、后相互制衡的监督机制。

（9）建立自营业务的逐日盯市制度，健全自营业务风险敞口和公司整体损益情况的联动分析与监控机制，完善风险监控量化指标体系，并定期对自营业务投资组合的市值变化及其对公司以净资本为核心的风险监控指标的潜在影响进行敏感性分析和压力测试。

（10）建立完善的投资决策和投资操作档案管理制度，确保投资过程事后可查证。

（11）建立完备的业绩考核和激励制度，完善风险调整基础上的绩效考核机制，遵循客观、公正、可量化原则，对自营业务人员的投资能力、业绩水平等情况进行评价。

（12）证券公司经营证券自营业务的，必须符合下列规定：①自营股票规模不得超过净资本的100%；②证券自营业务规模不得超过净资本的200%；③持有一种非债券类证券的成本不得超过净资本的30%；④持有一种证券的市值与该类证券总市值的比例不得超过 5%，但由包销导致的情形和中国证券监督管理委员会另有规定的除外；⑤违反规定超比例自营的，在整改完成前应当将超比例部分按投资成本的100%计算风险准备。

前款所称自营股票规模，是指证券公司持有的股票投资按成本价计算的总金额；证券自营业务规模是指证券公司持有的股票投资和证券投资基金（不包括货币市场基金）投资按成本价计算的总金额。

（13）自营业务应缴费用包括印花税[千分之一（卖出时代扣代缴）]；交易所的规费[万分之 0.6（双向）]。

（四）证券经纪业务规则

1. 业务规则

（1）仿真投资银行从事证券经纪业务，可以选择新闻媒体、互联网信息平台等第三方载体投放广告，进行企业宣传。投资者招揽、接收交易指令等证券业务的任一环节，应当由仿真投资银行独立完成，第三方载体不得介入。对营销活动实施留痕和监控，防范从业人员私下展业。

（2）仿真投资银行应当了解投资者的基本信息、财务状况、证券投资经验、交易需求、风险偏好、以往交易合规等情况。仿真投资银行为金融产品开户的，还应当按照规定了解产品结构、产品期限、收益特征等金融产品合同关键要素，以及委托人、投资顾问、实际受益人等金融产品相关主体情况。

（3）仿真投资银行与投资者签订证券交易委托协议，应当以适当方式告知投资者有关业务规则和协议内容，揭示业务风险，并将风险揭示书交由投资者确认。证券交易委托协议应当明确约定服务内容（包括委托发送与接收、有效委托与无效委托、委托传递与成交回报等）、服务期限、服务价格、代收税费标准、信息系统故障、异常交易行为管理、服务暂停与终止、纠纷解决与违约责任等事项。

（4）投资者进行证券交易，应当直接向仿真投资银行发送委托指令。仿真投资银行应当明确委托指令接收、排序、处理要求，公平对待投资者，同时采取有效措施，保管委托指令与成交记录，防止其他单位和个人违规接收、保存或者截留投资者的委托指令、成交记录等信息。

（5）仿真投资银行及其从业人员开展证券经纪业务，不得有下列行为：①违背投资者的委托为其买卖证券；②私下接受投资者委托买卖证券；③接受投资者的全权委托；④未经投资者的委托，擅自为投资者买卖证券，或者假借投资者的名义买卖证券；⑤诱导投资者进行不必要的证券买卖；⑥违背投资者意愿或者损害投资者合法权益的其他行为。

（6）仿真投资银行收取的交易佣金应当与代收的印花税、证券监管费、证券交易经手费、过户费等其他费用分开列示，并按照规定与约定提供给投资者。仿真投资银行应当在公司网站、营业场所、客户端同时公示对各类别投资者的具体证券交易佣金收取标准。仿真投资银行实际收取的证券交易佣金应当与公示标准一致，与投资者确定、变更交易佣金收取标准应当妥善留痕。

（7）仿真投资银行应当妥善保管投资者身份资料、证券交易、财产状况等信息，采取有效措施保证投资者信息安全。

（8）经纪业务收费标准。①手续费[万分之三（双边征收）]；②印花税[千分之一（卖出时代扣代缴）]；③交易所的规费[万分之0.6（双向）]。

仿真实习虚拟市场内除投资银行外所有经营性机构自第八年始，各投入100万元证券投资款（不得抽回），由投资银行指导进行股票虚拟交易，在实习期内至少进行一次卖出和一次买入（不算初始指定）交易。仿真实习结束时投资银行按投资报酬率做出排名并评选出"最佳投资团队"。

2. 业务流程

业务流程包括：①开户；②委托；③竞价交易；④清算交割；⑤证券过户。

（五）资产管理业务规则

1. 业务规则

（1）仿真投资银行从事客户资产管理业务，应当建立健全投资决策、公平交易、会计核算、风险控制、合规管理、投资者适当性等各项业务制度，防范内幕交易，妥善处理利益冲突，保护投资者合法权益。

（2）仿真投资银行应当健全内部审核和问责制度，明确相关部门和人员的职责、决策流程、留痕方式，对公司资产管理业务出现违法违规或对违反本规范负有责任的高级管理人员和相关人员进行责任追究。

（3）仿真投资银行应当在发起设立集合资产管理计划（简称集合计划）后，提交下列材料。①备案报告。备案报告应当载明集合计划基本信息、推广、投资者适当性安排、验资、成立等发起设立情况，由仿真投资银行法定代表人签字，并加盖公司公章。②集合计划说明书、合同文本、风险揭示书；集合计划说明书、合同文本和风险揭示书应当包括协会制定的集合计划说明书、合同和风险揭示书必备条款。合同文本、资产托管协议应当加盖仿真投资银行公章及资产托管机构印章，风险揭示书应当加盖仿真投资银行公章。③资产托管协议。④已有集合计划运作及资产管理人员配备情况的说明。已有集合计划运作及资产管理人员配备情况的说明应当载明集合计划名称、类型、存续期限、成立日期、成立规模、最新规模、份额净值及累积净值、投资主办人等事项，并加盖仿真投资银行公章。⑤要求提交的其他材料。

（4）仿真投资银行应当了解客户的财产与收入状况、证券投资经验、风险认知与承受能力和投资偏好等信息，对客户的风险承受能力进行评估；并根据了解的客户情况和产品、服务的风险等级情况，向客户销售与其风险承受能力相匹配的产品、服务，引导客户审慎做出投资决定。仿真投资银行在推广资产管理产品、服务时，推广材料应当真实、准确、完整，不得含有虚假、误导性信息或存在重大遗漏。

（5）仿真投资银行应当采取必要管理措施和技术措施，以纸质或电子方式详细记载客户信息，对客户资料、资产管理合同、交易记录等材料妥善保管、严格保密。

（6）仿真投资银行可以自行推广集合计划，也可以委托其他仿真投资银行、商业银行或者中国证券监督管理委员会认可的其他机构代为推广。客户在参与集合计划之前，应当已经是仿真投资银行自身或者其他推广机构的客户。

（7）仿真投资银行将其所管理的集合计划资产投资于一家公司发行的证券，不得超过该证券发行总量的10%。一个集合计划投资于一家公司发行的证券不得超过该计划资产净值的10%。

（8）投顾服务：千分之三（卖出时收取）。发行私募产品的费用由合同自行约定。

2. 业务流程

（1）根据客户需求定制产品或设计自我管理的产品。

（2）与客户签订定向资产管理合同。

（3）开设资金账户与股东账户。

（4）资金账户到账后正式运作。

（六）人力资源管理规则

投资银行组织经营活动，需要柜台业务员、信贷业务员、管理人员、财务人员等各类员工通力合作，才能完成经营任务，实现银行经营管理目标。投资银行员工管理规则参见本教材【制造公司—基本运作规则—人力资源管理规则—人力资源规划—员工管理规则】中对应部分。

1. 投资银行人员与工资信息

投资银行初始的人员和工资信息完全相同。某一家投资银行全体职工第七年12月的人员与工资信息如表9-4所示。

表9-4　第七年12月投资银行人员与工资信息

人员岗位	数量/人	人均基本工资/（元·月）	人均奖金与提成/（元·年）
总经理	1	10 000.00	12 000
部门经理	2	7 000.00	8 000
财务总监	1	8 000.00	10 000
业务员	6	5 000.00	7 000
会计/出纳	3	5 000.00	7 000
其他人员	10	2 500.00	4 000
合计	23	—	—

2. 业务员及其相关人员的配比规则

为了保证投资银行经营的正常进行，员工岗位和人数必须跟年营业额维持一个均衡的比重。从第八年起，投资银行在第七年营业额的基础上，每增加200万元，需增加业务员1人；业务员每增加5人，需增加其他人员1人。

企业各类人员的基本工资每年应根据公司经营情况适当加以调整，奖金与提成应与公司净利润增长率保持一致。

3. 员工招聘规则

投资银行员工招聘遵照本教材【制造公司—基本运作规则—人力资源管理规则—员工招聘规则】相关规定执行。

4. 员工培训规则

投资银行员工培训遵照本教材【制造公司—基本运作规则—人力资源管理规则—员工培训规则】相关规定执行。

四、财务规则

各投资银行主要费用核算部分遵照本教材【商业银行—基本运作规则—财务规则—主要费用核算】中相关规定执行。

第二节 基础财务数据

一、报表数据

投资银行第七年及其以前的财务信息，可以通过分析资产负债表和利润表判断。

（一）资产负债表

仿真投资银行经营范围包括证券的代理买卖；证券代保管、鉴证；代理登记开户；证券自营买卖；证券承销；客户资产管理；企业并购咨询等。本仿真投资银行在虚拟的经济环境中已经经营了7年。

仿真投资银行资产负债表的编制应遵守《企业会计准则》、《企业会计准则——应用指南》和其他法律法规的规定。

仿真投资银行资产负债表如表9-5所示。

表9-5 资产负债表

编制单位：投资银行　　　　　第七年 12 月 31 日

会证 01 表
单位：万元

资产	期末数	负债及股东权益	期末数
现金及银行存款	54 799.75	短期借款	50.00
结算备付金	40.00	代理买卖证券款	50 000.00
自营证券	200.00	代理发行证券款	0
应收股利	0	应付职工薪酬	200.00
应收利息	5.00	应交税费	400.00
债权投资	35.00	应付利息	2.40
长期股权投资	180.00	长期借款	100.00
固定资产原价	750.00	股本	4 000.00
累计折旧（贷）	100.00	资本公积	303.58
固定资产净值	650.00	盈余公积	105.98
无形资产	100.00	一般风险准备	105.98

续表

资产	期末数	负债及股东权益	期末数
		未分配利润	741.81
资产合计	56 009.75	负债及股东权益合计	56 009.75

注：①现金及银行存款中库存现金 0.7 万元，银行存款 54 799.05 万元，其中 4799.05 万元可用于证券自营业务。②结算备付金均属于投资银行。③自营证券系投资银行第七年年末从 A 股市场购入某上市公司股票（该上市公司由投资银行于实习开始时自己指定，以真实市场交易前一日收盘价作为后续核算依据）。④债权投资系投资银行第七年 7 月 1 日购入的五年期的到期一次还本付息的国库券，利率 5.4%，按年计息。⑤无形资产按 10 年进行平均摊销。⑥短期借款系投资银行第七年 10 月 1 日借入的一年期贷款，贷款合同约定利率 4.5%，每半年计息并支付。⑦代理买卖证券款是指在投资银行开户的制造公司、供应公司、贸易公司等以及在仿真环境中的其他机构的存出投资款，总额中超过部分为虚拟市场外某机构委托投资银行进行定向资产管理款项，转入"代理业务负债"科目。⑧应付职工薪酬中 160 万元为职工教育经费，40 万元为工会经费；应交税费为累计欠交，其中欠交所得税 353.25 万元，增值税 46.75 万元。⑨长期借款系第六年 6 月 30 日向商业银行借入的到期还本分期付息的五年期贷款，贷款合同约定利率 4.8%，每半年计算并支付利息一次。⑩投资银行按照弥补亏损后的税后利润 10%计提一般风险准备，用于先于盈余公积之前弥补亏损。⑪投资银行股本 60%由法人股东持有，40%为普通股。⑫在仿真综合实训开始时，公司法人股东需将其持有的总股本 10%的份额转让给中层管理人员，这些中层管理人员组建新一届管理层的领导班子，股份如何分配，由公司自行选择标准决定

（二）利润表

仿真投资银行利润表如表 9-6 所示。

表 9-6　利润表

会证 02 表

编制单位：投资银行　　　　　　第七年 12 月　　　　　　单位：万元

项目	本年数
一、营业收入	2140.00
1. 手续费及佣金收入	2000.00
其中：（1）代理买卖证券业务手续费净收入	800.00
（2）证券承销业务净收入	1000.00
（3）其他业务净收入	200.00
2. 利息净收入	10.00
3. 投资收益	100.00
4. 其他业务收入	30.00
二、营业支出	727.00
1. 营业税金	107.00
2. 业务和管理费用	600.00
3. 其他业务成本	20.00
三、营业利润（亏损以"—"填列）	1413.00

项目	本年数
加：营业外收入	10.00
减：营业外支出	10.00
四、利润总额（亏损以"—"填列）	1413.00
减：所得税费用	353.25
五、净利润（亏损以"—"填列）	1059.75

二、固定资产信息

投资银行第七年年末固定资产清单如表 9-7 所示。

表 9-7 投资银行第七年年末固定资产清单

固定资产 名称	原值 /万元	残值 /万元	使用年限 /年	已用年限 /年	已提折旧 /万元	备注
行政与营业大厅	620	20	40	4	60	自有（1 幢）
办公设备	76	6	10	5	35	自有（10 套）
营业设备	54	4	10	1	5	自有（10 套）
合计	750	—	—	—	100	

第十章　人力资源公司

仿真市场的人力资源公司是指向其他仿真机构提供所需人力资源招聘和培训业务的经营单位。仿真市场上有 2 家人力资源公司。

人力资源公司基本信息如表 10-1 所示。

表 10-1　人力资源公司基本信息

所属市场	公司名称	代码	经营范围	银行账号	税务登记号
本地市场 国内市场 国际市场	A 区人力资源公司 1	ARL01	人员招聘 人员培训		
	A 区人力资源公司 2	ARL02			

注：所有人力资源公司需进行工商登记、税务登记，并取得营业执照、税务登记号、银行账号才可正式营业

第一节　基本运作规则

人力资源公司模拟业务规则以 2 家公司构成的人力资源服务市场为设计基础，是模拟市场人力资源公司开展业务经营活动的行业规则。现在每一家人力资源公司的准备工作已经就绪，请各公司的所有经营管理者认真研读本行业的业务规则，并在经营活动过程中遵照执行。

一、组织架构

根据人力资源公司在仿真实习环境中的业务运行模式，人力资源公司组织结构如图 10-1 所示。

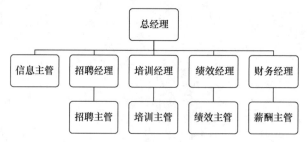

图 10-1　人力资源公司组织结构参考图

人力资源公司组织构架和各岗位的工作职责如下。

（1）总经理：负责公司注册、组织机构搭建和总体规划，召开每日工作例会、组织年度经营报告撰写等。

（2）招聘经理与招聘主管：负责公司招聘业务，包括挖掘企业招聘需求、组织招聘等。招聘经理负责举行大型招聘会和零散招聘任务。负责从楚财集团获取用人单位所需人力资源。

（3）培训经理与培训主管：负责公司培训业务，包括挖掘企业培训需求、组织培训、撰写培训业务报告等。负责各制造公司管理人员职称晋升和维持培训，以及生产工人技术职称提升工作，并负责课程专题培训和实务专家进课堂讲座或培训的考勤。

（4）绩效经理与绩效主管：负责本公司和外部公司员工绩效考核，包括收集职位信息、制订绩效考核方案并实施考核、收集本公司和外部公司绩效考核结果。

（5）财务经理与薪酬主管：财务经理负责本公司账务处理；薪酬主管负责外部公司薪酬调查和本公司员工薪酬。此外，财务经理还负责本公司薪资及税务问题，以及发布薪酬调查报告并公布社保缴费基数。

（6）信息主管：负责本公司政企运作仿真综合实训平台操作，发布招聘、培训与绩效业务信息。

二、经营规则

（一）建立人力资源服务业务关系规则

人力资源公司在本地市场、国内市场和国际市场提供人力资源服务的相关业务，主要提供员工招聘和员工培训服务。

1. 员工招聘服务

人力资源公司面向仿真市场的所有单位提供此项服务。

2. 员工培训服务

人力资源公司面向仿真市场的所有单位提供此项服务。

3. 人力资源外包业务

人力资源公司可针对除制造公司之外的其他单位开展此项业务。

4. 代理评估机构开具产品合格率证明

遵照本教材【制造公司—基本运作规则—经营规则—生产规则—各种产品合格率的测算】中的相关规定执行。

5. 代理人社局职能方面业务

人力资源公司可接受政务中心委托，代理以下业务。

1）发布实习年度实习企业所在地区的基础性工资标准信息

人力资源公司根据国家和地区相关薪酬政策，发布实习企业所必须遵照执行的基础性工资标准信息。比如，根据虚拟仿真实习平台最低工资标准1810元的规定，对无技术级别的辅助生产工人的基本工资仍可按照所在生产线基本生产工人当月平均工资的80%计算，但若低于1810元，应按1810元支付。各企业必须按照人力资源公司发布的基础财务数据进行相应的工资调整，可高于但不得低于所发布的最低工资标准。工资总额、就业人数等信息应该于当年上报所在区域的信息资源公司备案。

2）检查企业组织签订劳动合同执行情况

各公司必须自第八年第二季度起与真实员工（即实习学生）签订劳动合同。各仿真机构人力资源部做好合同起草、修订、审核与相关准备工作；劳动用工合同范本须提交律师事务所审核确认。各人力资源公司自第八年第三季度起，对各仿真机构劳动用工合同的签订与执行情况进行普查，并将普查结果于第八年年末提交政务中心公布。

3）其他可代理业务

其他可代理业务包括代理各公司人才测评、绩效考核等业务；代理进行市场调查，对实习中学生不熟悉的业务进行培训，负责培训前期调查、师资联络、培训评估等工作；负责课程专题培训和实务专家进课堂讲座或培训的组织与考勤等。

（二）招聘录用与辞退规则

人力资源公司不得随意变动招聘费用标准，必须尊重市场，不得搞垄断经营。若因随意涨价或服务不公导致投诉，达到三次者全体成员期末成绩降等，若超过三次则停止经营，进行整顿，接受处罚。

在人才数量供给上，要做好各年度人才总量测算和规划，并及时向模拟市场公布各类型人才的储备量。虽然原则上人才供给充足，但为了更贴近现实，尤其是面对当前用工荒和高端人才短缺的现实情况，技术为1、6、7等级的生产工人的供给量可以适当设定限额，比如只相当于总体需求量的80%左右。具体数值可根据经营状况确定，但本经营年度的人才数量总额和结构设计必须有书面说明并经指挥中心批准方可公布执行。

人力资源公司若要在招聘价格方面做出调整，必须提交相应的调价方案给市场监督管理局（代理物价局职能），说明调整依据和最终的执行标准，经批准通过后可公布执行。

1. 人力资源公司招聘方式

1）大型人才交流会

大型人才交流会每个季度初进行，用人需求单位能够通过人才交流会招聘到的人数是计划招聘人数（申请人数）的80%～99%（具体比例由人力资源公司抽签决定）。用人单位每次参加大型人才交流会招聘，需要向人力资源公司交纳招聘入场费5000元，如果由于决策失误需要在同一季度补招，用人单位第二次招聘所需入场费优惠至3000元。没有支付招聘入场费的单位，人力资源公司可以拒绝提供服务。

招聘总费用 = 入场费 + Σ（各人员类别实招人数 × 各类别对应招聘费用）

2）日常散招

日常散招可随时进行，无须缴纳入场费，招聘到的人数是计划招聘人数（申请人数）的70%～99%（具体比率由人力资源公司抽签决定）。

总费用 = Σ（各人员类别计划招聘人数 × 招聘费用 × 150%）。招聘概率由人力资源公司抽签决定。

2. 劳动合同签订规则

新招聘录用的员工必须先签订劳动合同书，同一时间招聘的同一类型的员工提供一份劳动合同书。

若劳动合同书约定了试用期：①劳动合同期限三个月以上不满一年的，试用期不得超过一个月；②劳动合同期限一年以上不满三年的，试用期不得超过两个月；③三年以上固定期限和无固定期限的劳动合同，试用期不得超过六个月。劳动者在试用期的工资不得低于本单位相同岗位最低档工资或者劳动合同约定工资的百分之八十，并不得低于用人单位所在地的最低工资标准（具体以所在地公布的标准为准）。

3. 招聘录用程序

（1）用人需求单位提出委托招聘申请，并与人力资源公司签订委托招聘协议书。

（2）用人需求单位向人力资源公司提供相关资料（如招聘岗位的说明书）。

（3）人力资源公司筛选符合要求的人才。通过人力资源公司的人才库，或者重新发布人才需求信息。

（4）对初步符合条件的人进行面试甄选，提供分析评价报告（采用的甄选程序和方法）。

（5）将甄选的人员推荐给用人需求单位，并收取相应费用。

4. 辞退规则

辞退无过错的员工要提前30天书面通知员工本人，并根据其工作年限支付经济补偿金。企业辞退员工必须回到原人力资源公司备案，成为潜在的人力资源。

用人单位随时解除劳动合同：①在试用期间被证明不符合录用条件的；②严重违反劳动纪律或者用人单位规章制度的；③单位在员工手册或者规章制度中最好对严重违纪的情形要有明确规定，并且注意保留员工严重违纪的事实依据；④随时辞退员工人数不能超过企业当时总人数的2%。

（三）培训规则

人力资源公司不得随意变动培训费用标准，必须尊重市场，不得搞垄断经营。若因随意涨价或服务不公导致投诉，达到三次者全体成员期末成绩降等，若超过三次则停止经营，进行整顿，接受处罚。

人力资源公司若要在培训价格方面做出调整，必须提交相应的调价方案给市场监督管理局（代理物价局职能），说明调整依据和最终的执行标准，经批准通过后可公布执行。

如果有仿真机构选择由人力资源公司外训，必须签订委托培训合同，由该仿真机构的职工教育经费列支。交纳的培训费用是在内部培训费用基础上上浮5%~10%，具体的比例由人力资源公司根据培训的人数、级别等具体情况在期初的时候制定出具体的规则并公告。

关于培训费用参照本教材【制造公司—基本运作规则—财务规则—职工薪酬—职工

教育经费】中的规定执行。

培训流程如下。

（1）仿真机构委托人力资源公司培训，双方签订培训委托协议。在培训委托协议中应该明确仿真机构的培训要求、培训目标等具体的条款。

（2）培训需求分析。人力资源公司通过调查研究，确定需要接受培训的人员和需要的培训项目或培训内容。

（3）人力资源公司按照委托仿真机构的要求拟定培训计划，包括课程设置、培训师、培训方法、考核形式、培训辅助设备等。

（4）对委托对象实施培训。

（5）对培训对象进行培训效果评估（写出评估方案或评估总结）。

（四）真实员工考核规则

仿真实习单位的员工包括两部分：一是真实员工，即参与该单位实习的学员；二是虚拟员工，即根据该单位经营状况进行虚拟匹配的员工。

不管是何种形式的员工，都要按季度进行定期考核。

1. 虚拟市场员工考核通则

行政管理人员和销售管理人员依据考核结果或者培训确定是否晋升，只能逐级晋升，不能越级晋升。

考核周期为季度，即一年考核四次。

无职称人员连续 3 个考核周期、中初级职称人员连续 2 个考核周期的考核结果为称职，具备晋升上一级职称的资格，企业原则上应聘其相应的职称。

管理人员出现考核不称职，公司在下一考核周期将其降低一级聘用；高职低聘人员在低聘期考核称职，在接下的考核周期恢复原职称。连续 2 次考核不称职的管理人员，企业予以辞退，具体考核办法由各公司人力资源部自行制定。

公司人力资源部必须对参与仿真经营的真实员工按照仿真经营年度进行考核，每半年为一个考核周期，连续 2 次考核不称职的，仿真公司有权将其辞退。被所在公司（机构）辞退的学生必须到人力资源公司报到，由其他公司选择聘用。仿真时间半年以上仍然未被聘用的学生，由属地安排一些辅助性工作，其仿真经营成绩将会受到负面影响。

2. 实习单位员工考核细则

各仿真机构人力资源部负责制定本单位真实员工与虚拟员工（可以分别制定）管理办法与考核办法、考核实施细则等可具操作性的书面文件。

根据本单位真实员工与虚拟员工管理办法与考核办法、考核实施细则，对本单位全体职工按期组织考核，考核结果分为优秀、良好、中等和不称职四等，每一个真实员工必须有书面考核结果与考核等级，该考核结果经总经理审核确认后报属地教师，以备教师评定实习成绩时参考。

各仿真机构人力资源部根据相关规则制定本单位职工薪资管理具体办法，薪资级别、绩效工资、奖金等必须与每一位职工的实际考核结果、考核等级挂钩（虚拟员工可以按照考核级别分类确定）。

各单位真实员工工资应该通过银行代发，各单位财务部自行前往本区商业银行以实习单位名义为全体职工开立工资集体账户。实际职工工资账户中的资金可以到证券交易市场购买各种证券（参见证券柜台交易管理办法与实施细则）。待仿真实习结束时，实际职工工资账户中的资金额可以作为评价个人业绩（与实习成绩挂钩）的重要参考。

三、财务规则

重点把握几项主要费用的核算。

1. 职工薪酬

各人力资源公司遵照本教材【制造公司—基本运作规则—财务规则—职工薪酬】中的相关规定执行。

2. 差旅费

各人力资源公司有关人员外出洽谈业务，需要开支差旅费。差旅费分为固定差旅费和变动差旅费两部分。固定差旅费一般按出差人次数计算，应于每次出差时支付；变动差旅费一般按营业收入计算，应于年内分期支付。出于仿真实习的需要，也为了便于各人力资源公司之间财务数据横向比较，特规定全年差旅费总额按照当年营业收入总额的1.1%开支。差旅费每个季度使用全年预计总额的20%以上，由楚财集团按季度代为收取，年底结清。

3. 业务招待费

年度总招待费应不低于上年营业收入的 1%。该项费用每个季度至少支付预计全年总额的20%，由体旅资源公司收取该项费用（各人力资源公司与本区体旅资源公司必须签约），年底结清。

4. 其他管理费用

各人力资源公司遵照本教材【制造公司—基本运作规则—财务规则—期间费用规则】中的相关规定执行。

第二节　基础财务数据

一、报表数据

人力资源公司第七年及其以前的财务信息，可以通过分析资产负债表和利润表判断。

（一）资产负债表

人力资源公司资产负债表如表 10-2 所示。

表 10-2　资产负债表

会服 01 表

编制单位：人力资源公司　　　　第七年 12 月 31 日　　　　单位：万元

资产项目	金额	负债及所有者权益项目	金额
库存现金	0.1	应付职工薪酬	5
银行存款	139.9	应交税费	3
其他货币资金	100	实收资本	300
应收账款	30	资本公积	30
固定资产原值	218	盈余公积	20
累计折旧（贷）	80	未分配利润	50
资产总计	408	权益总计	408

注：①其他货币资金全部为在投资银行开立的证券账户中的存出投资款，须于实习开始时从 A 股市场购入某上市公司股票作为交易性金融资产（该上市公司由各机构以真实市场交易前一日收盘价作为后续核算依据）。②应收账款系某咨询公司协作费 30 万元，第八年一季度收回，由楚财集团代为支付。③应付职工薪酬中 4 万元为职工教育经费，1 万元为工会经费；应交税费为当年欠交，其中欠所得税 2 万元，欠增值税 1 万元，欠交税款应在下年初缴纳。④实收资本为 A 投资人投入 120 万元，占 40%；B 投资人投入 180 万元，占 60%。在仿真综合实训开始时，公司原股东需按比例分担，将总股本40%的份额转让给中层管理人员，这些中层管理人员组建新一届管理层的领导班子，股份如何分配，由公司自行选择标准决定

（二）利润表

人力资源公司利润表如表 10-3 所示。

表 10-3　利润表

会服 02 表

编制单位：人力资源公司　　　　第七年 12 月　　　　单位：万元

项目	行次	本年数	上年数
一、营业收入	1	177.5	155
减：营业成本	2	134.9	116.25
税金及附加	3	10.65	9.3
减：销售费用	4	7.5	6.5
管理费用	5	9.25	9
财务费用	6	1.25	1.5
加：投资收益（损失以"—"填列）	7	2.6	4
二、营业利润（亏损以"—"填列）	8	16.55	16.45
加：营业外收入	9	2.25	2.9
减：营业外支出	10	1.6	3.45
三、利润总额（亏损以"—"填列）	11	17.2	15.9
减：所得税费用	12	4.3	5.247
四、净利润（亏损以"—"填列）	13	12.9	10.653

二、固定资产信息

人力资源公司第七年 12 月固定资产清单如表 10-4 所示。

表 10-4　人力资源公司第七年 12 月固定资产清单

固定资产名称	原值/万元	残值/万元	使用年限/年	已用年限/年	已提折旧/万元
办公楼	168	8	40	20	80
别克商务车	38	1.9	10	0	0
大众捷达车	2	0.1	5	0	0
复印机	4	0.2	5	0	0
联想计算机	0.45（10 台）	0.1（10 台）	5	0	0
打印机	0.2（5 台）	0.05（5 台）	5	0	0
传真机	0.25（2 台）	0.025（2 台）	5	0	0
合计	218				80

注：不动产及运输设备属于管理用固定资产；其他属于经营用固定资产

三、员工与工资信息

人力资源公司拥有一定数量的员工，人力资源公司全体职工第七年 12 月的工资信息如表 10-5 所示。

表 10-5　第七年 12 月人力资源公司人员配置与最低工资标准

员工岗位	数量/人	人均基本工资/（元·月）	人均奖金与提成/（元·年）
总经理	1	6000	公司年收入×10%
招聘经理	1	5000	公司年收入×5%
培训经理	1	5000	公司年收入×5%
绩效经理	1	5000	公司年收入×5%
财务经理	1	5000	公司年收入×5%
信息主管	1	3500	20%的业务提成
招聘主管	1	3500	20%的业务提成
培训主管	1	3500	20%的业务提成
绩效主管	1	3500	20%的业务提成
薪酬主管	1	3500	20%的业务提成

第十一章　会计师事务所

仿真市场的会计师事务所是指向其他仿真机构提供所需审计鉴证与咨询等业务的经营单位。仿真市场上有2~3家会计师事务所。

会计师事务所基本信息如表11-1所示。

表 11-1　会计师事务所基本信息

所属市场	公司名称	代码	经营范围	银行账号	税务登记号
本地市场 国内市场 国际市场	A区会计师事务所1	AKJ01	审计鉴证 审计咨询		
	A区会计师事务所2	AKJ02			
	A区会计师事务所3	AKJ03			

注：所有会计师事务所需进行工商登记、税务登记，并取得营业执照、税务登记号、银行账号才可正式营业

第一节　基本运作规则

会计师事务所模拟业务规则以 2~3 家会计师事务所构成的审计服务市场为设计基础，是模拟市场会计师事务所开展业务经营活动的行业规则。现在每一家会计师事务所的准备工作已经就绪，请各家事务所的所有经营管理者认真研读本行业的业务规则，并在经营活动过程中遵照执行。

一、组织架构

根据会计师事务所在仿真实习环境中的业务运行模式，会计师事务所的组织结构参考图 11-1。

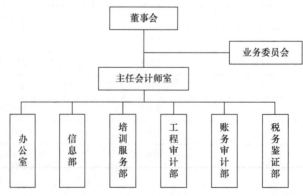

图 11-1　会计师事务所组织结构参考图

二、业务范围与内容

（一）业务范围

1. 审计鉴证业务

此项业务包括审查企业财务报表、企业内控制度；验证企业资本；企业合并、分立、清算事宜中的审计业务；法律、行政法规规定的其他审计业务等。

2. 资产评估

此项业务包括资产拍卖、转让，企业收购、合并、出售、联营，企业清算，资产抵押及其他担保，企业租赁等情形中的资产评估；依照模拟市场虚拟政府有关规定需要进行资产评估的其他情形。

3. 税务服务

此项业务包括税务代理；税收咨询和筹划；税收审计等。

4. 会计咨询、会计服务业务

此项业务包括会计管理咨询；设计会计制度；担任会计顾问；代理记账；项目可行性研究和项目评价；培训财会人员；其他会计咨询、服务业务等。

5. 委托人委托的其他业务

包括基建（自建厂房、仓库等）预决算审核、司法会计鉴定等业务。

（二）业务内容

审计部门主要针对模拟市场经营性机构经营活动过程中的主要业务开展审计工作，出具审计报告。审核内容主要有以下内容。

（1）会计核算制度和内部控制制度：检查是否健全，是否与国家现行会计核算制度、会计准则一致，是否与仿真实习业务规则一致。

（2）会计账簿：检查设置是否合理、是否完整，是否符合国家现行会计制度的规定。

（3）货币资金：审核使用是否符合财经制度的要求，相关业务是否及时办理。

（4）收入：审核是否符合收入的确认原则，收入确认手续、单据是否齐全，是否存在虚增收入或者少列收入的情况。

（5）费用开支（专项审计①）：审核主要费用列支是否符合相关规定，费用标准是否超标，是否存在多列或者少计费用的情况，摊销或者预提费用是否按照规则规定使用，是否及时计入有关费用。

（6）投资：检查是否符合虚拟政府产业政策要求，是否执行仿真实习相关规则的规定。

（7）融资：检查融资方式是否符合融资规则的各项规定，融资规模是否超过规定的

---

① 出于仿真实习的需要，会计师事务所还应当接受政府委托进行专项审计，行使类似国家审计的职能，承接并在规定时间内完成相关审计任务。

标准。

（8）职工：审核所招聘的职工是否满足生产技术要求或者管理者素质要求，公司职工培训费与产品合格率、职工类别配比关系等是否符合规定。

（9）采购与销售：审核公司与经销商、供应商签订合同的真实性、合法性，审核公司的市场行为是否符合相关规则的规定；审核采购与销售环节的各项工作是否与相关规则及其要求一致，采购与销售的批量、价格等是否存在弄虚作假。

（10）税金：审核各项税金的计算、申报、缴纳是否符合相关规则的规定，是否存在瞒报、虚报、漏报等行为。

（11）财务报告：重点审核公司的各项财务信息的真实性、合法性和正确性。

（12）其他：包括审核各机构新市场开发、新产品研发、ISO 认证等方面所提供的信息是否真实可靠；审核自建项目是否按照相关业务的规定实施审批、验收；审核各项资产、负债、所有者权益的增减变动是否符合仿真实习相关业务规则的规定；审核主要业务的会计处理是否正确，是否遵守会计核算制度的要求，会计核算方法是否遵守一贯性原则等。

三、业务规则

（一）审计遵循原则

审计人员依法执行职务，受法律保护。任何组织和个人不得拒绝、阻碍审计人员依法执行职务，不得打击报复审计人员。审计人员在执业过程中，要遵守相关的执业准则和职业道德守则，保持独立、保密、有偿、及时、守约的原则，专业胜任能力和应有的关注。具体而言，事务所和审计人员在承接和执行审计业务时，应遵循以下原则。

（1）独立。审计人员办理审计事项，与委托单位或者审计事项有利害关系的，应当回避。

（2）保密。审计人员对其在执行职务中知悉的模拟市场秘密和委托单位的商业秘密，负有保密的义务。

（3）有偿。事务所接受委托公司委托进行审计，需要收取审计费用。

审计收费是指注册会计师（事务所）在提供审计服务后，须向被审计单位收取费用以弥补其在审计过程中所消耗的成本。目前我国会计师事务所审计收费实行政府指导价，价格标准采用"固定价±浮动百分比"。

审计项目收费参考标准如表 11-2 所示。

表 11-2　审计项目收费参考标准

审计项目	计量单位	收费标准	完成时间	业务内容
中期财务报告	元/次	8 000	20 天	全面审计
年度财务报告	元/次	10 000	4 个月	全面审计

续表

审计项目	计量单位	收费标准	完成时间	业务内容
专项审计项目	元/次	2 000	15 天	专门项目审计
会计咨询	元/次	1 000	当日	咨询服务
代理记账	元/月	3 000	每月末	明细账、总账
出具验资报告	元/次	2 000	3 日	验证资本真实性
资产评估	元/项	2 000	3 日	评估资产价值
其他业务	元	—	—	根据业务内容商议

注：①表中列示的会计师事务所完成审计的时间为实际日历时间，具体执行时需要将日历时间换算为仿真实习时间；②仿真会计师事务所可参照以上标准，结合审计项目的性质及要求具体制定并发布公告；③仿真会计师事务所还可以把以上部分收费项目打包按年来定额收费，需跟客户签约并约定付款方式

（4）及时。事务所接受委托进行年度审计，根据国家相关规定，要求在次年 4 月底前结束，仿真事务所审计年报从受托之日起 4 个月（仿真实习时间为 1 天）内完成，请委托单位把握好委托时间。

（5）守约。事务所必须在约定时间内完成审计任务，逾期完成视为违约。事务所违约按照本次审计项目收费的 10%支付违约金。

（二）审计报告规则

模拟市场所有经营性机构都必须委托会计师事务所进行审计，并出具签署审计意见的审计报告。

审计报告是审计人员根据相关规范的要求，在对约定事项实施了必要的审计程序后出具的，用于对被审计单位财务报表（或委托事项）发表审计意见的书面文件。

审计报告的基本内容有：审计意见、形成审计意见的基础、关键审计事项、管理层责任、审计责任、按照相关法律法规的要求报告的事项（如适用）、审计人员署名盖章、事务所地址与签章、报告日期等。

审计报告的重点，因不同审计而异。财务审计报告，应说明被审计单位的会计报表是否合法公允，财务状况是否真实，经济活动是否合法、合规等。如果向投资者和债权人证明被审计单位的财务状况和盈利能力，应对被审计单位的会计报表、财务状况表明意见，指出会计报表的编制是否符合企业会计准则和有关财务会计法规的规定，会计处理方法的选用是否符合一贯性原则，会计报表是否公允地反映了被审计单位的财务状况，有无隐匿不实之处等。

审计意见类型包括无保留意见、保留意见、无法表示意见与否定意见等四种类型。注册会计师应获取充分适当的审计证据以支撑审计意见的恰当性，或根据审计范围受限程度出具恰当的审计意见。

审计报告由负责审计项目的注册会计师和事务所主管领导（合伙人或主任会计师）签字，报送审计委托单位。

撰写审计报告的要求是：格式规范、要素完整；独立公正，结论明确；突出重点，证据确凿；文字精练，措辞得当。

存在下列情况之一的公司，其由事务所出具的审计报告必须是无保留审计意见。

（1）拟发行公司债券的制造公司；拟申请银行贷款的各类公司；拟申请上市的公司。

（2）拟参加市场监督管理局每年度举办的"诚实守信，合法经营"评选活动的公司。

（3）拟参加仿真实习经营期"最佳经营成果奖"评选活动的制造公司。

（4）拟参加经营期"优质服务奖"评选活动的非制造公司。

（三）人力资源管理规则

会计师事务所组织经营活动，需要注册会计师、管理人员、财务人员等各类员工通力合作，才能完成经营任务，实现公司经营管理目标。公司员工管理规则参见本教材【制造公司—基本运作规则—人力资源管理规则—人力资源规划—员工管理规则】中的对应部分。

1. 会计师事务所人员与工资信息

2～3家会计师事务所初始的人员和工资信息完全相同。某一家会计师事务所全体职工第七年12月的工资信息如表11-3所示。

表 11-3　第七年 12 月会计师事务所人员配置与最低工资标准

人员岗位	数量/人	人均基本工资/（元·月）	人均奖金与提成/（元·年）
所长	1	6000	事务所业务总额×10%
副所长	1	5000	事务所业务总额×5%
注册会计师	2	3500	20%的业务提成
业务助理	1	2000	10%的业务提成

2. 注册会计师及其相关人员的配比规则

为了保证事务所经营的正常进行，员工岗位和人数必须跟年营业额维持一个均衡的比重。从第八年起，会计师事务所在第七年营业额的基础上，每增加30万元，需增加注册会计师1人。

事务所各类人员的基本工资每年应根据经营情况适当加以调整，奖金与提成应与公司净利润增长率保持一致。

3. 员工招聘规则

会计师事务所员工招聘遵照本教材【制造公司—基本运作规则—人力资源管理规则—员工招聘规则】的相关规定执行。

4. 员工培训规则

会计师事务所员工培训遵照本教材【制造公司—基本运作规则—人力资源管理规

则—员工培训规则】的相关规定执行。

四、审计工作程序

审计项目、审计内容不同，审计程序也不完全相同。以会计报表审计为例，事务所进行报表项目审计的基本程序如下。

（一）审计业务约定

注册会计师应当在了解被审计单位基本情况的基础上，由会计师事务所接受委托，签订审计业务约定书。这项活动是由会计师事务所与委托人共同签订，据以确认审计业务的受托与委托关系，明确委托的目的、审计范围及双方责任与义务等事项，最终形成书面合约的活动。审计业务约定书一旦签订便具有法定的约束力，因此签约活动必须按下列程序和要求进行。

1. 初步业务活动

在签订审计业务约定书之前，会计师事务所应当委派注册会计师了解被审计单位的基本情况，初步评价审计风险。接受委托之前应当了解被审计单位的业务性质、经营规模和组织结构，经营情况及经营风险，以前年度接受审计的情况，财务会计机构及工作组织以及其他与签订业务约定书相关的基本情况。在初步了解情况、评价审计风险并充分考虑自身承受委托能力的基础上，与委托人就约定事项进行商谈，如洽谈审计的目的与范围，审计中所采用的程序与方法，完成的工作量与工作时限，要求客户提供的工作条件和配合的方法、程度，双方的权利与义务，收费标准和付费方式等。商谈双方就约定事项达成一致意见后，即可接受委托，正式签订审计业务约定书。

2. 签订审计业务约定书

签订审计业务约定书应由会计师事务所和委托人双方的法定代表人或其授权的代表签订，并加盖委托人和会计师事务所的印章。审计业务约定书应当包括签约双方的名称、委托目的、审计范围、会计责任与审计责任、签约双方的义务、出具审计报告的时间要求、审计报告的使用责任、审计收费、审计业务约定书的有效时间、违约责任、签约时间以及签约双方认为应当约定的其他事项等内容。

（二）编制审计计划

审计计划是指注册会计师为了完成年度会计报表审计业务，达到预期的审计目的，在具体执行审计程序之前编制的工作计划，审计计划包括总体审计计划和具体审计计划。总体审计计划是对审计的预期范围和实施方式所做的规划，是注册会计师从接受审计委托到出具审计报告整个过程基本工作内容的综合计划。具体审计计划是依据总体审计计划制定的，对实施总体审计计划所需要的审计程序的性质、时间和范围所做的详细规划与说明。注册会计师在整个审计过程中，应当按照审计计划执行审计业务。

1. 编制审计计划前的准备工作

在编制审计计划前，注册会计师应当了解被审计单位的年度会计报表，合同、协议、章程、营业执照，重要会议记录，相关内部控制制度，财务会计机构及工作组织，厂房、设备及办公场所，宏观经济形势及其对所在行业的影响以及其他与编制审计计划相关的重要情况。在编制审计计划前，注册会计师还应当查阅上一年度审计档案，关注上一年度的审计意见类型、审计计划及审计总结、重要的审计调整事项、管理建议重点，上一年度的或有损失以及其他有关重要事项。如属首次接受委托，注册会计师可以同被审计单位的有关人员就总结审计计划的要点和某些审计程序进行讨论，并使审计程序与被审计单位有关人员的工作协调，总之，注册会计师在编制审计计划之前，应当尽可能多地了解被审计单位的有关情况，并充分考虑其对本期审计工作的影响。

2. 审计计划的内容与编制

审计计划的繁简程度取决于被审计单位的经营规模和预定审计工作的复杂程度。因此，在编制审计计划时，注册会计师应当对审计的重要性、审计风险进行适当评估。在编制计划时，要特别考虑一些基本因素，如委托的目的、审计范围及审计责任，被审计单位的经营规模及其业务复杂程度，被审计单位以前年度的审计情况，被审计单位在审计年度内经营环境、内部管理的变化及其对审计的影响，被审计单位的持续经营能力，经济形势及行业政策的变化对被审计单位的影响，关联者及其交易，国家新近发布的有关法规对审计工作产生的影响，被审计单位会计政策及其变更，对专家、内部审计人员及其他审计人员工作的利用，审计小组成员业务能力、审计经历和对被审计单位情况的了解程度等。

总体审计计划的基本内容包括被审计单位的整体情况，审计目的、审计范围及审计策略，重要会计问题及重点审计领域，审计工作进度及时间、费用预算，审计小组组成及人员分工，审计重要性的确定及审计风险的评估，对专家、内部审计人员及其他审计人员工作的利用以及其他有关内容。

具体审计计划应当包括各具体审计项目的一些基本内容，如审计目标、审计程序、执行人及执行日期、审计工作底稿的索引以及其他有关内容。具体审计计划的制订，可以通过编制审计程序表完成。

3. 审核审计计划

审计计划应当经会计师事务所的有关业务负责人审核和批准。对总体审计计划，应审核审计目的、审计范围及重点审计领域的确定是否恰当，对被审计单位的内部控制制度的依赖程度是否恰当，对审计重要性的确定及审计风险的评估是否恰当，对专家、内部审计人员及其他审计人员工作的利用是否恰当等。对具体审计计划，应审核审计程序能否达到审计目标，审计程序是否适合审计项目的具体情况，重点审计领域中审计项目的审计程序是否恰当，重点审计程序的制订是否恰当。

审计计划经会计师事务所的有关业务负责人审核后，应将审核和批准的意见记录于审计工作底稿。审计计划应当在具体实施前下达到审计小组的全体成员。注册会计师应当在执行中视审计情况的变化及时对审计计划进行修改、补充。审计计划的修改、补充意见，应经会计师事务所的有关业务负责人同意，并记录于审计工作底稿。

（三）内部控制制度测评

注册会计师对被审计单位执行审计时，应当研究和评价被审计单位的相关内部控制制度，据以确定实质性测试的性质、时间和范围。对于审计过程中发现的内部控制制度的重大缺陷，应当向被审计单位报告，如有需要，可出具管理建议书。注册会计师主要对会计控制制度进行测试，即对控制环境、会计制度和控制程序等方面进行测试，然后据以确定内部控制可依赖的程度。为了取得满意的测试效果，注册会计师应正确地进行抽样和抽样结果的评价。

（四）运用审计方法获取审计证据

注册会计师在审计时，除运用审计抽样的方法进行符合性测试和实质性测试获取审计证据外，还可以运用检查、监盘、观察、查询、函证、计算、分析性复核等方法，以获取充分、适当的审计证据。检查是指注册会计师对会计记录和其他书面文件可靠程度的审阅与复核。监盘是指注册会计师现场监督被审计单位各种实物资产及现金、有价证券等的盘点，并进行适当的抽查。注册会计师监盘实物资产时，应对其质量及所有权予以关注。观察是指注册会计师对被审计单位的经营场所、实物资产和有关业务活动及内部控制的执行情况等所进行的实地察看。查询是指注册会计师对有关人员进行的书面或口头的询问。函证是指注册会计师为印证被审计单位会计记录所载事项而向第三者发函询证。如不能通过函证获取必要的审计证据，应实施替代审计程序。计算是指注册会计师对被审计单位原始凭证及审计记录中的数据所进行的验算或另行计算。分析性复核是指注册会计师对被审计单位重要的比率或趋势进行的分析，包括调查异常变动以及这些重要比率或趋势与预期数额和相关信息的差异。对于异常变动项目，注册会计师应当重新考虑其所采用的审计程序是否恰当。必要时应当追加适当的审计程序。注册会计师在获取证据时，可以同时采用上述方法。

注册会计师应当对所获取的审计证据进行分析和评价，以形成相应的审计结论。对所获取的审计证据在审计工作底稿中予以清晰、完整的记录。对审计过程中发现的、尚有疑虑的重要事项，应进一步获取审计证据，以证实或消除疑虑；如在实施必要的审计程序后，仍不能获取所需要的审计证据，或无法实施必要的审计程序，注册会计师应出具保留意见或拒绝表示意见的审计报告。

（五）编制审计工作底稿

审计工作底稿是注册会计师在审计过程中形成的审计工作记录和获取的资料。审计工作底稿应如实反映审计计划的制订及其实施情况，包括与形成和发表审计意见有关的所有重要事项，以及注册会计师的专业判断。

1. 编制与复核

注册会计师编制审计工作底稿，应当包括被审计单位名称，审计项目名称，审计项目时点或期间，审计过程记录，审计标识及其说明，审计结论，索引号及页次，编制者姓名以及编制日期，复核者姓名及复核日期以及其他应说明事项。审计工作底稿中由被审计单位、其他第三者提供或代为编制的资料，注册会计师除应注明资料来源外，还要在实施必要的审计程序过程中，形成相应的审计记录。

会计师事务所应当建立审计工作底稿复核制度。各复核人在复核审计工作底稿时，应做出必要的复核记录，书面表示复核意见并签名。在复核中，各复核人如发现已执行的审计程序和做出的审计记录存在问题，应指示有关人员予以答复、处理，并形成相应的审计记录。

2. 所有权和保管

审计工作底稿的所有权属于接受委托进行审计的会计师事务所。

审计工作底稿一般分为综合类工作底稿、业务类工作底稿和备查类工作底稿。注册会计师应对审计工作底稿进行分类整理，形成审计档案。审计档案分为永久性档案和当期档案。会计师事务所应当建立审计档案保管制度，以确保审计档案的安全、完整。

3. 保密与查阅

会计师事务所应当建立审计工作底稿保密制度，对审计工作底稿中涉及的商业秘密保密。法院、检察院以及其他部门依法查阅，并按规定办理了必要手续的不属于泄密。注册会计师协会对执行情况进行检查时查阅审计工作底稿也不属于泄密。因审计工作需要，并经委托人同意，不同会计师事务所的注册会计师可以按照规定要求查阅审计工作底稿。拥有审计工作底稿的会计师事务所，应当对要求查阅者提供适当的协助，并根据审计工作底稿的内容及性质，决定是否允许要求查阅者阅览其审计工作底稿，以及复印或摘录有关内容。

（六）完成审计外勤工作

在审计报告编制之前，注册会计师应当向被审计单位介绍审计情况，如有必要，应以书面形式向其提出调整会计报表等建议。最后，注册会计师应当根据审计外勤工作获取的审计证据撰写审计总结，概括地说明审计计划的执行情况以及审计目标是否实现。

（七）出具审计报告

注册会计师应当在实施必要的审计程序后，以经过核实的审计证据为依据，形成审计意见，出具审计报告。审计报告应说明审计范围、会计责任与审计责任、审计依据和已实施的主要审计程序等事项。审计报告应当说明被审计单位会计报表的编制是否符合国家有关财务会计法规的规定，在所有重大方面是否公允地反映了其财务状况、经营成果和资金变动情况，以及所采用的会计处理方法是否遵循了一贯性原则。注册会计师根据情况，出具无保留意见、保留意见、否定意见和拒绝表示意见审计报告时，应当明确说明理由，并在可能情况下，指出其对会计报表反映的影响程度。

五、财务规则

会计师事务所必须根据《中华人民共和国会计法》《企业会计准则》《会计师事务所、资产评估机构、税务师事务所会计核算办法》等的规定，结合本事务所的实际情况，制定适合本单位的会计核算制度和会计管理制度，并组织会计核算。

会计师事务所重点把握以下几项主要费用的核算。

1. 职工薪酬

各会计师事务所遵照本教材【制造公司—基本运作规则—财务规则—职工薪酬】中的相关规定执行。

2. 差旅费

各会计师事务所有关人员外出洽谈业务，需要开支差旅费。差旅费分为固定差旅费和变动差旅费两部分。固定差旅费一般按出差人次数计算，应于每次出差时支付；变动差旅费一般按营业收入计算，应于年内分期支付。出于仿真实习的需要，也为了便于各会计师事务所之间财务数据横向比较，特规定全年差旅费总额按照当年营业收入总额的1.1%开支。差旅费每个季度使用全年预计总额的20%以上，由楚财集团按季度代为收取，年底结清。

3. 业务招待费

年度总招待费应不低于上年营业收入的 1%。该项费用每个季度至少支付预计全年总额的20%，由体旅资源公司收取该项费用（各会计师事务所与本区体旅资源公司必须签约），年底结清。

4. 其他管理费用

各会计师事务所遵照本教材【制造公司—基本运作规则—财务规则—期间费用规则】中的相关规定执行。

第二节　基础财务数据

一、报表数据

会计师事务所第七年及其以前的财务信息，可以通过分析资产负债表和利润表判断。

（一）资产负债表

会计师事务所第七年年末资产负债表如表 11-4 所示。

表 11-4　资产负债表

编制单位：会计师事务所　　　　第七年 12 月 31 日

会服 01 表
单位：万元

资产项目	金额	负债及所有者权益项目	金额
库存现金	0.1	应付职工薪酬	5
银行存款	139.9	应交税费	3
其他货币资金	100	实收资本	300
应收账款	30	资本公积	30
固定资产原值	218	盈余公积	20
累计折旧（贷）	80	未分配利润	50
资产总计	408	权益总计	408

注：①其他货币资金全部为在投资银行开立的证券账户中的存出投资款，须于实习开始时从 A 股市场购入某上市公司股票作为交易性金融资产（该上市公司由各机构以真实市场交易前一日收盘价作为后续核算依据）。②应收账款系某咨询公司协作费 30 万元，第八年一季度收回，由楚财集团代为支付。③应付职工薪酬中 4 万元为职工教育经费，1 万元为工会经费；应交税费为当年欠交，其中欠所得税 2 万元，欠增值税 1 万元，欠交税款应在下年初缴纳。④实收资本为 A 投资人投入 120 万元，占 40%；B 投资人投入 180 万元，占 60%。在仿真综合实训开始时，公司原股东需按比例分担，将总股本 40% 的份额转让给中层管理人员，这些中层管理人员组建新一届管理层的领导班子，股份如何分配，由公司自行选择标准决定

（二）利润表

会计师事务所第七年利润表如表 11-5 所示。

表 11-5　利润表

编制单位：会计师事务所　　　　第七年 12 月

会服 02 表
单位：万元

项目	行次	本年数	上年数
一、营业收入	1	177.5	155
减：营业成本	2	134.9	116.25
税金及附加	3	10.65	9.3
减：销售费用	4	7.5	6.5
管理费用	5	9.25	9
财务费用	6	1.25	1.5
加：投资收益（损失以"—"填列）	7	2.6	4
二、营业利润（亏损以"—"填列）	8	16.55	16.45
加：营业外收入	9	2.25	2.9
减：营业外支出	10	1.6	3.45
三、利润总额（亏损以"—"填列）	11	17.2	15.9
减：所得税费用	12	4.3	5.247
四、净利润（亏损以"—"填列）	13	12.9	10.653

二、固定资产信息

会计师事务所第七年年末固定资产清单如表 11-6 所示。

表 11-6　会计师事务所第七年年末固定资产清单

固定资产名称	原值/万元	残值/万元	使用年限/年	已用年限/年	已提折旧/万元
办公楼	168	8	40	20	80
别克商务车	38	1.9	10	0	0
大众捷达车	2	0.1	5	0	0
复印机	4	0.2	5	0	0
联想计算机	0.45（10 台）	0.1（10 台）	5	0	0
打印机	0.2（5 台）	0.05（5 台）	5	0	0
传真机	0.25（2 台）	0.025（2 台）	5	0	0
合计	218				80

注：不动产及运输设备属于管理用固定资产；其他属于经营用固定资产

第十二章 税务师事务所

仿真市场的税务师事务所是指向其他仿真机构提供所需涉税业务与鉴证咨询等业务的社会中介机构。仿真市场上有 2 家税务师事务所。

税务师事务所基本信息如表 12-1 所示。

表 12-1 税务师事务所基本信息

所属市场	公司名称	代码	经营范围	银行账号	税务登记号
本地市场 国内市场 国际市场	A 区税务师事务所 1	ASW01	涉税业务 鉴证业务 ……		
	A 区税务师事务所 2	ASW02			

注：所有税务师事务所需进行工商登记、税务登记，并取得营业执照、税务登记号、银行账号才可正式营业

第一节 基本运作规则

税务师事务所模拟业务规则以 2 家税务师事务所构成的涉税服务市场为设计基础，是模拟市场税务师事务所开展业务经营活动的行业规则。现在每一家税务师事务所的准备工作已经就绪，请各家事务所的所有经营管理者认真研读本行业的业务规则，并在经营活动过程中遵照执行。

一、组织架构

根据税务师事务所在仿真实习环境中的业务运行模式，税务师事务所的组织结构参考图 12-1。

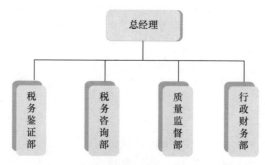

图 12-1 税务师事务所组织结构参考图

二、业务内容

（1）税务师事务所可以从事纳税申报代理、一般税务咨询、专业税务顾问、税收策划、涉税鉴证、纳税情况审查、其他税务事项代理及其他涉税服务。

（2）税务师可承办下列涉税鉴证业务：①企业税前弥补亏损和财产损失的鉴证；②国家税务总局和省税务局规定的其他涉税鉴证业务。

（3）税务师事务所承接委托业务，应当与委托人签订书面合同并按照国家价格主管部门的有关规定收取费用。

三、业务规则

（1）税务师和税务师事务所承办业务，应当以委托方自愿为前提，以有关法律、行政法规、规章为依据，并受法律保护。

（2）税务师和税务师事务所执业应当遵循独立、客观、公正、诚信原则，恪守职业道德，遵守执业准则。

（3）税务师事务所是自主经营、独立核算、自负盈亏的法人单位。税务师事务所应遵守行业规范，与同行公平竞争。

（4）税务师管理中心（指挥中心）是注册税务师行业的业务主管部门。

（5）各级税务机关应当依法支持税务师和税务师事务所执业，及时提供税收政策信息和业务指导。

（6）对税务师事务所承办的涉税服务业务，税务机关应当受理。对税务师事务所按有关规定从事涉税鉴证业务出具的鉴证报告，税务机关应当承认其涉税鉴证作用。

（7）税务师事务所及注册税务师应当对其出具的鉴证报告及其他执业行为承担法律责任。

（8）税务师管理中心应当加强对税务师事务所及注册税务师执业情况的监督和检查。

（9）税务师事务所由税务师出资设立。税务师事务所的组织形式为有限责任制税务师事务所和合伙制税务师事务所，以及国家税务总局规定的其他形式。

（10）税务师事务所应当依法纳税，并建立健全内部管理制度，严格财务管理，建立职业风险基金，办理职业保险。

（11）税务师事务所办理商事登记后，应当向（省）税务机关办理行政登记。

（12）税务机关对税务师事务所及其税务师进行实名制管理。

（13）税务师事务所应当向税务机关提供机构和税务师的姓名、身份证号、专业资格证书编号、业务委托协议等实名信息。

（14）税务机关应当建立业务信息采集制度，利用现有的信息化平台分类采集业务信息，加强内部信息共享，提高分析利用水平。

（15）税务师事务所应当以年度报告形式，向税务机关报送从事涉税专业服务的总体情况。

（16）税务师事务所从事专业税务顾问、税收策划、涉税鉴证、纳税情况审查业务，应当在完成业务的次月向税务机关单独报送相关业务信息。

（17）税务机关对税务师事务所从事涉税专业服务的执业情况进行检查，根据举报、投诉情况进行调查。

（18）税务机关应当建立信用评价管理制度，对税务师事务所从事涉税专业服务情况进行信用评价，对其税务师进行信用记录。

（19）税务机关应当在门户网站、电子税务局和办税服务场所公告纳入监管的涉税专业服务机构名单及其信用情况，同时公告未经行政登记的税务师事务所名单。

（20）税务师事务所及其税务师有下列情形之一的，由税务机关责令限期改正或予以约谈；逾期不改正的，由税务机关降低信用等级或纳入信用记录，暂停受理所代理的涉税业务（暂停时间不超过六个月）；情节严重的，由税务机关纳入涉税服务失信名录，予以公告并向社会信用平台推送，其所代理的涉税业务，税务机关不予受理。①使用税务师事务所名称未办理行政登记的；②未按照办税实名制要求提供税务师事务所和税务师实名信息的；③未按照业务信息采集要求报送从事涉税专业服务有关情况的；④报送信息与实际不符的；⑤拒不配合税务机关检查、调查的；⑥其他违反税务机关监管规定的行为。

税务师事务所有前款第一项情形且逾期不改正的，（省）税务机关应当提请市场监督管理局吊销其营业执照。

（21）税务师事务所及其税务师有下列情形之一的，由税务机关列为重点监管对象，降低信用等级或纳入信用记录，暂停受理所代理的涉税业务（暂停时间不超过六个月）。情节较重的，由税务机关纳入涉税服务失信名录，予以公告并向社会信用平台推送，其所代理的涉税业务，税务机关不予受理。情节严重的，其中，税务师事务所由省税务机关宣布税务师事务所行政登记证书无效，提请市场监督管理局吊销其营业执照，提请全国税务师行业协会取消税务师职业资格证书登记、收回其职业资格证书并向社会公告。①违反税收法律、行政法规，造成委托人未缴或者少缴税款，按照《中华人民共和国税收征收管理法》及其实施细则相关规定被处罚的；②未按涉税专业服务相关业务规范执业，出具虚假意见的；③采取隐瞒、欺诈、贿赂、串通、回扣等不正当竞争手段承揽业务，损害委托人或他人利益的；④利用服务之便，谋取不正当利益的；⑤以税务机关和税务人员的名义敲诈纳税人、扣缴义务人的；⑥向税务机关工作人员行贿或者指使、诱导委托人行贿的；⑦其他违反税收法律法规的行为。

四、人力资源管理规则

事务所组织经营活动，需要注册税务师、管理人员、财务人员等各类员工通力合作，才能完成经营任务，实现公司经营管理目标。公司员工管理规则参见本教材【制造公司—基本运作规则—人力资源管理规则—人力资源规划—员工管理规则】中对应部分。

1. 税务师事务所人员与工资信息

2 家税务师事务所初始的人员和工资信息完全相同。某一家税务师事务所全体职工第七年 12 月的工资信息如表 12-2 所示。

表 12-2　第七年 12 月税务师事务所人员配置与最低工资标准

人员岗位	数量/人	人均基本工资/（元·月）	人均奖金与提成/（元·年）
所长	1	6000	事务所业务总额×10%
副所长	1	5000	事务所业务总额×5%
注册税务师	2	3500	20%的业务提成
业务助理	1	2000	10%的业务提成

2. 注册税务师及其相关人员的配比规则

为了保证事务所经营的正常进行，员工岗位和人数必须跟年营业额维持一个均衡的比重。从第八年起，税务师事务所在第七年营业额的基础上，每增加 30 万元，需增加注册税务师 1 人。

事务所各类人员的基本工资每年应根据经营情况适当加以调整，奖金与提成应与公司净利润增长率保持一致。

3. 员工招聘规则

税务师事务所员工招聘遵照本教材【制造公司—基本运作规则—人力资源管理规则—员工招聘规则】的相关规定执行。

4. 员工培训规则

税务师事务所员工培训遵照本教材【制造公司—基本运作规则—人力资源管理规则—员工培训规则】的相关规定执行。

五、财务规则

税务师事务所必须根据《中华人民共和国会计法》《企业会计准则》《会计师事务所、资产评估机构、税务师事务所会计核算办法》等的规定，结合本事务所的实际情况，制定适合本单位的会计核算制度和会计管理制度，并组织会计核算。

税务师事务所重点把握以下几项主要费用的核算。

1. 职工薪酬

各税务师事务所遵照本教材【制造公司—基本运作规则—财务规则—职工薪酬】中的相关规定执行。

2. 差旅费

各税务师事务所有关人员外出洽谈业务，需要开支差旅费。差旅费分为固定差旅费和变动差旅费两部分。固定差旅费一般按出差人次数计算，应于每次出差时支付；变动差旅费一般按营业收入计算，应于年内分期支付。出于仿真实习的需要，也为了便于各税务师事务所之间财务数据横向比较，特规定全年差旅费总额按照当年营业收入总额的 1.1%开支。差旅费每个季度使用全年预计总额的 20%以上，由楚财集团按季度代为收取，年底结清。

3. 业务招待费

年度总招待费应不低于上年营业收入的 1%。该项费用每个季度至少支付预计全年总额的 20%，由体旅资源公司收取该项费用（各税务师事务所与本区体旅资源公司必须签约），年底结清。

4. 其他管理费用

各税务师事务所遵照本教材【制造公司—基本运作规则—财务规则—期间费用规则】中的相关规定执行。

第二节　基础财务数据

一、报表数据

税务师事务所第七年及其以前的财务信息，可以通过分析资产负债表和利润表判断。

（一）资产负债表

税务师事务所第七年年末资产负债表如表 12-3 所示。

表 12-3　资产负债表

会服 01 表

编制单位：税务师事务所	第七年 12 月 31 日		单位：万元
资产项目	金额	负债及所有者权益项目	金额
库存现金	0.1	应付职工薪酬	5
银行存款	139.9	应交税费	3
其他货币资金	100	实收资本	300
应收账款	30	资本公积	30
固定资产原值	218	盈余公积	20
累计折旧（贷）	80	未分配利润	50
资产总计	408	权益总计	408

注：①其他货币资金全部为在投资银行开立的证券账户中的存出投资款，须于实习开始时从 A 股市场购入某上市公司股票作为交易性金融资产（该上市公司由各机构以真实市场交易前一日收盘价作为后续核算依据）。②应收账款系某咨询公司协作费 30 万元，第八年一季度收回，由楚财集团代为支付。③应付职工薪酬中 4 万元为职工教育经费，1 万元为工会经费；应交税费为当年欠交，其中欠所得税 2 万元，欠增值税 1 万元，欠交税款应在下年初缴纳。④实收资本为 A 投资人投入 120 万元，占 40%；B 投资人投入 180 万元，占 60%。在仿真综合实训开始时，公司原股东需按比例分担，将总股本 40%的份额转让给中层管理人员，这些中层管理人员组建新一届管理层的领导班子，股份如何分配，由公司自行选择标准决定

（二）利润表

税务师事务所第七年利润表如表 12-4 所示。

表 12-4 利润表

编制单位：税务师事务所　　　第七年 12 月　　　　　　　会服 02 表
单位：万元

项目	行次	本年数	上年数
一、营业收入	1	177.5	155
减：营业成本	2	134.9	116.25
税金及附加	3	10.65	9.3
减：销售费用	4	7.5	6.5
管理费用	5	9.25	9
财务费用	6	1.25	1.5
加：投资收益（损失以"—"填列）	7	2.6	4
二、营业利润（亏损以"—"填列）	8	16.55	16.45
加：营业外收入	9	2.25	2.9
减：营业外支出	10	1.6	3.45
三、利润总额（亏损以"—"填列）	11	17.2	15.9
减：所得税费用	12	4.3	5.247
四、净利润（亏损以"—"填列）	13	12.9	10.653

二、固定资产信息

税务师事务所第七年年末固定资产清单如表 12-5 所示。

表 12-5 税务师事务所第七年年末固定资产清单

固定资产名称	原值/万元	残值/万元	使用年限/年	已用年限/年	已提折旧/万元
办公楼	168	8	40	20	80
别克商务车	38	1.9	10	0	0
大众捷达车	2	0.1	5	0	0
复印机	4	0.2	5	0	0
联想计算机	0.45（10 台）	0.1（10 台）	5	0	0
打印机	0.2（5 台）	0.05（5 台）	5	0	0
传真机	0.25（2 台）	0.025（2 台）	5	0	0
合计	218				80

注：不动产及运输设备属于管理用固定资产；其他属于经营用固定资产

第十三章　律师事务所

仿真市场的律师事务所是指向其他仿真机构提供各种所需法律服务的经营单位。仿真市场上一般设有2家律师事务所。

律师事务所基本信息如表13-1所示。

表13-1　律师事务所基本信息

所属市场	公司名称	代码	经营范围	银行账号	税务登记号
本地市场 国内市场 国际市场	A区律师事务所1	ALS01	法律顾问 法律服务 法律援助		
	A区律师事务所2	ALS02			

注：所有律师事务所需进行注册登记、税务登记，并取得由司法行政机关（市场监督管理局代理职能）颁发的执业许可证、税务登记号、银行账号才可正式执业

第一节　基本运作规则

律师事务所模拟业务规则以2家律师事务所构成的法律服务市场为设计基础，是模拟市场律师事务所开展服务业务活动的行业规则。现在每一家律师事务所的准备工作已经就绪，请各家律师事务所的所有管理者和执业者认真研读本行业的业务规则，并在执业活动过程中遵照执行。

一、组织架构

根据律师事务所在仿真实习环境中的业务运行模式，律师事务所的组织结构参考图如图13-1所示。

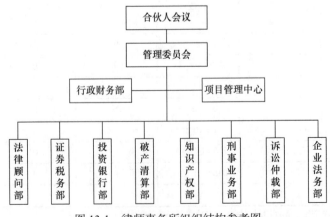

图13-1　律师事务所组织结构参考图

二、业务范围与内容

（一）业务范围

（1）接受公民、法人或其他组织的聘请，担任法律顾问。

（2）接受民事案件、行政案件当事人的委托，担任代理人，参加诉讼。

（3）接受刑事案件犯罪嫌疑人的聘请，为其提供法律咨询；代理申诉、控告；申请取保候审；接受犯罪嫌疑人、被告人的委托或者人民法院的指定，担任辩护人；接受自诉案件自诉人、公诉案件被害人或者其近亲属的委托，担任代理人，参加诉讼。

（4）接受当事人的委托，代理各类诉讼案件的申诉。

（5）接受当事人的委托，参加调解、仲裁活动。

（6）接受非诉讼法律事务当事人的委托，提供法律服务。

（7）解答有关法律的询问、代写诉讼文书和有关法律事务的其他文书。

（8）接受法律援助机构的指派为经济困难的公民和特殊案件的当事人无偿提供法律咨询、代理、辩护等法律服务。

（二）业务内容

1. 企业法律顾问领域，包括日常法律事务和专项法律事务

1）日常法律事务

（1）就顾问单位的重大决策，向决策层提供法律论证意见。

（2）建立和完善顾问单位的相关规章制度，草拟、修改、审查合同和有关法律文书。

（3）受托参与经济合同及有关项目的谈判和签约。

（4）受托为顾问单位重大项目对外出具法律意见书。

（5）协助顾问单位引进人才、资金、设备、项目和技术。

（6）代理顾问单位办理有关房地产、商业保险和环保法律事务。

（7）协助顾问单位保护商业秘密。

（8）代理顾问单位发律师函向债务人或担保人追款。

（9）代理顾问单位办理见证或公证等法律事务。

（10）就顾问单位发生的重大事故提供法律意见。

（11）代理顾问单位办理有关股份制改造、股份公司设立以及股票发行上市等法律事务。

（12）受托在新闻媒体上发表律师声明。

（13）协助顾问单位处理内部劳动关系。

（14）对顾问单位职工进行法制宣传教育。

（15）办理顾问单位其他必要的法律事务。

2）专项法律事务

（1）接受顾问单位委托，代理顾问单位进行民事、经济纠纷的调解、和解、仲裁和诉讼。

（2）为顾问单位进行有关的企业资信调查，并出具调查报告。

（3）为顾问单位的法律行为出具律师见证书。

（4）为顾问单位的企业设立、股权转让、增资减资、招标投标、合并分立、清算注销、资产重组、改制上市、改制、拍卖、清算等提供全面的法律服务。

（5）代理顾问单位办理商标、专利的申请、注册、转让及版权登记、备案业务。

（6）代理顾问单位办理工商、税务、海关登记、注册和报批手续。

（7）代理顾问单位办理信贷、抵押贷款、商业贷款、专案融资、融资租赁及其他筹资事宜的法律事务。

（8）代理顾问单位办理房地产开发、土地征用拆迁补偿、土地使用权出让转让，以及一手、二手楼宇买卖、楼宇按揭、租赁抵押、产权登记过户等房地产业务涉及的有关手续。

（9）代理顾问单位办理进出口贸易、保险信托、海商海事、海外投资、国际运输、技术转让涉及的法律事务。

（10）根据顾问单位提供的财务资料，对企业债权进行分析，对不良资产提出相应的处理方案，清理债权债务。

（11）办理顾问单位委托的其他专项非诉讼法律事务。

2. 民事领域

1）侵权损害赔偿法律业务

（1）道路交通事故人身损害赔偿纠纷。

（2）医疗事故损害赔偿纠纷。

（3）工伤事故损害赔偿纠纷。

（4）产品责任纠纷。

（5）环境污染损害赔偿纠纷。

（6）雇员受害赔偿纠纷。

（7）其他人身损害赔偿纠纷、特殊侵权纠纷。

2）婚姻家庭、继承法律业务

（1）离婚纠纷、解除非法同居关系纠纷、婚姻无效纠纷、撤销婚姻纠纷。

（2）婚约财产纠纷、夫妻登记离婚后财产纠纷、夫妻财产约定纠纷、分家析产纠纷。

（3）抚育费、扶养费、赡养费纠纷。

（4）抚养、扶养、赡养、收养关系纠纷，生身父母确认纠纷。

（5）监护权纠纷、探视子女权纠纷。

（6）继承纠纷。

（7）婚前和婚内财产见证。

（8）代理离婚案件的调解及谈判。

（9）代理离婚诉讼的调查取证、夫妻共有财产的调查取证。

（10）涉及财产数额巨大的离婚方案的策划。

3. 劳动争议法律业务

（1）劳动合同纠纷。

（2）集体劳动合同纠纷。

（3）事实劳动关系争议。

（4）劳动保险纠纷。

4. 知识产权法律业务

1）诉讼业务

（1）专利权纠纷。

（2）商标权权属纠纷、商标侵权纠纷。

（3）著作人身权、财产权、邻接权纠纷。

（4）计算机软件著作权纠纷。

（5）知识产权合同纠纷。

（6）侵害商业秘密纠纷。

（7）虚假广告纠纷。

（8）损害商业信誉、商品声誉纠纷。

（9）其他不正当竞争纠纷。

2）非诉讼业务

（1）构筑专利、商标、商业秘密、专有技术、著作权等知识产权的保护体系并处理相关法律事务。

（2）商标、专利、专有技术、著作权等知识产权的登记、查询、转让、许可。

（3）对知识产权侵权进行调查并处理相关纠纷。

（4）处理商号、商誉等无形资产纠纷。

（5）帮助客户制定与企业科研开发及市场销售特点密切配套的知识产权管理制度，制定各类知识产权合同格式，就有关事项出具法律意见书。

（6）协助客户策划符合客户具体情况的知识产权投资方案，制定、审查或修改与知识产权相关的各类书面文件。

（7）为客户策划商标战略、专利战略，办理企业名称预登记、商标查询，委托中外商标注册申请、复审、异议、争议、专利文献查新，委托中外专利申请、撤销或无效宣告，软件著作权登记，知识产权海关备案等。

（8）接受客户委托，进行侵权调查取证、发送侵权警告信、签发律师函、发表律师声明、出具侵权对比分析法律意见、进行诉前调解等。

（9）配合执法机关对构成犯罪的责任人追究刑事责任，并通过有效的协调工作，使责任人得到刑事制裁。

（三）刑事领域

1. 侦查阶段为犯罪嫌疑人提供法律帮助

（1）向侦查机关了解犯罪嫌疑人涉嫌的罪名，及时提出会见犯罪嫌疑人的具体要求。

（2）会见犯罪嫌疑人，了解案情，为犯罪嫌疑人提供法律咨询。

（3）为犯罪嫌疑人申请取保候审。

（4）代理申诉和控告。

2. 在审查起诉阶段担任辩护人或诉讼代理人

（1）查阅、摘抄、复制案件有关材料。

（2）会见在押犯罪嫌疑人，必要时可与犯罪嫌疑人通信交流。

（3）调查和收集案件有关材料。

（4）提出辩护或代理意见。

3. 在审判阶段担任公诉案件一审、二审辩护人

（1）审查管辖。

（2）查阅、摘抄、复制案件材料。

（3）会见被告人。

（4）调查和收集证据。

（5）出庭辩护。

4. 在审判阶段担任公诉案件被害人的诉讼代理人

（1）查阅、摘抄、复制案件材料。

（2）调查和收集证据。

（3）出庭参加诉讼。

5. 担任自诉案件当事人的诉讼代理人或辩护人

与担任公诉案件当事人的诉讼代理人或辩护人业务内容和流程基本一致。

6. 担任附带民事诉讼当事人的诉讼代理人或辩护人

（1）担任附带民事诉讼原告人的诉讼代理人。

（2）担任附带民事诉讼被告人的诉讼代理人。

7. 担任申诉案件的代理人

（1）受已生效判决案件当事人及其法定代理人、近亲属的委托，指派律师代为申诉。

（2）接受被不起诉人及其法定代理人、近亲属的委托，指派律师代为申诉。

（四）经济领域

1. 公司法律事务

1）诉讼业务

（1）股权转让侵权、股东会议表决权、公司盈余分配权、公司决议侵害股东权纠纷等股东权纠纷。

（2）损害公司权益纠纷。

（3）破产清算。

（4）合伙协议纠纷、企业承包租赁纠纷、公司分立合并纠纷、出资纠纷。

（5）中外合资经营纠纷、中外合作经营纠纷。

（6）其他与公司有关的法律诉讼。

2）非诉讼业务

（1）公司设立，公司合并、分立和注销。

（2）公司清算、破产。

（3）企业改制，产权交易。

（4）资产重组及公司兼并与收购。

（5）起草公司合同、章程、股东会协议、董事会规则等文件。

（6）董事、股东的权利、义务及公司的法人治理结构等。

（7）参与公司项目方案的设计及谈判并起草意向书、合同等文件。

（8）公司资本架构及融资结构的整体设计。

（9）公司投资咨询。

（10）起草和审查公司劳动合同。

2. 合同法律事务

1）诉讼和仲裁业务

代理各种合同纠纷诉讼及仲裁。

2）非诉讼合同法律业务

（1）提供各类合同法律咨询。

（2）参与企业对外重大合同签订前的谈判工作，草拟、审查、修改合同。

（3）帮助企业建立相关合同管理制度。

（4）制作各类格式合同文本。

3. 证券

为股票、债券、基金的发行、转让和期货交易等证券业务提供法律服务。

（1）改制与重组方案设计。

（2）法律审慎调查。

（3）协助拟订重组协议、股东发起人协议、关联交易协议、公司章程以及其他相关法律文件。

（4）协助建立并完善公司法人治理结构。

（5）协助拟订招股说明书等信息披露文件。

（6）出具法律意见书。

4. 金融

起草、审查银团贷款、项目贷款、抵押、信托、融资租赁等金融业务的相关文件或参与谈判。

（1）商业贷款、银团贷款、信用贷款和抵押贷款。

（2）债券发行。

（3）飞机、船舶租赁和融资。

（4）进出口信贷及其他贸易融资。

（5）债务重组和不良资产处置。

（6）资产证券化和融资租赁。

（7）金融期货、期权及其他衍生产品交易。

5. 涉外业务

为外商投资、国际贸易、涉外合同、涉外融资、涉外知识产权、涉外民事法律事务等涉外业务提供法律服务。

6. 海商、海事

接受国内外客户的委托，代为草拟、审查海上货物运输、旅客运输、船舶租用和海上保险合同；代为主张海事赔偿、进行海事保险理赔和共同海损的理算；代理海事仲裁或诉讼。

7. 反倾销

接受中外企业或其他组织的委托，就反倾销事务提供法律服务。

8. 反不正当竞争

接受委托，为国内外客户解决反不正当竞争纠纷提供法律服务。

9. 建设工程

提供交通、能源、水利、城市基础设施等建设工程项目的立项、招投标、设计、施工、验收等方面的法律事务代理。

10. 招标、投标

接受委托，为政府采购、建设工程、技术交易、利用国际金融组织和外国政府贷款、国际招标投标等各项招投标业务提供法律服务。

11. 投资

接受中外法人、公民委托，提供实现其投资目的所需要的一系列法律服务。

12. 房地产

接受委托，提供房地产开发、建设、按揭、工程承（发）包、预售、销售、物业管理等各个环节的中介、见证、代理等法律服务。

（五）专项法律业务

1. 专项调查

（1）工商登记、税务登记、海关登记、婚姻登记等专项调查。

（2）土地使用权、房屋所有权、车辆、船舶、航空器及其他动产与不动产专项调查。

（3）资信调查、财务调查、出资调查、股权调查、债权债务调查等专项调查。

（4）侵犯人身权、财产权、知识产权等专项调查。

（5）民事、经济、行政、刑事证据专项调查。

（6）其他事务专项调查。

2. 私人律师

接受公民个人聘请，为其本人或应其要求为其亲属提供法律顾问服务。

3. 律师见证

接受当事人委托或经各方当事人同意，为确保当事人实施某项重大法律行为的真实、合法，提供律师见证。

4. 法律咨询、代书

为国内外客户提供各项法律事务的咨询或调查、各类法律文书的代书。

三、业务规则

（一）法律服务遵循原则

律师在为委托的当事人提供法律服务过程中，要遵守相关的法律职业伦理，负有尽职、诚信、保密义务，同时也享有获取报酬的权利。具体而言，律师和律师事务所在接受委托和提供法律服务时，应遵循以下原则。

1. 忠诚原则

律师应当诚实守信、勤勉尽责，依据事实和法律，维护当事人的合法权益，维护法律正确实施，维护社会公平和正义。因此，律师负有忠诚于委托人的职责。

2. 保密原则

律师应当保守在执业活动中得知的案情秘密的义务。律师应当保守国家秘密、当事人的商业秘密、个人隐私及委托人不愿泄露的情况和信息。

3. 及时原则

律师在接受当事人委托后应及时、充分地与委托人进行沟通，对于委托人有关信息的合理要求应在合理的时间限度内予以满足，方便委托人就有关事项做出合理的判断、明智的决定。

4. 有偿原则

律师事务所在承办业务接受委托人的委托时，基于本律师事务所为委托人提供法律服务的情况，依法收取一定数量的报酬。根据现行《律师服务收费管理办法》的规定，律师服务收费的方式包括计件收费、按标的额比例收费、计时收费和风险代理收费四种。

（1）根据我国现行律师收费管理办法规定，在仿真实习区担任刑事案件犯罪嫌疑人、被告人的辩护人以及刑事案件自诉人、被害人的代理人实行政府指导价的律师服务收费标准如表 13-2 所示。

表 13-2　律师事务所服务收费标准　　　　　　　　　单位：元/件

服务对象	一般刑事犯罪案件	经济类犯罪、共同犯罪案件
侦查阶段	1 000～5 000	1 000～10 000
审查起诉阶段	1 000～5 000	1 000～10 000
一审阶段	1 000～10 000	1 500～15 000

担任被害人和刑事自诉案件代理人的，参照办理刑事案件的标准执行。

办理涉及国家安全罪、涉黑涉毒犯罪、贪污贿赂犯罪以及其他重大复杂疑难案件，律师事务所可以与委托人协商增加收费数额，但最高不得超过本收费标准规定上限的 5 倍。

（2）担任公民请求支付劳动报酬、工伤赔偿，请求给付赡养费、抚养费、扶养费，请求发给抚恤金、救济金，请求给予社会保险待遇或最低生活保障待遇的民事诉讼、行政诉讼的代理人，以及担任涉及安全事故、环境污染、征地拆迁赔偿（补偿）等公共利益的群体性诉讼案件代理人的，不涉及财产关系的按照 600～8000 元/件收取费用；涉及财产关系的除按照 600～8000 元/件收取费用外，还应另行分段累计收费。争议标的额收费标准如表 13-3 所示。

表 13-3　争议标的额收费标准

争议标的额	收费标准
100 000 元以下	免收
大于等于 100 000，但小于 1 000 000 元	1%～5%
大于等于 1 000 000，但小于 5 000 000 元	0.5%～3%
大于等于 5 000 000，但小于 10 000 000 元	0.3%～2%
大于等于 10 000 000，但小于 50 000 000 元	0.2%～1.5%
50 000 000 元及以上部分	0.1%～1%

（3）担任公民请求国家赔偿案件的代理人的，对不涉及财产关系的按照 500～8000 元/件收取费用；对涉及财产关系的，除按照 500～8000 元/件收取费用外，还应按民事诉讼案件中涉及财产关系案件的收费标准收费。

（4）代理各类诉讼案件的申诉。不涉及财产关系的按照 500～8000 元/件收取费用；涉及财产关系的，除按照 500～8000 元/件收取费用外，还应按民事诉讼案件中涉及财产关系案件的收费标准收费。

（5）上述各项收费标准，为诉讼案件一审的收费标准。未曾代理一审，直接代理二审、重审、再审或案件执行参照一审收费标准收取。曾经代理一审，再代理二审、重审、再审或案件执行的按一审标准 50% 收取。

（6）可风险代理的民事案件最高收费金额不得高于收费协议约定标的额的 30%。

（二）律师争讼性业务规则

在争讼性业务活动中，律师的行为往往对事务的最终结果有着重要的影响。因此，对于律师在诉讼和仲裁活动中的纪律有明确、严格的规定，以保证案件裁决的公正性，维护法庭的尊严。

律师在争讼性程序中，应当遵守庭审仪表与言论、律师回避、会见、调查取证与阅卷、对案件承办机关的坦诚性、庭外宣传等方面的业务规则。

律师担任辩护人、代理人参加法庭、仲裁庭审理，应当按照规定穿着律师出庭服装，佩戴律师出庭徽章，注重律师职业形象。律师在法庭或仲裁庭发言时应当举止庄重、大方，用词文明、得体。

曾经担任法官、检察官的律师，从人民法院、人民检察院离任后 2 年内，不得担任诉讼代理人或者辩护人。法官、检察官从人民法院、人民检察院离任后从事律师工作的，不得担任原任职法院或者检察院办理案件的诉讼代理人或者辩护人，但是作为当事人的监护人或者近亲属代理诉讼或者辩护的除外。

律师会见犯罪嫌疑人、被告人或罪犯时，应当遵守看守所或者监狱的有关规定，恪守律师执业道德和执业纪律，不得传递违禁物品；不得私自为犯罪嫌疑人、被告人和罪犯传递书信、钱物；不得将通信工具提供给上述人员使用；不得携带当事人的亲友会见。

辩护律师查阅、摘抄、复制的案卷材料属于国家秘密的，应当保守国家秘密，律师不得违反规定，披露、散布案件重要信息和案卷材料，或者将其用于本案辩护、代理以外的其他用途。

律师对案件承办机关负有坦诚职责。律师不得故意向司法机关、行政机关或者仲裁机构提交虚假证据，或者指使、威胁、利诱他人提供虚假证据；律师不得伪造、隐匿、毁灭证据、指使或者帮助委托人或者他人伪造、隐匿、毁灭证据，不得指使或者帮助犯罪嫌疑人、被告人串供、威胁、利诱证人不作证或者作伪证。律师不得妨碍对方当事人及其代理人、辩护人合法取证，或者阻止他人向案件承办机关或者对方当事人提供证据。

律师在法庭上发表的代理、辩护意见不受法律追究，但是，发表危害国家安全、恶意诽谤他人、严重扰乱法庭秩序的言论除外。

律师在执业活动中，不得违反规定会见法官、检察官、仲裁员以及其他有关工作人员。律师不得直接或者间接向有关工作人员行贿或者介绍贿赂。律师应当促进、维护争讼性程序的效率和秩序。

（三）律师非争讼性业务规则

律师可以从事的非争讼性业务活动，包括接受自然人、法人和其他组织的聘请，担任法律顾问；接受非诉讼法律事务当事人的委托，提供法律服务；解答有关法律的询问、代写诉讼文书和有关法律事务的其他文书。

律师出具法律意见，应当严格依法履行职责，保证其所作出意见的真实性、合法性。律师在出具法律意见时要做到独立、客观；尽职调查和审慎查验，并出具符合格式要求的明确结论性意见。

律师在作为调解主持人的业务和作为仲裁人的业务中，应当遵守以下规则。

（1）中立。在主持调解和仲裁过程中，律师应当平等、公允地对待双方当事人，避免使人产生不公或者偏袒印象的言行。

（2）保密。除当事人一致同意或法律另有规定之外，调解事项、调解过程、调解协议内容等一律不公开，不得泄露当事人的个人隐私或者商业秘密。

（3）避免利益冲突。律师调解员不得再就该争议事项或与该争议有密切联系的其他纠纷接受一方当事人的委托，担任仲裁或诉讼的代理人，也不得担任该争议事项后续解决程序的人民陪审员、仲裁员、证人、鉴定人以及翻译人员。

（四）人力资源管理规则

律师事务所组织经营活动，需要注册律师、管理人员、财务人员等各类员工通力合作，才能完成经营任务，实现公司经营管理目标。公司员工管理规则参见本教材【制造公司—基本运作规则—人力资源管理规则—人力资源规划—员工管理规则】中对应部分。

1. 律师事务所人员与工资信息

2 家律师事务所初始的人员和工资信息完全相同。某一家律师事务所全体职工第七年 12 月的工资信息如表 13-4 所示。

表 13-4　第七年 12 月律师事务所人员配置与最低工资标准

人员岗位	数量/人	人均基本工资/（元·月）	人均奖金与提成/（元·年）
主任	1	6000	事务所业务总额×10%
副主任	1	5000	事务所业务总额×5%
律师	2	3500	20%的业务提成
律师助理	1	2000	10%的业务提成

2. 律师及其相关人员的配比规则

为了保证事务所经营的正常进行，员工岗位和人数必须跟年营业额维持一个均衡的比重。从第八年起，律师事务所在第七年营业额的基础上，每增加 30 万元，需增加注册律师 1 人。

事务所各类人员的基本工资每年应根据经营情况适当加以调整，奖金与提成应与公司净利润增长率保持一致。

3. 员工招聘规则

律师事务所员工招聘遵照本教材【制造公司—基本运作规则—人力资源管理规则—员工招聘规则】的相关规定执行。

4. 员工培训规则

律师事务所员工培训遵照本教材【制造公司—基本运作规则—人力资源管理规则—员工培训规则】的相关规定执行。

四、律师事务所工作程序

（一）接待和受理

（1）律师应认真接待当事人来访，详细询问当事人有关情况，做好谈话笔录。当事人指定律师的，由被指定律师接待；被指定律师不在律师事务所时，由律师事务所与其另行约定时间接待。

（2）律师针对当事人的咨询内容，依据事实和法律进行解答，对不涉及法律问题的咨询，应当告知当事人向有关部门询问。

接待律师应了解客户的法律服务需求，提出初步解决争议的方法和途径，不得诱导当事人诉讼或向当事人作虚假承诺。

（3）当事人明确要求聘请律师办理法律事务的，应当依据有关规定予以审查，符合接受委托条件的，可以受理。

（二）接受委托

（1）当事人要求建立委托关系的，接待律师应当与委托人就委托事项的代理范围、代理内容、代理权限、代理费用、代理期限等进行协商，达成一致意见后，由律师事务所与委托人签订委托合同，签订委托合同前，律师事务所应审查是否存在利益冲突。

（2）律师事务所与委托人签署委托协议一式两份，一份交委托人，一份由律师事务所存档。

（3）开具律师事务所介绍信、所函，委托人签署授权委托书，由律师呈交办案机关。

（4）律师承办案件必须由律师事务所统一收案、统一收费，并进行立案登记。

（三）调查取证

（1）律师参加诉讼活动，依照有关法律的规定，调查、收集、查阅与本案有关的材料，担任辩护人的承办律师应当会见犯罪嫌疑人或被告人，了解案情，告知诉权。

（2）律师承办法律事务，经有关单位或者个人同意，可以向他们调查取证，必要时，律师应组织或申请相关部门进行鉴定。

（四）法律顾问

（1）常年法律顾问。以常年法律顾问身份为客户提供日常咨询服务，主要工作包括提供口头和书面咨询意见、参与商业谈判、参与商业决策及企业资信调查、为决策者提供涉及经营活动的法律可行性方案或进行法律可行性论证、起草或修改合同文件等。

仿真实习区所有仿真机构都必须聘请常年法律顾问。

（2）项目法律顾问。针对客户的特定项目或领域涉及的法律问题提供咨询、参与特定事项的谈判、起草特定事项所需法律文件，为客户进行项目投资、与第三人进行项目合作经营提供法律服务，处理涉及客户委托的其他事项等。

（五）诉讼

（1）对委托人的业务应当单独建档，应当保存完整的工作记录，对涉及委托人的证据、法律文件和财物应当妥善保管。承办律师对获知的委托人商业机密或个人隐私负有保密义务，非有法律规定或委托人同意，不得向任何第三方披露。

（2）律师应当及时告知委托人有关代理工作的进展情况，律师对委托人了解委托事项情况的要求，应当尽快给予答复。

（3）重大、疑难、复杂、敏感或拟作无罪辩护的案件应按规定报告并组织律师讨论，且做好记录。

（4）律师接到开庭通知书后，应按时出庭，如因故不能出庭，应争取延期开庭或与当事人协商，改派其他律师出庭。

（5）律师出庭应该遵守法庭规则和法庭秩序。

（6）律师应认真履行自身职责，做好提问答辩工作，并积极参与法庭调解，维护当事人合法权益。

（六）结案

（1）律师承办案件结案后，应认真写好办案总结，整理案卷归档。

（2）对于办案中提前解除委托关系的，律师应写出办案总结，说明原因，并附上相关解除委托关系的手续，整理案卷归档。

五、财务规则

律师事务所必须根据《中华人民共和国会计法》、《小企业会计准则》（财会〔2011〕17号）、《律师事务所相关业务会计处理规定》（财会〔2021〕22号）等的规定，结合本事务所的实际情况，制定适合本单位的会计核算制度和会计管理制度，并组织会计核算。律师事务所也可以选择执行企业会计准则，已执行企业会计准则的事务所不得转为执行小企业会计准则。

律师事务所重点把握以下几项主要费用的核算。

1. 职工薪酬

各律师事务所遵照本教材【制造公司—基本运作规则—财务规则—职工薪酬】中相关规定执行。

2. 差旅费

各律师事务所有关人员外出洽谈业务，需要开支差旅费。差旅费分为固定差旅费和变动差旅费两部分。固定差旅费一般按出差人次数计算，应于每次出差时支付；变动差旅费一般按营业收入计算，应于年内分期支付。出于仿真实习的需要，也为了便于各律师事务所之间财务数据横向比较，特规定全年差旅费总额按照当年营业收入总额的 1.1% 开支。差旅费每个季度使用全年预计总额的 20% 以上，由楚财集团按季度代为收取，年底结清。

3. 业务招待费

年度总招待费应不低于上年营业收入的 1%。该项费用每个季度至少支付预计全年总额的 20%，由体旅资源公司收取该项费用（各律师事务所与本区体旅资源公司必须签约），年底结清。

4. 其他管理费用

各律师事务所遵照本教材【制造公司—基本运作规则—财务规则—期间费用规则】中相关规定执行。

第二节 基础财务数据

一、报表数据

律师事务所第七年及其以前的财务信息，可以通过分析资产负债表和利润表判断。

（一）资产负债表

律师事务所第七年年末资产负债表如表 13-5 所示。

表 13-5 资产负债表

会服 01 表

编制单位：律师事务所　　　　　第七年 12 月 31 日　　　　　单位：万元

资产项目	金额	负债及所有者权益项目	金额
库存现金	0.1	应付职工薪酬	5
银行存款	139.9	应交税费	3
其他货币资金	100	实收资本	300
应收账款	30	资本公积	30
固定资产原值	218	盈余公积	20

续表

资产项目	金额	负债及所有者权益项目	金额
累计折旧（贷）	80	未分配利润	50
资产总计	408	权益总计	408

注：①其他货币资金全部为在投资银行开立的证券账户中的存出投资款，须于实习开始时从 A 股市场购入某上市公司股票作为交易性金融资产（该上市公司由各机构以真实市场交易前一日收盘价作为后续核算依据）。②应收账款系某咨询公司协作费 30 万元，第八年一季度收回，由楚财集团代为支付。③应付职工薪酬中 4 万元为职工教育经费，1 万元为工会经费；应交税费为当年欠交，其中欠所得税 2 万元，欠增值税 1 万元，欠交税款应在下年初缴纳。④实收资本为 A 投资人投入 120 万元，占 40%；B 投资人投入 180 万元，占 60%。在仿真综合实训开始时，公司原股东需按比例分担，将总股本40%的份额转让给中层管理人员，这些中层管理人员组建新一届管理层的领导班子，股份如何分配，由公司自行选择标准决定

（二）利润表

律师事务所第七年利润表如表 13-6 所示。

表 13-6　利润表

会服 02 表

编制单位：律师事务所　　　　第七年 12 月　　　　　　　　单位：万元

项目	行次	本年数	上年数
一、营业收入	1	177.5	155
减：营业成本	2	134.9	116.25
税金及附加	3	10.65	9.3
减：销售费用	4	7.5	6.5
管理费用	5	9.25	9
财务费用	6	1.25	1.5
加：投资收益（损失以"—"填列）	7	2.6	4
二、营业利润（亏损以"—"填列）	8	16.55	16.45
加：营业外收入	9	2.25	2.9
减：营业外支出	10	1.6	3.45
三、利润总额（亏损以"—"填列）	11	17.2	15.9
减：所得税费用	12	4.3	5.247
四、净利润（亏损以"—"填列）	13	12.9	10.653

二、固定资产信息

律师事务所第七年年末固定资产清单如表 13-7 所示。

表 13-7 律师事务所第七年年末固定资产清单

固定资产名称	原值/万元	残值/万元	使用年限/年	已用年限/年	已提折旧/万元
办公楼	168	8	40	20	80
别克商务车	38	1.9	10	0	0
大众捷达车	2	0.1	5	0	0
复印机	4	0.2	5	0	0
联想计算机	0.45（10 台）	0.1（10 台）	5	0	0
打印机	0.2（5 台）	0.05（5 台）	5	0	0
传真机	0.25（2 台）	0.025（2 台）	5	0	0
合计	218				80

注：不动产及运输设备属于管理用固定资产；其他属于经营用固定资产

第十四章 信息资源公司

仿真市场的信息资源公司是指向其他仿真机构提供所需信息服务业务的经营单位。仿真市场上有 2 家信息资源公司。

信息资源公司基本信息如表 14-1 所示。

表 14-1 信息资源公司基本信息

所属市场	公司名称	代码	经营范围	银行账号	税务登记号
本地市场 国内市场 国际市场	A 区信息资源公司 1	AXX01	增值服务信息 个性化需求信息		
	A 区信息资源公司 2	AXX02			

注：所有信息资源公司需进行工商登记、税务登记，并取得营业执照、税务登记号、银行账号才可正式营业

第一节 基本运作规则

信息资源公司模拟业务规则以 2 家信息资源公司构成的信息资源服务市场为设计基础，是模拟市场信息资源公司开展业务经营活动的行业规则。现在每一家信息资源公司的准备工作已经就绪，请各家信息资源公司的所有经营管理者认真研读本行业的业务规则，并在经营活动过程中遵照执行。

一、组织架构

为了做好信息资源公司的各项工作，需要设置如下职能部门，各个职能必须分工合作，及时沟通交流，协调配合，为信息需求者提供优质服务。

1. 信息资源公司办公室

负责协调机关日常服务工作。

2. 信息化与规划部

负责研究提出发展计划、发展速度、结构目标，对经济发展进行预测与预警。

3. 宏观管理及财务部

负责研究市场供需关系、产品结构调整和市场价格预测工作。

4. 市场调查与预测部

负责在模拟市场进行市场调查，搜集数据信息。

5. 数据中心与协会（学会）秘书处

负责数据信息的加工与处理，为其他业务部门提供有价值的信息数据。

二、业务规则

（一）业务内容

信息资源公司是虚拟实习环境中提供信息服务的营业性机构，受权公开披露重要公共经济信息，同时提供有偿信息服务。

模拟市场中的企业和相关部门有义务定期（每季度初）向同区信息资源公司提供基本信息。税务部门提交税收分析报告、企业纳税评估等级等信息；物流公司提供本地、国内和国际物流等基本信息；人力资源公司提供劳动力流动及其构成等基本信息。

作为模拟市场最具公信力的第三方信息服务平台，信息资源公司为模拟市场提供三种信息产品。

1. 公共信息产品

该类系列信息产品将免费、定期地向模拟市场所有单位、组织和个人公开公布。

2. 增值服务信息产品

该类系列信息产品是向信息资源公司会员免费提供的，非会员如果需要此类信息，必须付费。

3. 个性化服务信息产品

该类系列信息产品是通过大量市场调查为受托企业提供个性化的需求服务信息，帮助企业进行市场预测与决策分析。收费标准由信息资源公司视具体情况而定。

信息资源公司自第八年开始公布信息数据，信息资源公司信息披露有定期发布和即时发布两种。

围绕上述三类产品，信息资源公司应定期或不定期发布包括但不限于如下信息：①研究分析模拟市场经济发展战略、中长期规划和年度发展计划；②研究分析固定资产投资总规模、结构和发展水平，研究提出投资调控措施和建议；③研究分析本地、国内、国外三个市场材料、产品、设备等供求状况，提出主要商品市场供求的总量平衡和宏观调控措施；④研究高新技术产品发展的重大问题，为企业推进产品结构升级、提高企业核心竞争力提供咨询；⑤预测模拟市场价格总水平的变动发展趋势。

（二）服务范围

信息资源公司服务范围包括为模拟市场所有单位、组织和个人服务；为信息资源公司会员服务；为有特别需要的单位和个人提供有偿服务。

信息资源公司服务范围参考如表 14-2 所示。

表 14-2 信息资源公司服务范围参考

信息产品	信息内容	信息类型	服务方式
企业基本信息	企业名称、注册资金、厂址、工业总产值、资产、负债、银行借款、利润总额、税后利润	模拟市场公共信息	无偿服务
产品信息	产品种类、产品产量、商品销售量（分市场销售量）、半成品、产成品库存额		
宏观经济信息	宏观经济信息和预测信息		
劳动力信息	劳动力流动及其构成信息		
物流信息	物流公司信息及市场物流信息		
税收信息	税收及企业评级信息		
固定资产信息	固定资产投资决策信息	增值服务信息	会员期内无偿服务
产品价格信息	产品价格信息、预测信息		
原材料信息	原材料采购决策信息		
商贸信息	商贸洽谈信息与项目	个性化需求服务信息	单次有偿服务
行业信息	本行业各方面经济信息		
产品市场信息	产品市场占有率预测		
生产设备更新决策	生产设备更新决策信息		
生产方案最优决策	生产方案最优决策信息		
盈亏分析	盈亏分析评估信息		
筹资决策	筹资决策信息		
对外投资决策	对外投资决策信息		
人才需求规划决策	人才需求规划决策信息		
风险决策	风险决策信息		

注：此表中信息产品、内容及服务方式仅供参考，信息资源公司可根据实习具体情况进行调整

（三）公共信息服务项目及收费标准

信息资源公司通过研究分析本地、国内、国际三个市场材料、产品、设备等供求状况，定期免费发布相关市场预测信息，作为各个仿真公司进行经营决策的重要依据以及对外交易定价的基础。

信息资源公司免费发布公共信息。

1. 原材料市场预测信息

1）原材料市场供给量

据信息资源公司预测，未来三年各种原材料市场供给量如表 14-3 所示。

表 14-3　未来三年原材料市场供给量预测

原材料	第七年基本值/万件	第八年		第九年		第十年	
		基本值/万件	波动幅度/%	基本值/万件	波动幅度/%	基本值/万件	波动幅度/%
R1	16	21	±2	27	±2.5	34	±3
R2	8	11.5	±2	13.5	±2.5	17.5	±2
R31	7.5	11.5	±3	18	±2	25	±2
R32	9.5	16.5	±4	28	±2	38	±3
R41	2.5	3.5	±5	7	±3	10	±4
R42	4	6.5	±3	13.5	±2	20	±3

2）原材料市场价格

信息资源公司通过对历史数据的统计分析，制造公司所需各种原材料的价格供给弹性与供应价格的参考值如表 14-4 所示。

表 14-4　原材料价格供给弹性与供应价格

项目	R1	R2	R31	R32	R41	R42	汽车零配件
价格供给弹性	0.85	0.9	0.88	0.82	0.93	0.75	0.85
第七年供应价格/（元·单位）	140	190	360	220	560	320	3000

注：①预测原材料未来价格时，除价格供给弹性外，还需考虑价格指数；②燃油价格结合实习时实际市场价格进行折算预测

2. 产成品市场预测信息

1）本实习区 P1 产品市场信息

电子产业已经成为本实习区的支柱产业，第七年其工业增加值占本实习区增加值的30%。电子行业主要包括半导体产品制造公司和其他电子制造公司，其中半导体产品制造公司的工业增加值占本实习区电子行业增加值的40%左右。

本实习区第一年到第五年 P1 产品的销售量增长较快，最高达到 24 万多件，但是从第六年开始下降趋势明显。在本实习区 P1 商品销售总量中，本地制造商销售量占 70%左右，而生产制造商 P1 商品销售量占本地制造商销售量的 40%左右。从销售价格来看，呈比较明显的下降趋势。

本实习区 P1 产品第一年到第七年销售统计表如表 14-5 所示。

表 14-5　本实习区 P1 产品第一年到第七年销售统计表

项目	第一年	第二年	第三年	第四年	第五年	第六年	第七年
本地销售量/万件	15.9	19.5	16.1	21.7	24.4	21.1	14.8
本地制造商销售量占比/%	67.5	68.2	68.6	68.9	69.6	70.5	70.2
生产制造商销售量占比/%	38.5	38.8	39.1	40.5	40.8	40.3	40.5
平均销售价格/元	2920	2880	2868	2855	2845	2832	2851

注：信息资源公司每年统计本实习区销售产品的市场信息

2）市场需求及其变化趋势

（1）市场需求量及其增长幅度预测，各年度预测信息以信息资源公司当年发布的信息为准。市场需求量预测如表 14-6 所示。

表 14-6　市场需求量预测

项目	P1	P2	P3	P4
第八年需求量/万件	4.1～4.5	2.8～3.3	0.6～0.9	0.3～0.4
第八年至第十二年增长幅度/%	−28～−4	1～20	18～216	66～850

（2）市场需求趋势图。根据信息资源公司预测，未来五年仿真市场对本地 8 家制造公司生产的 P1、P2、P3、P4 产品的市场需求趋势预测如图 14-1 所示。

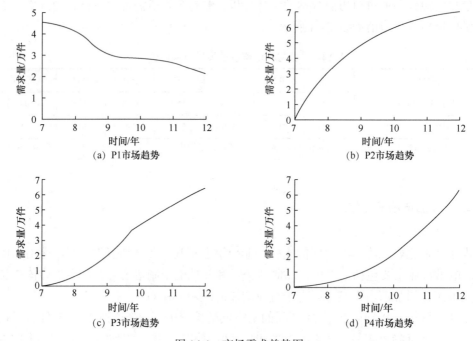

图 14-1　市场需求趋势图

（3）需求量在不同市场的分布。未来五年本地市场、国内市场和国际市场对 P1、P2、P3、P4 产品的需求量有所不同。当年需求量信息以信息资源公司发布的信息为准。

需求量在三个市场的具体分布如表 14-7 所示。

表 14-7　需求量在不同市场的分布

市场	P1	P2	P3	P4
本地	37.5%左右	32.5%左右	32.5%左右	27.5%左右
国内	62.5%左右	47.5%左右	42.5%左右	32.5%左右

市场	P1	P2	P3	P4
国际	0	20%左右	25%左右	40%左右
合计	100%	100%	100%	100%

3）市场价格及其变动趋势

以下是信息资源公司对 P1、P2、P3、P4 产品在未来 5 年各市场的贸易公司采购价格变动趋势的预测。制造公司和贸易公司以此为基本依据之一，对产品价格进行预测，并制定公司价格策略。此外，供求双方还应考虑供求关系、促销效果、价格折扣等因素，在协商谈判的基础上，确定最终成交价格。

P1、P2、P3、P4 价格变动趋势分别如表 14-8、表 14-9、表 14-10、表 14-11 所示。

表 14-8　P1 价格变动趋势

市场	平均价格 /（元·件）	变动幅度/%	变动趋势描述
本地	3474～3616	−20～5	除第八年市场价格有小幅提高外，呈持续下降趋势
国内	3550～3641	−20～5	除第八年市场价格有小幅提高外，呈持续下降趋势
国际	—	—	—

表 14-9　P2 价格变动趋势

市场	平均价格 /（元·件）	变动幅度/%	变动趋势描述
本地	10 458～10 710	−15～10	第八、第九年市场价格有小幅提高，第十年开始呈持续下降趋势
国内	10 521～10 836	−20～5	第八、第九年市场价格有小幅提高，第十年开始呈持续下降趋势
国际	14 578～15 070	−15～1	基本呈持续下降趋势

表 14-10　P3 价格变动趋势

市场	平均价格 /（元·件）	变动幅度/%	变动趋势描述
本地	12 978～13 482	2～5	市场价格稳中有升
国内	13 078～13 608	2～5	市场价格稳中有升
国际	18 837～19 984	−3～3	第八、第九年市场价格稳中有升，第十年较平稳，第十一年起有所下降

表 14-11　P4 价格变动趋势

市场	平均价格 /（元·件）	变动幅度/%	变动趋势描述
本地	16 884～18 522	3～8	总体上市场价格稳中有升，第八、第九年涨幅较大，随后较平稳
国内	17 010～18 673	3～8	总体上市场价格稳中有升，第八、第九年涨幅较大，随后较平稳
国际	23 915～26 372	2～5	市场价格稳中有升，涨幅较平稳

3. 资产市场预测信息

1）设备价格变动信息

生产设备和运输设备的市场价格受宏观经济环境、通货膨胀和供求关系的影响。根据信息资源公司预测，资产供应公司所在地区的经济发展速度较快，物价呈上涨趋势，但是运输设备的价格估计相对比较稳定。

设备价格变动信息如表 14-12 所示。

表 14-12　设备价格变动信息

设备类型	计量单位	第七年分期付款平均价格/（万元·条）	价格供给弹性
手工加工线	条	220	1.01
手工装配线	条	220	1.01
半自动加工线	条	420	1.08
半自动装配线	条	420	1.08
全自动加工线	条	750	1.10
全自动装配线	条	750	1.10
柔性加工线	条	1080	1.15
柔性装配线	条	1080	1.15
动力设备	套	240	1.10
大卡车	辆	19.2	1.05
中卡车	辆	18	1.05
小卡车	辆	13.2	1.05

2）不动产价格变动信息

本教材【制造公司—基本运作规则—生产规则—建筑物取得规则】【资产供应公

司—基本运作规则】中不动产在不同取得方式下的价格即来自信息资源公司的预测。

（四）市场调研服务项目及收费标准

信息资源公司可以与供应链企业和物流企业签约为其提供市场调研，这些公司需支付市场调研费给信息资源公司，具体结算方式双方协商确定（市场调研费每季度需发生20%左右）。参照相关公司销售规则中市场调研费规定执行。

（五）其他服务项目及收费标准

其他经信息资源公司确定为有偿服务的项目，执行统一收费标准。具体收费标准（参考）如表 14-13 所示。

表 14-13　收费价目表（参考）　　　单位：元

收费项目	收费标准
1. 商贸洽谈信息与项目	10 000
2. 行业信息	5 000
3. 产品市场占有率信息	5 000
4. 筹资决策信息	5 000
5. 生产设备更新决策信息	5 000
6. 生产方案最优决策信息	5 000
7. 盈亏分析评估信息	5 000
8. 生产规划决策信息	5 000
9. 人才需求规划决策信息	5 000
10. 风险决策信息	5 000

（六）人力资源管理规则

信息资源公司组织经营活动，需要数据分析师、管理人员、财务人员等各类员工通力合作，才能完成经营任务，实现公司经营管理目标。公司员工管理规则参见本教材【制造公司—基本运作规则—人力资源管理规则—人力资源规划—员工管理规则】中的对应部分。

1. 信息资源公司人员与工资信息

信息资源公司拥有一定数量的员工，信息资源公司全体职工第七年 12 月的工资信息如表 14-14 所示。

表 14-14　第七年 12 月信息资源公司人员配置与最低工资标准

人员岗位	数量/人	人均基本工资/（元·月）	人均奖金与提成/（元·年）
总经理	1	6000	公司年收入×10%
项目经理	1	5000	公司年收入×5%
数据分析师	2	3500	20%的业务提成
业务助理	1	2000	10%的业务提成

2. 数据分析师及其相关人员的配比规则

为了保证信息资源公司经营的正常进行，员工岗位和人数必须跟年营业额维持一个均衡的比重。从第八年起，信息资源公司在第七年营业额的基础上，每增加 30 万元，需增加数据分析师 1 人。

公司各类人员的基本工资每年应根据经营情况适当加以调整，奖金与提成应与公司净利润增长率保持一致。

3. 员工招聘规则

信息资源公司员工招聘遵照本教材【制造公司—基本运作规则—人力资源管理规则—员工招聘规则】的相关规定执行。

4. 员工培训规则

信息资源公司员工培训遵照本教材【制造公司—基本运作规则—人力资源管理规则—员工培训规则】的相关规定执行。

三、财务规则

信息资源公司重点把握以下几项主要费用的核算。

1. 职工薪酬

各信息资源公司遵照本教材【制造公司—基本运作规则—财务规则—职工薪酬】中的相关规定执行。

2. 差旅费

各信息资源公司有关人员外出洽谈业务，需要开支差旅费。差旅费分为固定差旅费和变动差旅费两部分。固定差旅费一般按出差人次数计算，应于每次出差时支付；变动差旅费一般按营业收入计算，应于年内分期支付。出于仿真实习的需要，也为了便于各信息资源公司之间财务数据横向比较，特规定全年差旅费总额按照当年营业收入总额的1.1%开支。差旅费每个季度使用全年预计总额的 20%以上，由楚财集团按季度代为收取，年底结清。

3. 业务招待费

年度总招待费应不低于上年营业收入的 1%。该项费用每个季度至少支付预计全年总额的 20%，由体旅资源公司收取该项费用（各信息资源公司与本区体旅资源公司必须签约），年底结清。

4. 其他管理费用

各信息资源公司遵照本教材【制造公司—基本运作规则—财务规则—期间费用规则】中的相关规定执行。

第二节　基础财务数据

一、报表数据

信息资源公司第七年及其以前的财务信息，可以通过分析资产负债表和利润表判断。

（一）资产负债表

信息资源公司第七年年末资产负债表如表 14-15 所示。

表 14-15　资产负债表

会服 01 表

编制单位：信息资源公司　　　　　第七年 12 月 31 日　　　　　单位：万元

资产项目	金额	负债及所有者权益项目	金额
库存现金	0.1	应付职工薪酬	5
银行存款	139.9	应交税费	3
其他货币资金	100	实收资本	300
应收账款	30	资本公积	30
固定资产原值	218	盈余公积	20
累计折旧（贷）	80	未分配利润	50
资产总计	408	权益总计	408

注：①其他货币资金全部为在投资银行开立的证券账户中的存出投资款，须于实习开始时从 A 股市场购入某上市公司股票作为交易性金融资产（该上市公司由各机构以真实市场交易前一日收盘价作为后续核算依据）。②应收账款系某咨询公司协作费 30 万元，第八年一季度收回，由楚财集团代为支付。③应付职工薪酬中 4 万元为职工教育经费，1 万元为工会经费；应交税费为当年欠交，其中欠所得税 2 万元，欠增值税 1 万元，欠交税款应在下年初缴纳。④实收资本为 A 投资人投入 120 万元，占 40%；B 投资人投入 180 万元，占 60%。在仿真综合实训开始时，公司原股东需按比例分担，将总股本40%的份额转让给中层管理人员，这些中层管理人员组建新一届管理层的领导班子，股份如何分配，由公司自行选择标准决定

（二）利润表

信息资源公司利润表如表 14-16 所示。

表 14-16　利润表

会服 02 表

编制单位：信息资源公司　　　　第七年 12 月　　　　　　　　　　　　单位：万元

项目	行次	本年数	上年数
一、营业收入	1	177.5	155
减：营业成本	2	134.9	116.25
税金及附加	3	10.65	9.3
减：销售费用	4	7.5	6.5
管理费用	5	9.25	9
财务费用	6	1.25	1.5
加：投资收益（损失以"—"填列）	7	2.6	4
二、营业利润（亏损以"—"填列）	8	16.55	16.45
加：营业外收入	9	2.25	2.9
减：营业外支出	10	1.6	3.45
三、利润总额（亏损以"—"填列）	11	17.2	15.9
减：所得税费用	12	4.3	5.247
四、净利润（亏损以"—"填列）	13	12.9	10.653

二、固定资产信息

信息资源公司第七年年末固定资产清单如表 14-17 所示。

表 14-17　信息资源公司第七年年末固定资产清单

固定资产名称	原值/万元	残值/万元	使用年限/年	已用年限/年	已提折旧/万元
办公楼	168	8	40	20	80
别克商务车	38	1.9	10	0	0
大众捷达车	2	0.1	5	0	0
复印机	4	0.2	5	0	0
联想计算机	0.45（10 台）	0.1（10 台）	5	0	0
打印机	0.2（5 台）	0.05（5 台）	5	0	0
传真机	0.25（2 台）	0.025（2 台）	5	0	0
合计	218				80

注：不动产及运输设备属于管理用固定资产；其他属于经营用固定资产

第十五章　体旅资源公司

仿真市场的体旅资源公司是指向其他仿真机构提供所需旅游相关服务的经营单位。仿真市场上有 2 家体旅资源公司。

体旅资源公司基本信息如表 15-1 所示。

表 15-1　体旅资源公司基本信息

所属市场	公司名称	代码	经营范围	银行账号	税务登记号
本地市场 国内市场 国际市场	A 区体旅资源公司 1	ATL01	旅游服务 会务会展 拓展培训		
	A 区体旅资源公司 2	ATL02			

注：所有体旅资源公司需进行工商登记、税务登记，并取得营业执照、税务登记号、银行账号才可正式营业

第一节　基本运作规则

体旅资源公司模拟业务规则以 2 家公司构成的旅游服务市场为设计基础，是模拟市场体旅资源公司开展业务经营活动的行业规则。现在每一家体旅资源公司的准备工作已经就绪，请各公司的所有经营管理者认真研读本行业的业务规则，并在经营活动过程中遵照执行。

一、组织架构

根据体旅资源公司在仿真实习环境中的业务运行模式，体旅资源公司组织结构如图 15-1 所示。

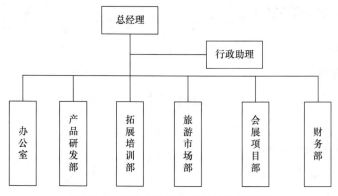

图 15-1　体旅资源公司组织结构参考图

体旅资源公司组织构架和各岗位的工作职责如下。

（1）总经理：负责公司注册、组织机构搭建和总体规划，召开每日工作例会、组织年度经营报告撰写等。

（2）产品研发部主管：根据市场需求研发设计旅游产品与会展项目。

（3）旅游市场部主管：负责旅游产品的销售及运营。

（4）会展项目部主管：负责会展项目的销售及运营。

（5）拓展培训部主管：负责拓展培训项目的组织和运营。

（6）财务经理：负责本公司账务处理、税务及员工薪酬。

（7）行政主管：负责办公室的相关事务。

二、经营规则

（一）建立旅游服务业务关系规则

体旅资源公司在本地市场、国内市场和国际市场提供旅游服务相关业务，主要提供旅游产品服务（组团游、定制游、奖励旅游）、会务会展相关服务（路演、团建、成果展）、团建拓展培训服务以及其他体旅相关的商务服务。

1. 旅游产品服务

体旅资源公司面向仿真市场的所有单位及个人提供此项服务。

2. 会务会展相关服务

体旅资源公司面向仿真市场的所有单位提供此项服务。

3. 团建拓展培训服务

拓展训练在引导价值观方面的优势是其他的培训方式所无法比拟的，如今被越来越多的企业所重视。拓展训练形式上是以学员为中心，以学员的感受为主体，以期达到引导员工树立正确的价值观，激发员工潜能的目的。[①]

4. 其他体旅相关的商务服务

体旅资源公司可接受管理组织委托，提供其他体旅相关的商务服务，比如承办会展路演活动、举办经济成果展等。

（二）旅游产品规则

1. 旅游产品研发

根据市场需求及时更新设计旅游线路。仿真实习过程中，可以以学校或周边的人文景观模拟实施。

2. 旅游产品销售基本流程

（1）整理需拜访客户资料档案。

---

① 体旅资源公司接受仿真实习指挥中心委托，针对所有单位提供团建拓展培训服务。

（2）准备好有关的宣传资料、名片、记录用纸等。

（3）了解线路特点（住宿、用餐、交通、景点等）。

（4）确定旅游产品后，仔细询问对方的联系方式、人数、时间、行程要求、接待标准以及其他事宜，并做好记录及时与接待单位确认。

（5）根据对方询价编排线路，以报价单提供相应价格信息。

（6）旅游产品销售成交后，清点团费金额或预付款，并开具发票，并注明操作人的姓名，确认接待单位结算价格，以便财务对账。

（7）与游客签订统一编号的正规旅游合同，一式两份，双方各执一份。

（8）编制接待计划，将人数、陪同数、抵/离航班（车）、时间、住宿酒店、餐厅、参观景点、接团时间及地点、其他特殊要求等逐一登记在团队动态表；并向有关单位发送计划书，逐一落实；逐一落实后，编制接待确认书，加盖确认章。

（9）编制接待计划及附件，并加盖专用章。附件包括名单表、结算单、质量反馈单等。

（10）编制团队概算单，送财务经理审核，填写借款单，与概算单一并交部门经理审核签字，报总经理签字后，凭单据向财务部领取借款。

（11）发放行程单，向游客交代出发时间和地点，并告知注意事项。

（三）会展服务规则

1. 会展产品研发

根据市场需求及时更新设计相应会展主题产品。

2. 会展产品销售基本流程

（1）编制会展项目整体操作方案。

（2）确定展会场所，设计展位分布图。

（3）准备好有关的宣传资料、名片、记录用纸等。

（4）收集相关客户资料档案，并根据需要进行联系。

（5）会展产品销售成交后，收取预付款，开具发票，并注明操作人的姓名。

（6）与客户签订统一编号的正规合同，一式两份，双方各执一份。

（7）发放参展商须知。

（四）拓展培训规则

1. 拓展项目开发

根据拓展训练的需要开发训练项目。

2. 拓展训练的常规流程环节

（1）热身。本环节培训师介绍安全注意事项并宣布训练要求及规则纪律。学员分组、确定队名口号等，开展活动，拓展教练在活动中要做好安全事项，活动结束后组织讨论。

（2）破冰（ICE-BREAK）。本环节通常由培训师通过做一系列的小游戏来引导，这些看似简单的游戏能在最短的时间内激发每个学员的潜能。破冰就像打破厚厚的冰层，能消除人与人之间的障碍，拉近距离，是整个培训是否能达到预期效果的关键。破冰所需要的时间一般至少为一个小时，这是心理学家总结人类的潜意识活动周期时间而得出的结论。

（3）体验。学员通过置身其中，得到最真切的感受。这种感受将是全方位的，活性很强的，印象深刻的。这时学员将开始自发地回想刚才的过程，对这段经历进行分析，开始产生一些观点。

（4）分享。本环节一般采用头脑风暴的方法，每个小组的学员人数在 15～30 人。每个人都把自己的感受拿出来分享，每个人就会得到数倍的经验，这也是拓展的一大魅力所在。在这个过程中，培训师会积极地鼓励学员发言，灵活运用问的技巧，引导大家的思维在原有观点的基础上利用团队的作用，向着正确的方向归拢。

（5）总结。当大家的观点趋于成熟时。培训师将根据大家讨论的结果，结合相关的理论知识，进行归纳总结，把学员的认识由感性上升到理性。

（6）应用。本环节实质上属于拓展训练的延伸，也是拓展训练的终极意义所在。这个过程是完成认识由实践中来，最终用来指导实践的循环上升的过程，是在培训之后的生活和工作中由学员自己完成的。

（五）人力资源管理规则

体旅资源公司组织经营活动，需要业务人员、管理人员、财务人员等各类员工通力合作，才能完成经营任务，实现公司经营管理目标。公司员工管理规则参见【制造公司—基本运作规则—人力资源管理规则—人力资源规划—员工管理规则】中对应部分。

1. 体旅资源公司人员与工资信息

2 家体旅资源公司初始的人员和工资信息完全相同。某一家体旅资源公司全体职工第七年 12 月的工资信息如表 15-2 所示。

表 15-2　第七年 12 月体旅资源公司人员配置与最低工资标准

人员岗位	数量/人	人均基本工资/（元·月）	人均奖金与提成/（元·年）
总经理	1	6000	公司业务总额×10%
项目主管	1	5000	公司业务总额×5%
业务骨干	2	3500	20%的业务提成
业务助理	1	2000	10%的业务提成

2. 业务骨干及其相关人员的配比规则

为了保证体旅资源公司经营的正常进行，员工岗位和人数必须跟年营业额维持一个均衡的比重。从第八年起，体旅资源公司在第七年营业额的基础上，每增加 30 万元，需增加业务骨干 1 人。

公司各类人员的基本工资每年应根据经营情况适当加以调整，奖金与提成应与公司净利润增长率保持一致。

3. 员工招聘规则

体旅资源公司员工招聘遵照本教材【制造公司—基本运作规则—人力资源管理规则—员工招聘规则】的相关规定执行。

4. 员工培训规则

体旅资源公司员工培训遵照本教材【制造公司—基本运作规则—人力资源管理规则—员工培训规则】的相关规定执行。

三、财务规则

重点把握以下几项主要费用的核算。

1. 职工薪酬

各体旅资源公司遵照本教材【制造公司—基本运作规则—财务规则—职工薪酬】中相关规定执行。

2. 差旅费

各体旅资源公司有关人员外出洽谈业务，需要开支差旅费。差旅费分为固定差旅费和变动差旅费两部分。固定差旅费一般按出差人次数计算，应于每次出差时支付；变动差旅费一般按营业收入计算，应于年内分期支付。出于仿真实习的需要，也为了便于各体旅资源公司之间财务数据横向比较，特规定全年差旅费总额按照当年营业收入总额的 1.1%开支。差旅费每个季度使用全年预计总额的20%以上，由楚财集团按季度代为收取，年底结清。

3. 业务招待费

年度总招待费应不低于上年营业收入的 1%。该项费用每个季度至少支付预计全年总额的20%，由体旅资源公司收取该项费用（各体旅资源公司与本区体旅资源公司必须签约），年底结清。

4. 其他管理费用

各体旅资源公司遵照本教材【制造公司—基本运作规则—财务规则—期间费用规则】中相关规定执行。

第二节　基础财务数据

一、报表数据

体旅资源公司第七年及其以前的财务信息，可以通过分析资产负债表和利润表判断。

（一）资产负债表

体旅资源公司第七年年末资产负债表如表 15-3 所示。

表 15-3　资产负债表

会服 01 表

编制单位：体旅资源公司　　　　第七年 12 月 31 日　　　　单位：万元

资产项目	金额	负债及所有者权益项目	金额
库存现金	0.1	应付职工薪酬	5
银行存款	139.9	应交税费	3
其他货币资金	100	实收资本	300
应收账款	30	资本公积	30
固定资产原值	218	盈余公积	20
累计折旧（贷）	80	未分配利润	50
资产总计	408	权益总计	408

注：①其他货币资金全部为在投资银行开立的证券账户中的存出投资款，须于实习开始时从 A 股市场购买某上市公司股票作为交易性金融资产（该上市公司由各机构以真实市场交易前一日收盘价作为后续核算依据）。②应收账款系某咨询公司协作费 30 万元，第八年一季度收回，由楚财集团代为支付。③应付职工薪酬中 4 万元为职工教育经费，1 万元为工会经费；应交税费为当年欠交，其中欠所得税 2 万元，欠增值税 1 万元，欠交税款应在下年初缴纳。④实收资本为 A 投资人投入 120 万元，占 40%；B 投资人投入 180 万元，占 60%。在仿真综合实训开始时，公司原股东需按比例分担，将总股本 40%的份额转让给中层管理人员，这些中层管理人员组建新一届管理层的领导班子，股份如何分配，由公司自行选择标准决定

（二）利润表

体旅资源公司第七年利润表如表 15-4 所示。

表 15-4　利润表

会服 02 表

编制单位：体旅资源公司　　　　第七年 12 月　　　　单位：万元

项目	行次	本年数	上年数
一、营业收入	1	177.5	155
减：营业成本	2	134.9	116.25
税金及附加	3	10.65	9.3
减：销售费用	4	7.5	6.5
管理费用	5	9.25	9
财务费用	6	1.25	1.5
加：投资收益（损失以"—"填列）	7	2.6	4
二、营业利润（亏损以"—"填列）	8	16.55	16.45
加：营业外收入	9	2.25	2.9

续表

项目	行次	本年数	上年数
减：营业外支出	10	1.6	3.45
三、利润总额（亏损以"—"填列）	11	17.2	15.9
减：所得税费用	12	4.3	5.247
四、净利润（亏损以"—"填列）	13	12.9	10.653

二、固定资产信息

体旅资源公司第七年年末固定资产清单如表 15-5 所示。

表 15-5　体旅资源公司第七年年末固定资产清单

固定资产名称	原值/万元	残值/万元	使用年限/年	已用年限/年	已提折旧/万元
办公楼	168	8	40	20	80
别克商务车	38	1.9	10	0	0
大众捷达车	2	0.1	5	0	0
复印机	4	0.2	5	0	0
联想计算机	0.45（10 台）	0.1（10 台）	5	0	0
打印机	0.2（5 台）	0.05（5 台）	5	0	0
传真机	0.25（2 台）	0.025（2 台）	5	0	0
合计	218				80

注：不动产及运输设备属于管理用固定资产；其他属于经营用固定资产

第十六章　传媒资源公司

仿真市场的传媒资源公司是指向其他仿真机构提供所需广告设计制作业务、从事新闻报道等工作的经营单位。仿真市场上有 2 家传媒资源公司。

传媒资源公司基本信息如表 16-1 所示。

表 16-1　传媒资源公司基本信息

所属市场	公司名称	代码	经营范围	银行账号	税务登记号
本地市场 国内市场 国际市场	A 区传媒资源公司 1	ACM01	广告设计 广告制作 ……		
	A 区传媒资源公司 2	ACM02			

注：所有传媒资源公司需进行工商登记、税务登记，并取得营业执照、税务登记号、银行账号才可正式营业

第一节　基本运作规则

传媒资源公司是具有独立法人资格的仿真企业，通过自办报纸、网站、博客、公众号等渠道，及时、全面报道仿真实习动态，反映仿真企业运营状况和市场竞争动向，为仿真机构提供广告服务，且为实习指挥部直接领导下的公共信息平台，发布指挥部相关文告资讯。

一、组织架构

传媒资源公司实行总经理领导下的总编辑负责制。总经理全面主持传媒资源公司日常工作，总编辑负责领导新闻和广告业务工作。

传媒资源公司设置行政部、编辑部、广告部和媒体运营部。

行政部是传媒资源公司的综合协调部门，协助总经理开展全面管理工作，负责人力资源、财务、后勤管理工作。

编辑部是传媒资源公司的核心业务部门，负责新闻采编仿真实习宣传事务。

广告部是传媒资源公司的广告业务活动经营部门，接洽并处理制造公司广告宣传业务活动，提供广告设计、制作等服务。

媒体运营部主要负责报纸编印和发行、电子屏节目编辑和播放、公众号运营等工作。

二、新闻报道业务规则

新闻报道业务由中央厨房业务和媒体终端业务两大板块构成。

中央厨房是仿真综合实训新闻报道生产基地，在实习期间从事新闻报道的策划、采

编、制作，为实习媒体提供适用稿件。

媒体终端包括报纸、网站、电子屏，主要以文字、视频形式发布新闻资讯和广告。

（一）中央厨房业务规则

1. 总编辑总体调控

总编辑是新闻业务指挥调度中心，总体谋划新闻报道，统筹安排采写力量。

（1）确定报道思想。

（2）策划报道选题。

（3）主持编前会议。

2. 新闻采访

1）采访前准备

（1）认真分析选题，明确采访目的。

（2）掌握与采访直接相关的科学文化知识。

（3）熟悉采访对象。

（4）设计采访提纲和提问方式，提交编辑部审查。

（5）视频新闻报道须向编辑部提交拍摄脚本和报道方案。

（6）备齐采访器材。

（7）提前与采访单位及采访对象进行沟通，约定采访事宜。

2）实地采访

（1）新闻采访以现场实地采访方式为主，以电话采访、在线采访为辅，不提倡暗访方式。

（2）提前到达采访地点，妥善安排采访场地，架设录音摄影摄像器材。

（3）遵守采访礼仪，采用恰当方法拉近与采访对象之间的心理距离，活跃氛围，融洽关系。

（4）掌握访谈时间和进程，掌握谈话主导权。

（5）采访中注意观察采访对象的反应，必要时可以对采访内容、提问顺序和方式进行调整。

（6）做好采访文字记录、录音。

3）采访善后

（1）整理采访记录，做到内容完整、准确，字迹清楚。

（2）对疏漏、存疑或把握不准的重要内容，应与采访对象及时联系，认真核对，必要时进行补充采访。

（3）采访记录及相关原始资料及时存入传媒资源公司文档库。

3. 新闻作品生产

1）新闻稿写作

（1）坚持用事实说话，尊重客观事实，保证新闻的真实性与客观性。

（2）坚持以正面报道为主，根据仿真综合实训的总体目标和要求、仿真市场运行的规则和要求确立新闻主题，为校内大型综合实习实训创造积极、良好的舆论环境，为参加仿真综合实训各项工作的师生传递正能量。

（3）坚守职业规则，对负面事件的报道，须经编辑部讨论通过、仿真实习总指挥部审查批准后方可立项。批评性报道须确保所有要素真实准确，遵守国家相关法律法规、职业伦理，预判后期影响。

（4）做到量体裁衣，根据主题和采访获得的材料，恰当选择稿件体裁。

（5）写稿前认真厘清思路，选择恰当的结构方式。

（6）合理使用材料，注意材料之间的内在逻辑关系，不出现缺项、自相矛盾、前后脱节、模棱两可、模糊不清等现象。

（7）注重运用细节，挖掘人物行为、表情、外貌、语言及环境中具有新闻价值的亮点、看点。

（8）注重运用背景材料，增强新闻的可读性和厚重度。

（9）注重直接引语。报道有争议的事实或涉及多方利益的事件，须保持人物引语的均衡性。

（10）遵循新闻语言表达习惯，多用短句，少用长句；多用主动句，少用被动句；多用单句，少用复句，力求简洁明了，言简意赅。

（11）多用动词，少用形容词，避免使用带有主观判断的词语。

（12）文中引用数据、人名、地名、物名要准确规范。

（13）消息来源要交代完整、准确。

（14）消灭语言文字差错，文中不出现病句、错别字、标点符号错误。

2）视频新闻后期制作

（1）用事实说话，保证视频的真实性与客观性。

（2）用画面说话，保证新闻的视觉冲击力和感染力。

（3）根据主题需要进行视频剪切，画面节奏符合主题风格。

（4）多用现场画面和声音。图像要清晰明了，重点突出。声音包括配音和同期声，必要时以字幕补充，确保清楚准确。

（5）记者出镜画面选择要精当。

（6）蒙太奇结构安排合理。

（7）新闻视频时长在3分钟以内。

（8）字幕中不出现文字、标点符号错误。

（9）视频画面尺寸为16：9，分辨率不小于720p（1280×720）。

3）新闻图片后期制作

（1）照片反映的内容真实、自然。

（2）画面形象具有视觉冲击力和感染力。

（3）人物或对象清晰。

（4）主次布局对称。

（5）主题和内容对应，人像、标语等完整。

（6）没有杂物（人头、侧脸、道具等）影响，没有其他文字或图案。

（7）具有明确的意义。

（8）图片分辨率不低于 72 点，横图高 12 厘米、宽 18 厘米，竖图高 18 厘米、宽 12 厘米。

4）稿件修改、审核

（1）编辑部主任安排人员对所有新闻稿件进行全面修改、审核。新闻作品审改工作包括内容审改和形式审改两个方面。

（2）通过稿件分析，选择具有新闻价值、符合仿真综合实训目标与导向、能够表现学校学子特色的新闻稿件。

（3）运用校正、压缩、增补、改写等方式修改稿件。

（4）重点加强新闻稿件中立场观点的修正，杜绝政治导向错误，以主流文化引导舆论，包容多元倾向。

（5）修改新闻稿件要尽量保持原稿件的特色。需对稿件进行大的修改时，应征得原创者同意。

（6）修改工作务必认真细致，防止出现新的差错。

（7）注意语言文字的规范性，积极使用具有积极意义的新生语汇。

（8）正确使用校对符号。

（二）报纸编发业务规则

1. 版面安排与设计

（1）报纸主编根据编辑部确定的报道方针安排新闻版面，对签订合同并通过审查的广告按照要求发布。若遇特殊情况不能按期如约发布广告，应提前告知客户单位，并约定弥补措施。

（2）版面责任编辑负责排版。

（3）报纸主编对版面进行修改、协调。

（4）传媒资源公司执行总编对报纸进行全面审核。

（5）传媒资源公司总编辑对报纸进行定稿审核。

（6）版面编辑通过同题组合、专栏组合、集中编排等方法，将若干条具有某种内在联系或共同特点的稿件组织为一个稿群。

（7）通过配评论、加按语、配资料、配新闻等方法，对已有稿件做资料、观点或最新信息的补充。

（8）合理安排版区、版位，发挥变栏、通栏、通版的作用。

（9）新闻标题要发挥揭示新闻内容、吸引受众、美化版面、表现媒体风格的作用。

（10）充分发挥字符、图像、线条、色彩等编排手段作用，版面编排力求大方、美观、活泼。

（11）充分发挥图片的视觉传达作用。大力推行以图片为主、文字为辅的报道形式，增强新闻的趣味性、可读性。

2. 校对、印刷和发行

（1）校对应在确保与原稿一致的基础上，注意发现原稿在政治性、思想性、科学性、知识性等内容方面的差错，以及在语言文字表述、图表公式排列、体例格式统一、字体字号等方面的差错，及时提请编辑人员解决。

（2）校对人员应该在校样上使用国家标准《校对符号及其用法》（GB/T 14706—1993）所规定的规范校对符号。

（3）报纸主编安排专人与印刷商联络，保证印刷质量，保证按期将报纸发送到仿真公司、外部机构、相关学院和职能部门。

（三）电子大屏运营业务规则

（1）指定专人负责管理电子大屏，定时播放新闻视频、广告视频和实习指挥部重要通知公告。

（2）电子屏播放视频须经编辑部审查通过，使用专门存储工具。

（3）在新闻资讯、广告基础上，策划富有趣味、形式活泼的专题、专栏，丰富仿真实习现场文化氛围。

（四）公众号运营业务规则

（1）新媒体运营执行官负责微信公众号、抖音公众号的日常维护与运营，每个工作日至少更新一次。微信公众号推送文字、图片和视频，抖音公众号发布短视频，及时反映仿真综合实训动态和师生工作面貌。

（2）要求进场实习的所有教师、学生关注公众号，积极转发相关资讯和作品。实习结束时，对转发量最大的人员给予奖励。

（3）关注学校及各部门、相关高校实验教学机构、教育行政主管部门、教育研究机构、企业公众号，加强互动，扩大影响。

（4）加入本省高校传媒协会、本地高校新媒体联盟等专业组织，学习成功经验，探索新媒体建设和发展的长效机制，形成学校实验教学工作新媒体平台建设的完整方案。

三、广告业务规则

（一）广告发布业务规则

1. 广告报价

（1）设计制定广告报价单。

（2）制定广告报价策略。

2. 业务洽谈

（1）与客户充分沟通，明确客户的具体需求。

（2）商定广告发布方式、价格与支付方式。

（3）条件成熟时可举办广告招标活动。

3. 签订合同

（1）依照《中华人民共和国广告法》《中华人民共和国合同法》规定，制作广告发布合同范本。

（2）根据与客户正式确定的条款，签订广告发布合同。

（3）签订广告发布合同须经工商部门鉴证、备案。

4. 审查作品

（1）传媒资源公司执行总编督促广告业务部对客户提供的广告品进行全面审查。

（2）严格广告品审查内容和形式，重点审查违法违规情形。

（3）广告业务部对违法违规广告提出更换要求，通过再次审查后方可予以发布。

（4）对拒不按期修改、更换广告品的企业，广告业务部报请传媒资源公司总经理批准后及时终止合同关系。

5. 媒体发布

（1）媒体接到由广告业务部负责人和传媒资源公司执行总编共同签字的广告发布审批单后，按指定方式发布客户广告。

（2）广告业务部登记平面媒体、网络媒体发布广告情况，报行政部汇总后分别计入媒体业绩。

（3）广告发布后若发现违法违规情形，须及时撤回，并处理好善后事宜。

（二）广告创意设计业务规则

1. 签订协议

（1）充分交流沟通，完整把握客户要求。

（2）商定广告设计制作委托协议书。

2. 市场调查

（1）认真分析客户资料，精准把握客户需求。

（2）全面展开调查研究，掌握市场动向、竞争状况和同行业企业广告宣传动态。

（3）撰写市场调查报告。

3. 创意策划

（1）根据客户要求和市场情况，明确广告设计方向，进行广告创意策划。

（2）撰写广告策划书，确定广告主题和视觉传达形式。

（3）征求客户意见，对广告策划方案进行修改。

4. 设计制作

（1）设计制作广告品，形成初样。

（2）根据客户意见和媒体建议修改、完善广告品，形成定样。

（3）按照客户与传媒资源公司签订的合同，将定样交给相应媒体发布。

四、人力资源管理规则

传媒资源公司组织经营活动，需要广告业务员、管理人员、财务人员等各类员工通力合作，才能完成经营任务，实现公司经营管理目标。公司员工管理规则参见本教材【制造公司—基本运作规则—人力资源管理规则—人力资源规划—员工管理规则】中对应部分。

1. 传媒资源公司人员与工资信息

传媒资源公司拥有一定数量的员工，传媒资源公司全体职工第七年 12 月的工资信息如表 16-2 所示。

表 16-2　第七年 12 月传媒资源公司人员配置与最低工资标准

人员岗位	数量/人	人均基本工资/（元·月）	人均奖金与提成/（元·年）
总经理	1	6000	公司年收入×10%
项目经理	1	5000	公司年收入×5%
业务员	2	3500	20%的业务提成
业务助理	1	2000	10%的业务提成

2. 数据分析师及其相关人员的配比规则

为了保证传媒资源公司经营的正常进行，员工岗位和人数必须跟年营业额维持一个均衡的比重。从第八年起，传媒资源公司在第七年营业额的基础上，每增加 30 万元，需增加业务员 1 人。

公司各类人员的基本工资每年应根据经营情况适当加以调整，奖金与提成应与公司净利润增长率保持一致。

五、财务规则

重点把握以下几项主要费用的核算。

1. 职工薪酬

各传媒资源公司遵照本教材【制造公司—基本运作规则—财务规则—职工薪酬】中的相关规定执行。

2. 差旅费

各传媒资源公司有关人员外出洽谈业务，需要开支差旅费。差旅费分为固定差旅费和变动差旅费两部分。固定差旅费一般按出差人次数计算，应于每次出差时支付；变动差旅费一般按营业收入计算，应于年内分期支付。出于仿真实习的需要，也为了便于各传媒资源公司之间财务数据横向比较,特规定全年差旅费总额按照当年营业收入总额的 1.1% 开支。差旅费每个季度使用全年预计总额的 20% 以上,由楚财集团按季度代为收取,年底结清。

3. 业务招待费

年度总招待费应不低于上年营业收入的 1%。该项费用每个季度至少支付预计全年总额的 20%,由体旅资源公司收取该项费用(各传媒资源公司与本区体旅资源公司必须签约),年底结清。

4. 其他管理费用

各传媒资源公司遵照本教材【制造公司—基本运作规则—财务规则—期间费用规则】中的相关规定执行。

第二节 基础财务数据

一、报表数据

传媒资源公司第七年及其以前的财务信息,可以通过分析资产负债表和利润表判断。

(一)资产负债表

传媒资源公司第七年年末资产负债表如表 16-3 所示。

表 16-3 资产负债表

编制单位:传媒资源公司　　　　第七年 12 月 31 日

会服 01 表
单位:万元

资产项目	金额	负债及所有者权益项目	金额
库存现金	0.1	应付职工薪酬	5
银行存款	139.9	应交税费	3
其他货币资金	100	实收资本	300
应收账款	30	资本公积	30
固定资产原值	218	盈余公积	20
累计折旧(贷)	80	未分配利润	50
资产总计	408	权益总计	408

注:①其他货币资金全部为在投资银行开立的证券账户中的存出投资款,须于实习开始时从 A 股市场购入某上市公司股票作为交易性金融资产(该上市公司由各机构以真实市场交易前一日收盘价作为后续核算依据)。②应收账款系某咨询公司协作费 30 万元,第八年一季度收回,由楚财集团代为支付。③应付职工薪酬中 4 万元为职工教育经费,1 万元为工会经费;应交税费为当年欠交,其中欠所得税 2 万元,欠增值税 1 万元,欠交税款应在下年初缴纳。④实收资本为 A 投资人投入 120 万元,占 40%;B 投资人投入 180 万元,占 60%。在仿真综合实训开始时,公司原股东需按比例分担,将总股本 40% 的份额转让给中层管理人员,这些中层管理人员组建新一届管理层的领导班子,股份如何分配,由公司自行选择标准决定

（二）利润表

传媒资源公司第七年利润表如表 16-4 所示。

表 16-4　利润表

会服 02 表

编制单位：传媒资源公司　　　　　第七年 12 月　　　　　　　　　　　　单位：万元

项目	行次	本年数	上年数
一、营业收入	1	177.5	155
减：营业成本	2	134.9	116.25
税金及附加	3	10.65	9.3
减：销售费用	4	7.5	6.5
管理费用	5	9.25	9
财务费用	6	1.25	1.5
加：投资收益（损失以"—"填列）	7	2.6	4
二、营业利润（亏损以"—"填列）	8	16.55	16.45
加：营业外收入	9	2.25	2.9
减：营业外支出	10	1.6	3.45
三、利润总额（亏损以"—"填列）	11	17.2	15.9
减：所得税费用	12	4.3	5.247
四、净利润（亏损以"—"填列）	13	12.9	10.653

二、固定资产信息

传媒资源公司第七年年末固定资产清单如表 16-5 所示。

表 16-5　传媒资源公司第七年年末固定资产清单

固定资产名称	原值/万元	残值/万元	使用年限/年	已用年限/年	已提折旧/万元
办公楼	168	8	40	20	80
别克商务车	38	1.9	10	0	0
摄像机	1.9（2 部）	0.1（2 部）	5	0	0
单反照相机	1.5（3 部）	0.1（3 部）	5	0	0
联想计算机	0.45（6 台）	0.1（6 台）	5	0	0
打印机	0.2（5 台）	0.05（5 台）	5	0	0
合计	218				80

注：不动产及运输设备属于管理用固定资产；其他属于经营用固定资产

参 考 文 献

李爱红，杨松柏. 2019. VBSE 跨专业综合实训教程[M]. 北京：机械工业出版社.

李幸. 2019. 经管类跨专业综合仿真实验[M]. 成都：西南财经大学出版社.

刘德银，陈玉珍，韦琴，等. 2010. 财务、会计与审计仿真综合实习教程[M]. 北京：经济科学出版社.

刘良惠，赵小宁. 2007. 企业运作仿真综合实习教程[M]. 北京：高等教育出版社.

万建伟，刘荣，张晓翊，等. 2020. 现代企业虚拟仿真运营管理实验教程[M]. 上海：上海财经大学出版社.

翁世淳，王向荣，张世春，等. 2010. 金融企业运作管理仿真综合实习教程[M]. 北京：经济科学出版社.

吴金椿，张明. 2010. 生产运作管理仿真综合实习教程[M]. 北京：经济科学出版社.

朱新满. 2019. VBSE 创新创业经营决策实训教程[M]. 北京：经济科学出版社.